高等职业教育信息化教学“十三五”规划教材

思想道德修养与法律基础拓展读本——我们

SIXIANG DAODE XIUYANG YU FALV JICHU TUOZHAN DUBEN

主　编　石　磊
副主编　李建新　李全诚

特配电子资源

微信扫码

- 拓展阅读
- 视频学习
- 互动交流

南京大学出版社

内容摘要

本书共分为四章，第一章介绍了我国民事法律的基本制度；第二章介绍了我国婚姻家庭法的基本原理和基本知识，因继承法与婚姻家庭关系息息相关，故而也将继承法放在本章一并介绍；第三章围绕劳动合同制度介绍了劳动法的基本内容；第四章介绍了刑法总则的基本规定，因篇幅所限以及对内容完整性的考量，并未涉及刑法分则的规定。

本书具有以下特点：第一，针对性。本书在内容编排上，始终针对在校大学生的生活范畴，将与大学生关系密切的内容优先选取进来，在保证内容完整性的基础上，尽量排除与其生活较为疏远的内容。第二，实用性。本书尽量剔除纯粹理论上的探讨和学术上的争论，选择较为实用的法律知识，以求学以致用。第三，新颖性。本书吸收了最新的法律规定，在法律援引上全面使用新修订的法律条文。

本书内容丰富、深入浅出，结构合理、体系周全，既可以作为教学的参考教材，也可以作为高校学生的日常普法读本。

图书在版编目(CIP)数据

思想道德修养与法律基础拓展读本：我们 / 石磊主编. —
南京：南京大学出版社，2019.7
ISBN 978-7-305-22476-8

Ⅰ. ①思… Ⅱ. ①石… Ⅲ. ①思想修养－高等学校－教学参考资料 ②法律－中国－高等学校－教学参考资料
Ⅳ. ①G641.6 ②D920.4

中国版本图书馆 CIP 数据核字(2019)第 149992 号

出版发行 南京大学出版社
社　　址 南京市汉口路22号　　邮　　编 210093
出 版 人 金鑫荣

书　　名 思想道德修养与法律基础拓展读本——我们
主　　编 石　磊
责任编辑 潘琳宁　　编辑热线 025-83592146

照　　排 南京理工大学资产经营有限公司
印　　刷 南京人文印务有限公司
开　　本 787×1092 1/16 印张 14.5 字数 345 千
版　　次 2019 年 7 月第 1 版 2019 年 7 月第 1 次印刷
ISBN 978-7-305-22476-8
定　　价 36.00 元

网　　址：http://www.njupco.com
官方微博：http://weibo.com/njupco
官方微信号：njupress
销售咨询热线：(025)83594756

前 言

在全面推进依法治国的当代中国，健全的法律秩序对于国家、社会和公民都具有极为重要的现实意义。随着社会的快速发展，社会成员正在享有越来越多的文明成果、获得越来越多的个人自由，但与此同时，人类社会也面临着越来越繁杂的社会问题，各种社会矛盾和问题交织叠加，全面依法治国任务依然繁重。全面依法治国是国家治理的一场深刻革命，全面推进依法治国离不开全体社会成员综合素质的提高。人民群众是创造历史的决定力量，全体社会成员的法治理念、整个社会的法治文化，在法治发展过程中，都扮演着十分重要的角色。为了加大全民普法力度，提高全民族法治素养，《思想道德修养与法律基础》已经成为全国高校的必修课。

当前，该课程的指定教材在对我国法律部门的介绍方面略偏宏观和笼统。为了弥补这一遗憾，本书根据高职高专学生特点，从贴近学生的思路出发，选取了和学生的生活、家庭、工作以及安全等关系密切的法律部门进行较为详细的介绍，帮助学生在学好基本理论的同时开阔眼界，更加生动细致地了解我国的法律，让学生在法律条文的字里行间中感受到公平正义，为他们学法、懂法、守法、用法提供帮助。

本书在内容编写上立足于社会发展和学生需求，尽可能多地反映我国法律的新理论、新修订、新成就，兼顾实效性和时代性。此外，考虑到本书读者的特殊性，在编写过程中，尽量避免过于深奥的理论分析，力争采用较为通俗的语言和方式表达法律的理论、规则和意图，从而增强了本书的可读性。

法律学科是一门体系庞杂、义理精深的学科，编写一本真正能够适应非法律专业学生学习要求的读本，是一个艰难的探索过程。由于水平有限再加上时间仓促，本书难免有不足和不妥之处，还需要在今后教学和使用中进一步修改、完善，敬请广大读者批评指正。

目　录

第一章　我们的生活

——民法

学习目标

了解民法的调整对象及其基本原则，法人和非法人组织，代理制度，附条件附期限民事法律行为，诉讼时效和除斥期间的区别。

熟悉无效民事法律行为、可撤销民事法律行为的处理，民事权利的基本内容与要求，侵权责任的承担方式，特别诉讼时效和最长诉讼时效，诉讼时效期满的法律后果。

掌握自然人的民事权利能力和民事行为能力，监护制度，民事法律行为的有效条件，民事权利的保护方法，侵权责任的构成要件和归责原则，普通诉讼时效的期间和起算，诉讼时效的中止和中断。

第一节　民法概述

一、民法的含义

民法是调整平等主体的自然人、法人和非法人组织之间的人身关系和财产关系的法律规范的总称。所谓财产关系，是指人们在生产、分配、交换和消费过程中形成的具有经济内容的关系；所谓人身关系，是指基于一定的人格和身份产生的，体现人们精神和道德上利益的社会关系。民法调整社会关系的最大特点在于，民事主体在民法上地位平等、意思自治。经济生活和家庭生活中一切民事权利义务关系的设立、变更和消灭，原则上均由平等的当事人通过协商确定。

典型案例

城中村征收安置补偿案

A市为改善市容市貌，决定对本市的城中村进行集中改造。A市政府将甲所在的城中村划入征收拆迁的范围，并计划在该城中村的位置建设大型商场。甲认为市政府的决策存在问题，因为建设商场并不属于公共利益的范畴，因此拒绝签订有关补偿安置协议，并向人民法院提起民事诉讼，请求人民法院撤销A市政府的征收决定。法院认为，A市政府和甲之间的纠纷并不属于平等主体之间的民事纠纷，因此裁定驳回甲的起诉。

在该案中，双方争议的焦点是市政府的征收决定的效力问题。《中华人民共和国民法总则》第二条规定：民法调整平等主体的自然人、法人和非法人组织之间的人身关系和财产关系。而该案的纠纷并不属于发生在平等主体之间的人身、财产纠纷，应当属于行政纠纷，因此，法院不应当将其作为民事案件受理。

二、民法的基本原则

民法的基本原则，是民法规范从制定到实施所贯穿的基本准则。民法的基本原则既是立法的准则，同时也是立法和司法机关适用和解释民法规范的重要依据；在审判实践中则是克服成文法局限性的有效手段。根据《中华人民共和国民法总则》（简称《民法总则》）的规定，我国民法的基本原则主要包括以下几项：

1. 民事权益受法律保护原则

《民法总则》第三条规定，民事主体的人身权利、财产权利以及其他合法权益受法律保护，任何组织或者个人不得侵犯。民事权益受法律保护原则的基本内容主要有：第一，民法不仅保护权利，而且保护利益。民法上的权利和利益的关系非常密切，但是也有许多利益在法律上并没有上升为权利，也没有作为权利保护，例如：占有、死者人格利益、个人的声音和形体动作、商业秘密等。而该原则意味着，不论是权利还是利益，都受到法律保护。第二，任何合法权益都受法律保护，任何组织和个人都不得侵害，也不得非法干预权利人行使权利。例如，任何人不得非法查封、扣押、没收公民的合法财产。第三，在民事权益受到侵害时，民法主要通过民事责任对权利人进行救济。在权利人的权利受到侵犯时，权利人可以依法请求有关行政机关给予保护，也可以诉请人民法院或仲裁机关予以判决或仲裁。

2. 平等原则

《民法总则》第四条规定，民事主体在民事活动中的法律地位一律平等。平等原则的基本内容主要有：第一，民事主体地位平等。在民事法律关系中，没有领导和被领导的关系，无论个人还是组织，不论经济实力强弱，民事主体的任何一方都没有凌驾于另一方之上的特权。第二，民事主体所享有的民事权利和承担的民事义务平等。第三，民事权益平等地受法律保护。作为民事主体的自然人、法人和其他组织的合法的民事权益都平等地受民法保护，任何组织和个人都不得侵犯。

3. 自愿原则

《民法总则》第五条规定，民事主体从事民事活动，应当遵循自愿原则，按照自己的意思设立、变更、终止民事法律关系。自愿原则的基本内容主要有：第一，民事主体依法享有在法定范围内广泛的行为自由，并可以根据自己的意愿产生、变更、消灭民事法律关系。体现在当事人有权依法从事某种民事活动和不从事某种民事活动；当事人有权选择其行为的内容和相对人；民事主体有权选择其行为的方式；民事主体有权选择补救方式等方面。第二，根据自愿原则，法无明文禁止即自由，因此，民事主体在法定的范围内享有广泛的自由，只要不违反法律、法规的强制性规定和公序良俗，国家就不得对其进行干预。

典型案例

张某诉合力华通汽车服务有限公司买卖合同纠纷案

2 月 28 日，张某从北京合力华通汽车服务有限公司（简称合力华通公司）购买上海通用雪佛兰景程轿车一辆，价格 13.8 万元，双方签有《汽车销售合同》。该合同第七条约定："……卖方保证买方所购车辆为新车，在交付之前已做了必要的检验和清洁，车辆路程表的公里数为 18 公里且符合卖方提供给买方的随车交付文件中所列的各项规格和指标……"合同签订当日，张某向合力华通公司交付了购车款 13.8 万元，同时支付了车辆购置税 1.24 万元、一条龙服务费 500 元、保险费 6 060 元。同日，合力华通公司将雪佛兰景程轿车一辆交付张某，张某为该车办理了机动车登记手续。5 月 13 日，张某在将车辆送合力华通公司保养时，发现该车曾于当年 1 月 17 日进行过维修。于是，张某请求合力华通公司承担赔偿责任。

法院认为，本案争议的焦点为合力华通公司是否事先履行了告知义务。"车辆售价格的降低或优惠以及赠送车饰是销售商常用的销售策略，也是双方当事人协商的结果，不能由此推断出合力华通公司在告知张某汽车存在瑕疵的基础上对其进行了降价和优惠。合力华通公司提交的有张某签名的车辆交接验收单，因系合力华通公司单方保存，且备注一栏内容由该公司不同人员书写，加之张某对此不予认可，该验收单不足以证明张某对车辆以前维修过有所了解。故对合力华通公司抗辩称其向张某履行了瑕疵告知义务，不予采信，应认定合力华通公司在售车时隐瞒了车辆存在的瑕疵，有欺诈行为，应退车还款并增加赔偿张某的损失。"

在该案中，合力华通公司在合同订立过程中存在欺诈行为，使当事人在违反自己的意愿的情形下订立合同，显然有违自愿原则。当然，自愿原则作为民法的一项基本原则，一般并不直接适用于具体案件，而是通过具体规则解决纠纷。如本案中，当事人在合同订立过程中存在欺诈行为的，应通过《合同法》关于合同效力瑕疵的相关规则予以解决。

4. 公平原则

《民法总则》第六条规定，民事主体从事民事活动，应当遵循公平原则，合理确定各方的权利和义务。公平原则包括两层含义：第一，立法者和裁判者在民事立法和司法的过程中应维持民事主体之间的利益均衡；第二，民事主体应依据社会公认的公平观念从事民事活动，以维持当事人之间的利益均衡。

5. 诚实信用原则

《民法总则》第七条规定，民事主体从事民事活动，应当遵循诚信原则，秉持诚实，恪守承诺。诚实信用原则常常被称为民法的最高指导原则或称为"帝王规则"，其基本内容主要有：第一，诚信原则引导民事主体的正确行为。这一原则要求在设立或者变更民事法律关系时，当事人要诚实、不隐瞒真相、不作假、不欺诈，还应当给对方提供必要的信息；在民事法律关系建立后，当事人应当信守诺言、履行义务，维护对方的利益，满足对方的正当期待；在民事法律关系终止后，当事人应当为维护对方的利益，实施一定行为或者不实施一定行为。第二，在法律与合同缺乏规定或规定不明确时，司法审判人员应依据诚信、公平的观念，准确解释法律和合同，弥补法律规定的不足、填补合同的漏洞。

典型案例

购买黄沙纠纷案

甲、乙之间订立了一份购买黄沙合同，合同约定因建造两栋大楼急需黄沙，甲购买乙黄沙30车，每吨价300元。合同订立后，黄沙价格开始上涨，乙不愿如数供货，在交货期到来后，乙安排两辆“130”型货车，装了两车黄沙（每车装载2吨），送到甲处，并要求以“130”型车为标准，计算交货数量。甲认为，尽管合同规定交货数量为30车，但应以“东风牌”大卡车作为计算标准，每车装载4吨，共120吨。为此，双方发生争议，协商未果，甲遂向法院起诉，要求乙承担违约责任。

诚实信用原则是民法的基本原则，应当适用于民法的各个部分，该案属于合同纠纷，从合同订立前到合同履行完毕后，当事人都应当遵循诚实信用原则履行自己的义务，在该案中，乙的行为显然有违诚实信用原则的要求：一方面，乙在订约以后，鉴于黄沙价格已经上涨，曾要求甲减少供货数量，当此要求被拒绝以后，乙便以合同没有规定明确的计算标准为由，以“130”型货车送货，实际上乙的目的在于减少交货数量。另一方面，乙明知按当地的交易习惯，以车为计量单位的，车的含义通常是指“东风牌”大卡车。乙为了减少交货，故意以“130”型车送货，该行为显然有违诚实信用原则。

6. 合法原则

《民法总则》第八条规定，民事主体从事民事活动，不得违反法律。合法原则的基本内容主要有：第一，民事法律行为不得违反法律的强制性规定；第二，当事人可以通过约定限制或者排除法律的任意性规定。

7. 公序良俗原则

《民法总则》第八条规定，民事主体从事民事活动，……不得违背公序良俗。公序良俗原则的基本内容主要有：第一，公共秩序是指社会的存在及其发展所必要的一般秩序。通常，违反禁止性规定的，即为违反公共秩序，但法律难以将禁止性规定列举周全，因此，需要借助于公共秩序的概念实现对法律的有效补充。凡是订立合同危害国家公共安全和秩序，即使没有现行的法律规定，也应当被宣告无效。第二，善良风俗是指社会的存在及其发展所必要的一般道德。作为民法基本原则的善良风俗，是将人们应当遵守的最低限度的道德法律化，故意违背应当遵守的最低限度的道德，就是违反善良风俗原则。同公共秩序一样，有很多现存或在发展中的道德还没有被法律所涵盖，所以需要通过善良风俗这一条款来作为补充。

典型案例

墓碑漏刻姓名纠纷案

陈甲、陈乙和陈丙是亲兄弟，陈父去世，骨灰盒一直放在陈乙家中。第二年，陈甲、陈乙出资为陈父购置一块墓地，并竖立了一块墓碑，但未将陈丙夫妇的名字篆刻在墓碑上。陈丙遂向法院提起诉讼，认为陈甲、陈乙在墓碑上故意漏刻其姓名、损害其人格尊严和名誉，要求陈甲和陈乙停止侵害、赔礼道歉，并将其姓名刻在墓碑上。法院审理后认为，死者亲属按照长幼顺序在墓碑上篆刻姓名符合我国传统伦理道德的一般观念，应视为一种社会的公序良俗，陈甲、陈乙在父亲墓碑上漏刻陈丙夫妇姓名的行为确已侵犯了其基于与死者的亲属关系所享有的身份上的权利。但鉴于本案的纷争双方当事人均有一定的过错，且换碑重刻的行为已能补救陈丙遭受损害的身份上的权益，因而对于陈丙要求赔礼道歉和进行精神损害赔偿的诉请不予支持。

8. 绿色原则

《民法总则》第九条规定，民事主体从事民事活动，应当有利于节约资源、保护生态环境。绿色原则的基本内容主要有：第一，有效率地利用资源。绿色原则要求人们的生产、生活等活动要与资源、环境相协调，要实现人与自然的和谐相处，有效率地利用资源、节约资源。第二，保护环境和生态。例如，《侵权责任法》专设“环境污染责任”一章，对污染环境造成损害时的污染者责任做出了规定，这一规定对于有效保护生态环境具有重要意义。

9. 禁止权利滥用原则

《民法总则》第一百三十二条规定，民事主体不得滥用民事权利损害国家利益、社会公共利益或者他人合法权益。禁止权利滥用原则是民事主体行使民事权利的界限。权利都有一定的界限，没有不受任何限制的权利。行使民事权利，超出了一定界限而损害他人权益或者公共利益的，是权利滥用。一般认为，构成权利滥用需具备三个条件，即当事人有正当权利的存在，权利人有行使权利的行为，当事人的行为有滥用权利的违法性。

第二节　民事主体

一、自然人

1. 自然人的民事权利能力

自然人即生物学意义上的人，是基于自然出生而取得民事主体资格的人。在参与市场经济活动的民事主体中，最大量、最广泛的是自然人。自然人的民事主体资格制度构成了民法主体制度的基石。自然人的民事法律地位，集中体现在关于自然人的民事权利能力和民事行为能力的法律规定上。

自然人的民事权利能力，是指法律赋予公民享有民事权利、承担民事义务的资格。《民法总则》第十三条规定，自然人从出生时起到死亡时止，具有民事权利能力，依法享有民事权利，承担民事义务。

(1) 自然人民事权利能力的开始。

① 自然人出生时间的认定。

根据《民法总则》第十五条规定，自然人的出生时间，以出生证明记载的时间为准；没有出生证明的，以户籍登记或者其他有效身份登记记载的时间为准。有其他证据足以推翻以上记载时间的，以该证据证明的时间为准。

② 胎儿利益的保护。

自然人的民事权利能力始于出生，胎儿既未出生，当然不具有民事权利能力。这一原则难以保护胎儿的利益。为了更好地保护胎儿利益，《民法总则》第十六条规定，涉及遗产继承、接受赠与等胎儿利益保护的，胎儿视为具有民事权利能力。但是胎儿娩出时为死体的，其民事权利能力自始不存在。

③ 特别的民事权利能力。

自然人的民事权利能力始于出生，因此一般来说，民事权利能力与自然人的年龄无关。但在某些情况下，法律规定自然人的某些权利必须达到一定年龄才能产生。例如自然人结婚的权利能力，就必须达到法定的年龄才能享有。这些权利能力也称特别的民事权利能力。

(2) 自然人民事权利能力的终止。

① 生理死亡。

生理死亡也称自然死亡，它是指自然人的生命的终结。如何认定生理死亡时间，根据《民法总则》第十五条规定，自然人的死亡时间，以死亡证明记载的时间为准；没有死亡证明的，以户籍登记或者其他有效身份登记记载的时间为准。有其他证据足以推翻以上记载时间的，以该证据证明的时间为准。

② 宣告死亡。

宣告死亡是指自然人下落不明达到法定期限，经利害关系人申请，人民法院宣告其死亡的法律制度。关于宣告死亡制度，涉及如下几个方面的法律问题：

第一，宣告死亡的条件。首先，自然人下落不明须达到法定的期间。一般情况下，自然人下落不明必须满 4 年；因意外事件下落不明的必须满 2 年，但因意外事件下落不明，经有关机关证明该自然人不可能生存的，不受 2 年时限的限制。其次，须有利害关系人的申请。申请宣告死亡的利害关系人包括配偶、父母、子女、兄弟姐妹、祖父母、外祖父母、孙子女、外孙子女，其他有民事权利义务关系的人（如债权人、债务人、人寿保险合同的受益人）。最后，须由人民法院进行宣告。宣告死亡的案件只能由人民法院审理，其他任何单位和个人都无权宣告自然人死亡。人民法院受理宣告死亡的案件后，必须发出寻找失踪人的公告。宣告死亡的公告期间为1年,因意外事故下落不明,经有关机关证明该自然人不可能生存的,宣告死亡的公告期间为3个月。公告期间届满仍不能确定失踪人尚生存的,人民法院才能依法对其作出死亡宣告。根据《民法总则》第四十八条的规定,被宣告死亡的人,人民法院宣告死亡的判决作出之日视为其死亡的日期;因意外事件下落不明宣告死亡的,意外事件发生之日视为其死亡的日期。

第二,宣告死亡法律后果。自然人被宣告死亡会产生与生理死亡同样的法律后果。这主要包括被宣告死亡的自然人的民事权利能力终止,其与配偶之间婚姻关系消灭,其个人合法财产变为遗产开始继承等。但宣告死亡与自然死亡毕竟不同,宣告死亡只是依法对失踪人死亡的推定,事实上该失踪人的生命不一定终结。某自然人在甲地被宣告死亡,但他在乙地生存时,仍享有民事权利能力,其实施的民事法律行为仍然有效。

第三,宣告死亡的撤销。根据《民法总则》的规定,被宣告死亡的人重新出现,经本人或者利害关系人申请,人民法院应当撤销死亡宣告。死亡宣告被撤销的,婚姻关系自撤销死亡宣告之日起自行恢复,但是其配偶再婚或者向婚姻登记机关书面声明不愿意恢复的除外。被宣告死亡的人在被宣告死亡期间,其子女被他人依法收养的,在死亡宣告被撤销后,不得以未经本人同意为由主张收养关系无效。被撤销死亡宣告的人有权请求依照继承法取得其财产的民事主体返还财产。无法返还的,应当给予适当补偿。利害关系人隐瞒真实情况,致使他人被宣告死亡取得其财产的,除应当返还财产外,还应当对由此造成的损失承担赔偿责任。

典型案例

刘小甲与刘老甲申请宣告公民死亡案

被申请人刘老甲与申请人刘小甲为父子关系,被申请人刘老甲于2014年3月8日乘坐马来西亚航空公司MH370航班失踪至今,马来西亚官方多次宣告此航班已失事,机上人员全部遇难。现申请人刘小甲以被申请人刘老甲因意外事故失踪满二年为由诉至法院申请宣告被申请人刘老甲死亡。某市秦淮区人民法院依照法律的规定,于2016年4月12日在《江苏法制报》发出寻找被申请人刘老甲的公告,公告期三个月,公告期届满后,被申请人刘老甲仍下落不明。秦淮区人民法院认为,被申请人刘老甲自2014年3月8日因意外事故下落不明已满二年,本院发出寻人公告后仍无音讯,依法判决宣告被申请人刘老甲死亡。

事实上,根据《民法总则》第四十六条第二款的规定,因意外事件下落不明,经有关机关证明该自然人不可能生存的,申请宣告死亡不受二年时间的限制。“刘小甲与刘老甲申请宣告公民死亡特别程序案”中,被申请人刘老甲于2014年3月8日乘坐马来西亚航空公司MH370航班失踪后,马来西亚官方多次宣告此航班已失事,机上人员全部遇难。因此,刘小甲申请宣告刘老甲死亡是不受两年时间限制的。

典型案例

宣告死亡后债务纠纷案

2009年9月成某在出差时失踪，其妻子林某于2014年5月向法院申请宣告成某死亡。2016年，成某在外地向张某借款10万元后回到老家。2018年，张某找到成某索要欠款，成某称，2014年其妻子林某已经向法院申请宣告自己死亡，2016年借款时，自己是“死人”，因此无须承担在此期间发生的民事法律行为的后果，双方因此发生争执。

被宣告死亡和自然死亡的时间不一致的，被宣告死亡所引起的法律后果仍然有效，但自然死亡前实施的民事法律行为与被宣告死亡引起的法律后果相抵触的，则以其实施的民事法律行为为准。成某在被宣告死亡后的借款行为效力不受宣告死亡的影响，张某有权要求成某还款。

2. 自然人的民事行为能力

自然人的民事行为能力是指自然人能以自己的行为享有民事权利、承担民事义务的资格。《民法总则》根据年龄和智力状况的不同将自然人的民事行为能力分为以下三类：

(1) 完全民事行为能力。

完全民事行为能力，是指能够通过自己独立的行为取得民事权利和承担民事义务的资格。《民法总则》规定，十八周岁以上的自然人为成年人，成年人为完全民事行为能力人，可以独立实施民事法律行为。此外，十六周岁以上的未成年人，以自己的劳动收入为主要生活来源的，视为完全民事行为能力人。

典型案例

兔子饲养合同纠纷案

陈兄与陈弟系兄弟，父母双亡。陈兄已婚。因家庭经济困难，陈弟虽年仅16周岁，但已参加农田劳动一年。后因叔嫂关系不和，陈弟决定自己独立生活。经村委会同意，陈弟与县畜产收购门市部签订了一份养兔的承包合同。合同规定：畜产门市部供给种兔和饲料，陈弟每年饲养200兔子，向畜产部门提供合格的兔毛，承包费按兔毛产量提成。合同签订后，陈弟开始饲养第一批小兔200只。陈弟将兔子养大后，在交货前三天，陈兄私下把这200只兔子运到市场上销售，致使陈弟无法按合同交货。陈弟会同畜产门市部要求陈兄赔偿。陈兄则称：“陈弟一直与我共同生活，跟着我一起饲养兔子，他年龄还小，签订合同并未征得我同意，我不能承认这份合同。我有权出售兔子。”经村里调解不成，陈弟向法院起诉。

法院经审理认定陈弟已年满16周岁，其以自己的劳力从事农业生产谋生，依法可以视为完全民事行为能力人，所签承包合同有效，并责令陈兄赔偿损失。

(2) 限制民事行为能力。

限制民事行为能力，是指只具有部分的民事行为能力，享有民事权利和承担民事义务的资格受到一定限制。《民法总则》规定，八周岁以上的未成年人和不能完全辨认自己行为的成年人为限制民事行为能力人，可以独立实施纯获利益的民事法律行为或者与其年龄、智力、精神健康状况相适应的民事法律行为，其他民事法律行为必须由其法定代理人代理或者得到法定代理人的允许，其中，法定代理人的允许主要有事先同意和事后追认两种方式。

① 事前同意。所谓事前同意，是指法定代理人事前对限制民事行为能力人超出其行为能力所实施法律行为的允许。未经法定代理人同意的，该法律行为处于效力待定的状态。同意权的主体为限制民事行为能力人的法定代理人，法定代理人同意的意思表示可以向法律行为的另一方或者限制行为能力人为之。到法律行为实施时为止，法定代理人的同意可以撤回。

② 事后追认。所谓事后追认，是指法定代理人事后对限制民事行为能力人超出其行为能力所实施法律行为的允许。在法定代理人决定是否追认之前，该法律行为效力处于一种不确定状态，因而称为效力未定的法律行为。追认权的主体为限制民事行为能力人的法定代理人，但如果限制民事行为能力的人在追认期限内取得或恢复了民事行为能力，其本身亦可追认。法定代理人追认的意思表示可以向法律行为的另一方或者限制行为能力人为之。法定代理人一经追认，法律行为自始有效，反之，拒绝追认的，则该法律行为自始无效，并且，一旦追认，则法定代理人不得撤回。此外，为了平衡双方当事人的利益和维护交易的安全，贯彻权利义务对等的原则，《民法总则》规定，相对人可以催告法定代理人自收到通知之日起一个月内予以追认，法定代理人未作表示的，视为拒绝追认。同时，对于善意相对人，即不知道也不应该知道对方为限制民事行为能力人的相对人，法律还赋予其撤销权，所谓撤销权，是指善意相对人在追认权人未作追认之前，享有撤回其意思表示的权利。撤销权的行使，应向限制民事行为能力人的法定代理人以通知的方式作出。

典型案例

房屋买卖合同纠纷案

谭父、谭子是父子关系，老赖、小赖是父子关系。老赖开服装厂需资金，想转让小赖名下房屋，因小赖未满18周岁，老赖与谭父分别以小赖、谭子的名义签订《房屋转让协议书》。后老赖把收取的60万元房屋转让款投入服装厂，但因经营不善导致亏损。其后，谭子多次要求小赖履行过户手续，小赖以未经其同意，转让房屋无效，拒绝办理房屋过户登记手续，双方发生纠纷。

法院认为，涉案《房屋转让协议书》签订时小赖未满15周岁，根据《民法总则》第19条的规定，小赖在涉案合同签订时属于限制民事行为能力人，可以进行与他的年龄、智力相适应的民事活动。而涉案合同约定的是房产转让，双方当事人须承担的权利义务明显与小赖的年龄、智力是不相适应的，因此，应由小赖的法定代理人代理或者征得他的法定代理人的同意后才可进行。本案中，老赖作为小赖的法定代理人，是完全民事行为能力人，其代理小赖签订涉案房屋买卖协议是其真实意思表示，协议的内容亦符合法律规定，且小赖未能提供证据证实涉案房屋的转让损害了自己的合法利益，因此，应认定涉案房屋转让合同为有效合同。

(3) 无民事行为能力。

无民事行为能力，是指不具有以自己的行为取得民事权利、承担民事义务的资格。《民法总则》规定，不满八周岁的未成年人和不能辨认自己行为的自然人为无民事行为能力人，只能由其法定代理人代理实施民事法律行为。其中，不能辨认自己行为的自然人包括不能辨认自己行为的成年人、不能辨认自己行为的八周岁以上的未成年人两种情况。

我国立法对成年人的无民事行为能力和限制民事行为能力采取宣告制度。《民法总则》第二十四条规定，不能辨认或者不能完全辨认自己行为的成年人，其利害关系人或者有关组织，可以向人民法院申请认定该成年人为无民事行为能力人或者限制民事行为能力人。自然人被宣告为无民事行为能力人或限制民事行为能力人，其行为能力只是处于一时的中止或受限制的状态，所以，当他们智力、精神障碍排除，具有辨认事物的能力时，经本人、利害关系人或者有关组织申请，人民法院可以根据其智力、精神健康恢复的状况，认定该成年人恢复为限制民事行为能力人或者完全民事行为能力人。

典型案例

郑家父子申请宣告无民事行为能力案

申请人郑子为被申请人郑父的独生子。郑父已离婚，且其父母早已过世多年。郑父经医院确诊为精神分裂症后，精神状态一直不稳定，断断续续住院治疗至今，后又被鉴定为精神残疾人，重症一级。故郑子请求依法宣告被申请人为无民事行为能力人，并指定其为郑父的监护人。

本案审理中，法院根据申请人郑子的申请，依法委托上海市精神卫生中心司法鉴定所对被申请人郑父的精神状态进行司法精神医学鉴定并评定其民事行为能力。鉴定后，该所出具司法鉴定意见书，认定郑父目前为无民事行为能力。鉴于申请人郑子系被申请人郑父的唯一近亲属，郑父所在居委会上海市浦东新区某街道星海居民委员会也同意申请人郑子担任郑父的监护人，法院一并指定郑子对郑父承担监护责任。依照《民法总则》第24条第1款和第28条第(二)项，人民法院判决宣告郑父为无民事行为能力人；指定郑子为郑父的监护人。

典型案例

商品房买卖合同纠纷案

朱小某与五指山太阳城公司签订商品房买卖合同，约定朱小某购买候鸟大厦和小天鹅住宅区两处共计6套房产。合同中约定，买受人一次性付清合同总价的100%房款，出卖人应当依照国家和地方人民政府的有关规定，将经验收合格的商品房，交付买受人使用。朱小某的父亲是朱老某，上述合同签订时，朱小某年仅7岁，无经济来源，全部房款是朱老某支付。后当事人就该房屋买卖合同效力发生争议，起诉至法院。

法院经审理后认为，合同签订时虽然朱小某是无民事行为能力人，但是从付款的经过可以看出涉诉房产是朱老某用其资金以朱小某的名义支付，朱小某的法定监护人对朱小某签订合同的行为并未提出异议，该合同的签订是当事人真实意思的表示，符合《民法总则》第二十条的规定，并且合同内容未违反法律、行政法规的强制性规定，因此依法受到法律的保护。五指山太阳城公司以朱小某签订合同时无民事行为能力为由主张合同无效，没有事实根据和法律依据，本院不予支持。

3. 监护

(1) 监护的概念。

限制民事行为能力人和无民事行为能力人如何进行民事活动，其权利和利益又如何得到保障呢？民法为此专门设立了监护制度。监护是对无民事行为能力人和限制民事行为能力人的人身、财产及其他合法权益进行监督和保护的一种民事法律制度。

(2) 监护人的设定。

根据《民法总则》的规定，我国监护人的设定方式有：

① 法定监护。所谓法定监护，是指监护人由法律直接规定的监护方式。首先，《民法总则》第二十七条规定了未成年人的法定监护人：父母是未成年子女的监护人。未成年人的父母已经死亡或者没有监护能力的，由下列有监护能力的人按顺序担任监护人：(一) 祖父母、外祖父母；(二) 兄、姐；(三) 其他愿意担任监护人的个人或者组织，但是须经未成年人住所地的居民委员会、村民委员会或者民政部门同意。其次，《民法总则》第二十八条规定了成年人的法定监护人：无民事行为能力或者限制民事行为能力的成年人，由下列有监护能力的人按顺序担任监护人：(一) 配偶；(二) 父母、子女；(三) 其他近亲属；(四) 其他愿意担任监护人的个人或者组织，但是须经被监护人住所地的居民委员会、村民委员会或者民政部门同意。

② 遗嘱监护。遗嘱监护，又称遗嘱指定监护，是指被监护人的父母通过遗嘱给自己的未成年子女或者成年但没有行为能力或者限制行为能力的子女指定监护人的监护方式。《民法总则》第二十九条规定，被监护人的父母担任监护人的，可以通过遗嘱指定监护人。

③ 协议监护。协议监护，是指在具有监护资格的多个监护人之间产生争议时，通过

平等协商的方式来确定其中一位或几位担任监护人的监护方式。《民法总则》第三十条规定，依法具有监护资格的人之间可以协议确定监护人。协议确定监护人应当尊重被监护人的真实意愿。

④ 指定监护。指定监护，是指在具有法定监护资格的人之间对担任监护人产生不确定或者争议时，由有权主管机关进行指定的监护方式。《民法总则》第三十一条规定，对监护人的确定有争议的，由被监护人住所地的居民委员会、村民委员会或者民政部门指定监护人，有关当事人对指定不服的，可以向人民法院申请指定监护人；有关当事人也可以直接向人民法院申请指定监护人。居民委员会、村民委员会、民政部门或者人民法院应当尊重被监护人的真实意愿，按照最有利于被监护人的原则在依法具有监护资格的人中指定监护人。指定监护人前，被监护人的人身权利、财产权利以及其他合法权益处于无人保护状态的，由被监护人住所地的居民委员会、村民委员会、法律规定的有关组织或者民政部门担任临时监护人。监护人被指定后，不得擅自变更；擅自变更的，不免除被指定的监护人的责任。

⑤ 单位监护。单位监护，是指在没有具有监护资格的人的情形下，由有关部门和组织担任监护人的监护方式。《民法总则》第三十二条规定，没有依法具有监护资格的人的，监护人由民政部门担任，也可以由具备履行监护职责条件的被监护人住所地的居民委员会、村民委员会担任。

⑥ 意定监护。意定监护，是指成年人在其具备完全民事行为能力时，提前与他人协商并以书面形式确定自己的监护人，待自己丧失行为能力时即由预先确定的人担任自己监护人的监护人确定制度。《民法总则》第三十三条规定，具有完全民事行为能力的成年人，可以与其近亲属、其他愿意担任监护人的个人或者组织事先协商，以书面形式确定自己的监护人。协商确定的监护人在该成年人丧失或者部分丧失民事行为能力时，履行监护职责。

典型案例

未成年女儿监护抚养纠纷案

王某女与刘某男在夫妻关系存续期间生育两个女儿，长女刘某一、次女刘某二。后王某女因感情不和向法院起诉与刘某男离婚，第一次起诉经调解，王某女撤诉；第二次起诉时，双方均同意离婚，但对女儿抚养问题未能协商一致。人民法院经审理后判决，准许王某女与刘某男离婚，刘某一由刘某男抚养，刘某二由王某女抚养。王某女在离婚后不久去世，刘某男要求将刘某二带走，但被王某女的父母拒绝，王某女父母要求自己抚养，双方因无法协商产生争执。于是，刘某男起诉要求王某女的父母将刘某二交由其监护、抚养。

法院经审理认为，父母系未成年子女第一顺序监护人，王某女去世后，刘某二依法应由刘某男监护、抚养，王某女父母作为第二顺序监护人要求承担相应责任的愿望虽好，但其没有证据证明刘某男不具监护、抚养刘某二的法定事由，故刘某男要求王某女父母将刘某二交由其监护、抚养的诉讼请求，予以支持。法院判决王某女父母于判决生效后三十日内将刘某二交由刘某男监护、抚养。

(3) 监护人的职责。

① 担任被监护人的法定代理人，代理被监护人实施民事法律行为。《民法总则》第二十三条规定，无民事行为能力人、限制民事行为能力人的监护人是其法定代理人。

② 保护被监护人的人身、财产及其他合法权益。《民法总则》第三十五条规定，监护人应当按照最有利于被监护人的原则履行监护职责。监护人除为维护被监护人利益外，不得处分被监护人的财产。未成年人的监护人履行监护职责，在作出与被监护人利益有关的决定时，应当根据被监护人的年龄和智力状况，尊重被监护人的真实意愿。成年人的监护人履行监护职责，应当最大程度地尊重被监护人的真实意愿，保障并协助被监护人实施与其智力、精神健康状况相适应的民事法律行为。对被监护人有能力独立处理的事务，监护人不得干涉。

③ 教育、照顾、监督和管教被监护人。对于未成年的被监护人而言，《中华人民共和国婚姻法》第二十一条规定，父母对子女有抚养教育的义务。此外，《中华人民共和国义务教育法》《中华人民共和国未成年人保护法》等法律和法规也确定了父母对未成年子女所负有的人身监护职责。对于精神障碍患者来说，人身监护重在医治、疗养和约束精神障碍患者的行为。

④ 监护人应当依法承担民事责任。《民法总则》第三十四条规定，监护人不履行监护职责或者侵害被监护人合法权益的，应当承担法律责任。《中华人民共和国侵权责任法》第三十二条规定，无民事行为能力人、限制民事行为能力人造成他人损害的，由监护人承担民事责任。监护人尽到监护职责的，可以减轻其侵权责任。

(4) 监护人资格的撤销。

监护人有下列情形之一的，人民法院根据有关个人或者组织的申请，撤销其监护人资格，安排必要的临时监护措施，并按照最有利于被监护人的原则依法指定监护人：① 实施严重损害被监护人身心健康行为的；② 怠于履行监护职责，或者无法履行监护职责并且拒绝将监护职责部分或者全部委托给他人，导致被监护人处于危困状态的；③ 实施严重侵害被监护人合法权益的其他行为的。其中，"有关个人和组织"包括：其他依法具有监护资格的人，居民委员会、村民委员会、学校、医疗机构、妇女联合会、残疾人联合会、未成年人保护组织、依法设立的老年人组织、民政部门等。如果，个人和民政部门以外的组织未及时向人民法院申请撤销监护人资格，民政部门则应当向人民法院提出申请。

此外，法律要求依法负担被监护人抚养费、赡养费、扶养费的父母、子女、配偶等，即便被人民法院撤销监护人资格后，并不能当然免除法定抚养、赡养或者扶养的义务，还应当继续履行所负担的义务。

在被监护人的父母或者子女被人民法院撤销监护人资格后，除对被监护人实施故意犯罪的外，确有悔改表现的，经其申请，人民法院可以在尊重被监护人真实意愿的前提下，视情况恢复其监护人资格，人民法院指定的监护人与被监护人的监护关系同时终止。

(5) 监护关系的终止。

监护关系终止的原因有以下几种情形：

① 被监护人取得或者恢复完全民事行为能力。包括取得完全民事行为能力和恢复完全民事行为能力两种情形。对于前者，是指对于未成年人的监护，自被监护人成年之日起，监护关系自然终止。对于后者，主要是指被监护人曾经具备完全民事行为能力，因精神障碍而不能辨认或者不能完全辨认自己行为，故而失去了民事行为能力，但后又恢复了完全民事行为能力。当然，对于精神障碍患者，在其痊愈后，须经利害关系人申请并由人民法院撤销对其作出的监护裁决，才能导致监护关系终止。

② 监护人丧失监护能力。监护人丧失监护能力。监护关系的成立以监护人具有完全民事行为能力为条件，监护人如果不具有完全民事行为能力，也就无法履行监护职责，从而应当导致监护关系终止。此外，如果监护人因自身身体健康状况、经济状况的变化而无力承担监护职责，也属于丧失监护能力的情形。

③ 被监护人或者监护人死亡。监护人的死亡，就意味着主体的消灭。自然不可能再履行监护职责，故监护关系终止；而被监护人的死亡，则意味着监护的必要性丧失，所以监护关系也就此终止。

④ 人民法院认定监护关系终止的其他情形。人民法院认定监护关系终止的其他情形。是指基于其他客观情况的发生而导致监护关系终止的情形，例如养父母与养子女之间的监护关系，是建立在抚养关系的基础上，若抚养关系终止后，监护关系也就失去了存在的基础，由人民法院认定监护关系终止。

二、法人

1. 法人的概念与特征

根据《民法总则》第五十七条的规定，法人是具有民事权利能力和民事行为能力，依法独立享有民事权利和承担民事义务的组织。根据这一规定，法人具有如下几个方面的特征：

(1) 法人是依法成立的社会组织。这是法人与自然人之间的最大区别。法人是社会组织，但不是任何组织都能取得法人资格，只有那些具备法定的条件，并得到法律认可或依法获得批准的社会组织，才能取得法人资格。

(2) 法人是具有民事权利能力和民事行为能力的社会组织。法人是社会组织，但并不是任何社会组织都能取得法人资格。例如大学班集体，虽为组织体，但不能取得法人资格。只有具备法人的成立条件，具有民事权利能力和民事行为能力的社会组织，才能取得法人资格。具体来讲：

① 法人的民事权利能力。法人的民事权利能力是指法人作为民事权利主体，依法享有民事权利和承担民事义务的资格。法人的民事权利能力没有自然人那样充分，其权利能力存在一定的限制，一方面是自身性质的限制，即法人作为一种组织而不是生命体，某些专属自然人的权利，法人不可能享有，例如生命权、健康权、自由权、受抚养权等；另一方

面是法律法规的限制，法人只能在法律或行政命令的范围内，具有享有权利和承担义务的能力。由于设立法人的法律法规有所不同，各类法人享有的权利能力也不相同。例如，禁止私营企业从事军工的生产经营。

② 法人的民事行为能力。法人的民事行为能力是指法人能以自己的行为取得民事权利和承担民事义务的资格。与自然人的民事行为能力相比较，法人的民事行为能力有以下特点：第一，法人的民事行为能力享有的时间与其民事权利能力享有的时间一致。《民法总则》第五十九条规定，法人的民事权利能力和民事行为能力，从法人成立时产生，到法人终止时消灭。第二，法人的民事行为能力的范围与民事权利能力的范围一致。第三，法人的民事行为能力由法人机关或者代表人实现。

(3) 法人是依法独立享有民事权利和承担民事义务的组织。其独立性表现在以下几个方面：

① 独立的组织。法人为独立的社会组织的具体含义在于，法人的民事主体资格与组成法人的自然人的民事主体资格是彼此独立的，某个或者某些成员的死亡或者退出法人组织，不影响法人的存续，法人的组织无须依靠其他组织或者单位而独立存在。在组织上必须依赖其他组织而存在的组织，如工厂的车间、机关的科室等都不是独立的组织，不能成为法人。

② 独立的财产。法人的独立财产，是指法人所有或者经营管理的全部财产。法人的财产独立于其出资者的财产。例如，公司的财产属于公司，独立于公司股东个人的财产。独立的财产是法人的特征之一，也是法人成立的物质基础。

③ 独立的责任。《民法总则》第六十条规定，法人以其全部财产独立承担民事责任。法人具有独立的组织和独立的财产，就可以以自己的名义进行民事活动，独立享有民事权利和承担民事义务。如果法人违反民事义务，由法人独立承担民事责任。独立承担民事责任意味着：第一，法人独自以自己的名义承担责任，其债务不能转移于国家、其他法人或法人成员。第二，法人仅以自己所有或经营管理的财产为限，对外承担债务的清偿责任，如果法人的独立财产是由其成员出资形成的，那么，法人的成员也仅以其出资的财产承担清偿法人债务的责任。由于法人的债权人不得请求法人的创立人和其成员清偿法人的债务，就会出现法人以自己的独立财产承担的责任与其实际负担的债务在范围上的不一致。这种责任范围小于债务范围的情况，就是有限责任。

2. 法人应具备的条件

法人应具备的条件，是指取得法人资格所必须具备的基本条件。根据《民法总则》第五十八条的规定，法人成立具备的基本条件为：

(1) 依法成立。依法成立是指依照法律规定而成立。首先，法人组织的设立合法，其设立的目的、宗旨要符合国家和社会公共利益的要求，其组织机构、设立方式、经营范围、经营方式等要符合法律的要求；其次，法人的成立程序符合法律、行政法规的规定，须经有关机关审核批准的，经批准后才能设立。

(2) 有自己的名称、组织机构和住所。首先，法人的名称是区别于其他法人的标志，法人必须在具有自己的名称的情形下才能与其他同类型的法人加以区别，成为特定的民事主体。法人的组织机构是对内管理法人事务,对外代表法人从事活动的机构的总称。《民法总则》第一百一十条规定,法人、非法人组织享有名称权。其次,法人是社会组织,法人的意思表示必须依法由法人组织机构来完成,每一个法人都应该有自己的组织机构,如股份有限公司法人的组织机构依法应由三部分组成:股东会(权力机构)、董事会(执行机构)、监事会(监督机构)。没有组织机构,法人难以成立。不同类型的法人,其组织机构并不相同,如基金会通常只设董事会或理事会作为管理机关,但所有的法人都有法定代表人。根据《民法总则》六十一条的规定,所谓法定代表人,是指依照法律或者法人章程的规定,代表法人从事民事活动的负责人。法定代表人是法人组织机构的一部分,其以法人名义从事民事活动的法律后果由法人承受。最后,无论是营利法人、非营利法人还是特别法人,都应当具有自己的住所,以便从事相应的生产经营活动或其他社会活动。《民法总则》第六十三条规定,法人以其主要办事机构所在地为住所。依法需要办理法人登记的,应当将主要办事机构所在地登记为住所。

(3) 有必要的财产或经费。法人作为独立的民事主体,要独立进行各种民事活动,独立承担民事活动的后果。因此,法人应有必要的财产或者经费,否则,法人无法进行各种民事活动。所谓必要的财产或者经费是指法人的财产或者经费应与法人的性质、规模等相适应。

3. 法人的分类

根据《民法总则》的规定,在我国法人可以分为以下三类:

(1) 营利法人。营利法人是指以取得利润并分配给股东等出资人为目的成立的法人。营利法人包括有限责任公司、股份有限公司和其他企业法人等。有限责任公司,又称有限公司,是股东以其认缴的出资额为限对公司承担责任,公司以其全部财产对公司的债务承担责任的公司。股份有限公司,又称股份公司,是将其全部资本分为等额股份,股东以其认购的股份为限对公司承担责任,公司以其全部财产对公司的债务承担责任的公司。其他企业法人主要是在计划经济体制下的国有企业、集体企业等,不过,大多经过改制后改造为现代公司制法人。

(2) 非营利法人。非营利法人是指为公益目的或者其他非营利目的成立,不向出资人、设立人或者会员分配所取得利润的法人。非营利法人包括事业单位、社会团体、基金会、社会服务机构等。事业单位是指国家为了社会公益目的,由国家机关举办或者其他组织利用国有资产举办的,从事教育、科技、文化、卫生等活动的社会服务组织。社会团体是指中国公民自愿组成,为实现会员共同意愿,按照其章程开展活动的非营利性会组织。基金会是指利用自然人、法人或者其他组织捐赠的财产,以从事公益事业为目的,依法成立的非营利性法人。社会服务机构,主要是指民办学校、民办医院、民办科研机、民办博物馆、民办体育俱乐部等民间实体。

(3) 特别法人。所谓特别法人,是指除营利法人和非营利法人以外的法人,主要包括机关法人、农村集体经济组织法人、城镇农村的合作经济组织法人、基层群众性自治组织法人。机关法人是指依照法律或行政命令组建的、享有公权力且主要从事国家管理活动的各级国家机关。农村集体经济组织是指在行政乡村范围内,以社会主义集体所有制为主要特征的一种组织形式。我国的农村集体经济组织主要包括三类：乡镇集体、村集体、村民小组。农民专业合作社是指在农村家庭承包经营基础上，同类农产品的生产经营者或者同类农业生产经营服务的提供者、利用者，自愿联合、民主管理的互助性经济组织。基层群众性自治组织是指特定社区的群众为实现一定目标而自愿结合起来的自我管理、自我教育和自我服务的群体。基层群众性自治组织包括村民委员会和居民委员会。村民委员会是指村民自我管理、自我教育、自我服务的基层群众性自治组织；居民委员会是指居民自我管理、自我教育、自我服务的基层群众性自治组织。

典型案例

公司总裁更换拒不履行合同案

A 产品公司与 B 机器厂订立了一份买卖合同，约定由 B 机器厂向 A 产品公司提供一套机器设备，A 产品公司应于收货后付款 20 万元。后 A 产品公司原总裁因经营不善被撤换。新总裁上任后改变了公司的生产计划，原订的设备不再需要。因此，在 B 机器厂按合同交货时，A 产品公司的新任总裁指令办事人员拒收，并提出这是原总裁订的合同，现要对以前的合同进行清理，原订的买卖合同无效。

本案中，产品公司拒收不合法，属于一种违约行为。因为法人的法定代表人与法人的关系是同一人格的关系，法定代表人以法人名义实施的行为就是法人的行为。法定代表人是法人的组成部分，法定代表人的更换虽属于法人的变更，但法定代表人的职责未变，法人的主体资格未变。因此，产品公司总裁的更换不能改变其法人的主体资格，原订立的合同仍然有效。

三、非法人组织

1. 非法人组织的概念和特点

非法人组织是指不具有法人资格但是能够依法以自己的名义从事民事活动的组织。非法人组织具有如下特点：

(1) 非法人组织必须依法成立。依据《民法总则》的规定，非法人组织的设立必须遵循法定设立程序，除了应当依法登记外，法律、行政法规规定须经批准的，还应经批准。

(2) 非法人组织具有民事权利能力与民事行为能力。非法人组织的民事权利能力与民事行为能力，从其成立时产生，到终止时消灭。

(3) 非法人组织能够以自己的名义从事民事活动。

(4) 非法人组织不能独立承担民事责任。因此，在涉及债务清偿时，如果非法人组织有财产，则首先应当以非法人组织的财产清偿债务；如果非法人组织的财产不足以清偿债务，即出现资不抵债的情况时，除非法律另有规定，一般应由非法人组织的出资人或设立人以自己个人的全部财产对非法人组织的债务承担责任，而并非仅以其出资为限承担责任，这种责任被称为无限责任，这也是非法人组织与法人的最大区别。

2. 非法人组织的类型

（1）个人独资企业。根据《中华人民共和国个人独资企业法》的规定，是指依照本法在中国境内设立，由一个自然人投资，财产为投资人个人所有，投资人以其个人财产对企业债务承担无限责任的经营实体。

（2）合伙企业。根据《中华人民共和国合伙企业法》的规定，是指自然人、法人和其他组织依照本法在中国境内设立的普通合伙企业和有限合伙企业。其中，普通合伙企业由普通合伙人组成，只要没有法律的额外规定，则全体普通合伙人应当对合伙企业债务承担无限连带责任；而有限合伙企业则由普通合伙人和有限合伙人组成，普通合伙人对合伙企业债务承担无限连带责任，有限合伙人以其认缴的出资额为限对合伙企业债务承担责任。

（3）不具有法人资格的专业服务机构。主要包括以合伙形式成立的会计师事务所和以合伙企业形式成立的律师事务所。

（4）其他非法人组织。除了法律明确列举的上述非法人组织类型外，非法人组织形式还可以其他方式存在，例如企业法人的分支机构、业主委员会等。

典型案例

合伙企业对外买卖合同纠纷案

魏一登记注册成立个人独资企业“联达厂”并领有营业执照。当年年底，魏一、蒋二、卞三、祝四签订合伙合同一份，约定：合伙人魏一原独资经营的联达厂因扩建、改建须追加投资，现由魏一、蒋二、卞三、祝四 4 人共同出资、合伙经营，合伙后的企业名称仍为联达厂。第二年，双盈公司与联达厂签订工矿产品购销合同一份，约定由双盈公司向联达厂提供焦炭，联达厂支付货款。其后，后联达厂陷入经营困难，魏一等 4 人同意全权委托魏一将该厂对外承包，承包费用于偿还对外的债务和各自投资，该厂承包前对外的债权债务由魏一负责处理，与其余三人无关。双盈公司因联达厂迟迟不结清货款，诉至法院要求联达厂以及魏一、蒋二、卞三、祝四共同给付相关款项及利息。法庭审理中，卞三辩称：买卖业务发生于双盈公司与联达厂之间，如联达厂的资产不足以清偿债务，该厂投资人魏一应该以个人财产予以清偿。虽然魏一、蒋二、卞三、祝四签订了合伙合同，但是该合伙合同并未实际履行，联达厂仍为个人独资企业。卞三等人不是本案的适格主体，双盈公司要求卞三等个人支付联达厂的欠款没有事实和法律依据，故请求驳回双盈公司的诉讼请求。

法院认为，联达厂虽在工商行政管理部门登记为个人独资企业，但实质系魏一、蒋二、卞三、祝四合伙经营的企业。联达厂欠双盈公司的货款发生于合伙期间，属于合伙企业的债务。由于债权人的交易对象是合伙企业而非合伙人，合伙企业作为与债权人有直接法律关系的主体，应先以其全部财产进行清偿。因合伙企业不具备法人资格，普通合伙人不享受有限责任的保护，合伙企业的财产不足以清偿债务的，全体普通合伙人应对合伙企业未能清偿的债务部分承担无限连带责任。

第三节 民事法律行为

一、民事法律行为概述

1. 民事法律行为的概念

民事法律关系是在现实生活中形成的以民事权利和民事义务为基本内容的社会关系，能够引起民事法律关系的发生、变更或者消灭的客观现象被称为民事法律事实。民事法律事实可分为事件和行为两类。事件是指与当事人的意志无关，能够引起民事法律后果的客观现象，例如，人的出生、死亡，生死不明，发生自然灾害，爆发战争等。行为是指当事人的有意识的活动。行为之中，民事法律行为是个人创设法律关系的最主要方式。根据《民法总则》的规定，民事法律行为是指民事主体通过意思表示设立、变更、终止民事法律关系的行为。

2. 民事法律行为的一般有效要件

(1) 行为人具有相应的民事行为能力。法律行为都以当事人的意思表示为基础，并且以产生一定的法律效果为目的。因此行为人必须具备正确理解自己的行为性质和后果、独立地表达自己的意思的能力，即行为人必须具备与从事某项法律行为相应的民事行为能力。行为人具有相应的民事行为能力，表明实施法律行为的人可以自主地形成法律关系，具备合理的形成意思的能力。行为人具有相应的行为能力，既包括自然人实施法律行为应当具有与其年龄、智力或精神健康状况相适应的民事行为能力(纯获利的法律行为除外)，也包括法人、合伙等从事法律行为应当具有相应的民事行为能力。

(2) 意思表示真实。意思表示是民事法律行为的核心要素。意思表示真实，即要求行为的内心意愿为行为人自觉自愿而产生，同时与其所表达的意思相一致。通常情况下，意思表示中的意思与表示是一致的，但也可能出现两者不一致的情形，这称之为“意思表示瑕疵”。行为人的意思表示若有瑕疵，以此为内容的法律行为，会导致可撤销或者无效的法律效果。

(3) 不违反法律、行政法规的强制性规定。民事法律行为不得违反法律、行政法规的强制性规定，否则法律行为不能发生行为人所预期的法律效果。法律行为是否违反法律、行政法规的效力性强制规定，可以从行为的目的、标的、条件和方式四个方面考察。所谓目的违法，指行为人主观上所要达到的法律效果违法。如出卖某项动产，其目的是销赃、逃避清偿债务等。所谓标的违法，通常指买卖、赠与等转移物的所有权的法律行为，标的物为禁止流通物或限制流通物，如毒品、文物等。所谓条件违法，指行为内容中与目的、标的有实质性关联的权利义务事项和其他事项违法，如附不法条件的遗嘱行为；所谓方式违法，是指行为的方式将产生违法的后果，如不正当竞争和非法垄断行为。

(4) 不违背公序良俗。行为人实施的法律行为不得违反公序良俗，否则该法律行为无效。法律行为是否违反公序良俗，应就法律行为的内容、附随情况以及当事人的动机、目的和其他因素加以综合判断。在判断时间上，由于公序良俗具有可变迁性，原则上应以法律行为成立之时为标准，但是，遗嘱应以其生效时作为判断时点。

（5）符合法定形式。在绝大多数情况下，民事行为只要具备实质要件就发生法律效力，但在某些特殊情况下，民事行为还须具备形式要件才发生效力。《民法总则》第一百三十五条规定，民事法律行为可以采用书面形式、口头形式或者其他形式；法律、行政法规规定或者当事人约定采用特定形式的，应当采用特定形式。其中，书面形式，例如合同书、数据电文、信件等，其优点是能够通过文字凭据确定当事人之间的权利义务，有利于证据的获得，准确界定当事人之间的权利义务。口头形式，其优点在于简单迅捷，缺点在于缺乏确定性。其他形式，例如推定形式，即未用语言、文字表达作出意思表示，而仅用行为作出意思表示，生活中，诸如自动售货机形式缔结的买卖合同；房屋租赁合同届满后，出租人继续接受承租人缴纳的租金等，都可视为推定形式。在民事法律行为中，一般对当事人之间的行为形式不作要求，但是当法律、行政法规规定采用特定形式时，则应当依照法律规定。法律规定应当采用的特定形式，包括特定书面形式、公证、见证等形式。

典型案例

莫某女诉李某男离婚纠纷案

莫某女与李某男经人介绍相识，后双方登记结婚，同年生育一子李小某。结婚之初，双方的夫妻感情较好，但后来由于李某男阻止莫某女外出做家教，双方发生言语争执，之后，夫妻关系时好时坏。到了婚姻关系存续的第7年，莫某女草拟离婚协议一份交给李某男。李某男答应如果儿子由其抚养和夫妻关系存续期间购买的房屋（所有权登记为女方）归男方所有的，愿意去办离婚手续。同年7月，双方到土地管理部门将原登记在莫某女名下的房屋所有权全部变更给李某男名下。但是，李某男反悔，不同意离婚。8月初，莫某女搬离家中在外租屋居住，并向法院提起诉讼，请求判决准许离婚，并分割共同财产。

法院认为，婚姻当事人之间为离婚达成的协议是一种要式协议，即双方当事人达成离婚合意，并在协议上签名才能使离婚协议生效。双方当事人对财产的处理是以达成离婚为前提，虽然已经履行了财产权利的变更手续，但因离婚的前提条件不成立而没有生效，已经变更权利人的财产仍属于夫妻婚姻存续期间的共同财产。

二、无效民事法律行为

无效民事法律行为，是指因欠缺有效要件，因而当然自始不发生法律效力的民事法律行为。主要有以下几种：

1. 行为人不具有行为能力的民事法律行为

（1）无民事行为能力人实施的民事行为。《民法总则》第一百四十四条规定，无民事行为能力人实施的民事法律行为无效。该条目的，一是保护无民事行为能力人的利益。

通过法律行为无效,使其在独立实施法律行为时,不致因为年龄、智力的因素而遭受损害。二是维护交易秩序。将无民事行为能力人排除在承担法律后果的民事活动之外,以免其误入而又不承担法律后果的状况发生,以维护相对人的合法权益。

(2)限制民事行为能力人不能独立实施的民事行为。根据《民法总则》的规定,限制民事行为能力人可以独立实施两种类型的法律行为:第一,纯获利益的民事法律行为。所谓纯获利益,是指该项法律行为只为限制民事行为能力人创设法律上的利益。或是单纯取得权利或是单纯免除义务,至于有无经济上的利益,在所不问。第二,与限制民事行为能力人年龄、智力、精神健康状况相适应的民事法律行为。限制民事行为能力人实施的民事法律行为是否与其年龄、智力、精神健康状况相适应,以从行为与本人生活相关联的程度、本人的智力或精神状态能否理解其行为并预见相应的行为后果以及行为标的之数额等方面认定。

2. 行为人与相对人以虚假的意思表示实施的民事法律行为

《民法总则》第一百四十六条第一款规定,行为人与相对人以虚假的意思表示实施的民事法律行为无效。该类无效民事法律行为又称为通谋虚伪表示、虚假行为,是指表意人和相对人一致同意表示事项不该发生效力,亦即双方当事人一致同意仅仅造成订立某项法律行为的表面假象而实际上并不想使有关法律行为的法律效果产生。在通谋虚伪表示中,表意人与相对人虽具备共同订立法律行为的外观,但是均不想使表示出来的内容产生法律效力或构成法律行为的内容。因此表意人与相对人双方的表示与意思不一致,即欠缺与表示相应的意思,故而该类民事法律行为无效。

3. 违反法律、行政法规的强制性规定的民事法律行为

《民法总则》第一百五十三条第一款规定,违反法律、行政法规的强制性规定的民事法律行为无效,但是该强制性规定不导致该民事法律行为无效的除外。由于强制性规范类型很多,因此,应根据不同情况区别对待:第一,法律明确规定为无效的,应为无效;第二,法律未明确规定为无效,如果法律行为所违反的强制性规范是效力性规范,则应认定其无效,例如《野生动物保护法》第二十七条规定,禁止出售、购买、利用国家重点保护野生动物及其制品。如果法律行为所违反的强制性规范是管理性规范,则不会导致法律行为无效,例如《城市房地产管理法》第五十四条规定,房屋租赁,出租人和承租人应当签订书面租赁合同,约定租赁期限、租赁用途、租赁价格、修缮责任等条款,以及双方的其他权利和义务,并向房产管理部门登记备案。即使当事人未向房产管理部门登记备案,也不能认定该房屋租赁合同无效。

4. 违背公序良俗的民事法律行为

《民法总则》第一百五十三条第二款规定,违背公序良俗的民事法律行为无效。行为人实施的法律行为不得违反公序良俗,否则该法律行为无效。民事法律行为制度通过"公序良俗"与公共秩序与道德风俗发生联系。由于立法时不可能预见一切损害社会公益和道德秩序的行为,不可能做出详尽的禁止性规定,因此公序良俗原则可以弥补法律规定的不足。

5. 行为人与相对人恶意串通、损害他人合法权益的民事法律行为

《民法总则》第一百五十四条规定，行为人与相对人恶意串通，损害他人合法权益的民事法律行为无效。“恶意串通行为”包括两个要素：一是当事人之间有故意的意思联络即串通，二是行为人对国家、集体或者第三人利益的欺诈性损害。所谓“恶意”，是指明知法律行为会损害他人合法权益而故意为之；串通则是指当事人对恶意损害他人合法权益存在意思联络。从法律效果上看，恶意串通的法律行为无效。

典型案例

李某一等诉张某二等房屋买卖合同纠纷案

李某与祁某系夫妻，育有子女李某一、李某二、李某三。张某二系李某二之妻，李小二系李某二与张某二之子。李某和祁某分别订立公证遗嘱，将北京市朝阳区某小区401号房屋属于自己的份额遗留给李某二。李某去世后，祁某与李某二签订房屋买卖合同，约定祁某将401号房屋出售给李某二，并载明了房屋成交价格。然而，该合同中对于房屋的交付时间、付款期限和方式、违约责任均未进行约定。同日，祁某、李某二签订了《存量房交易结算资金自行划转声明》，约定自行划转结算资金，随后办理了房屋所有权转移登记手续。祁某去世后，李某二也因病去世。其后，李某一、李某三将张某二、李小二诉至法院，以李某二与祁某存在房屋买卖合同为由，要求李某二的继承人张某二、李小二支付房屋价款。张某二、李小二辩称：李某二与祁某之间名为房屋买卖，实为房屋赠与，之所以如此，是受到了遗产税传闻的影响。

本案涉及两个方面的问题：一是房屋买卖合同是否有效，二是房屋赠与是否有效。首先，本案中祁某与李某二签订了房屋买卖合同，并办理了过户手续，可见两者之间存在表面上买卖的意思表示。但就房屋权属而言，李某和祁某已经以公证遗嘱的形式将自己的房产份额遗留给李某二，祁某并不存在让李某二以支付对价的方式获得房屋权属的意愿。而且，买卖合同虽约定了价格，但对于交付时间、违约责任、付款方式和期限等重要条款均未明确，亦未有证据显示祁某主张过购房款。在未收到房款的前提下，祁某把房屋过户到李某二名下，此举与买卖交易习惯不符。再加上祁某与李某二为母子关系，长期与李某二生活在一起，李某二亦承担了赡养母亲的义务。在此前提下，祁某再将房屋卖与自己的儿子并拟从中获取房款的行为缺乏动机性意义。此外，在签订房屋买卖合同之时，房屋的共有权人包括李某二和祁某，在此前提下，李某二无视己方的权属份额，再通过买卖以支付祁某全部购房款的方式获得过户登记，违背常识。同时，再结合房屋过户的情形，可以认定，李某二亦明知祁某并非与其发生真实的买卖关系。故此，应当认定祁某和李某二之间并不存在真正的房屋买卖行为，而是形成了赠与行为。具体而言，即两人的内心意思与外部的表示行为并不一致，双方合作完成了通谋虚伪行为，形成了真假两项意思表示。虚假的房屋买卖的意思表示浮现于表面构成伪装行为，真实的房屋赠与的意思表示则被隐藏构成隐藏行为。而根据《民法总则》第146条第一款的规定，该作为伪装行为的房屋买卖

合同无效。隐藏行为是否有效，并不存在有效或无效的绝对判断，需要对照相应的法律规范，来确定最终的效力。本案中，祁某与李某二之间的房屋赠与行为是否有效，需要考察其是否符合赠与合同的法律规范。具体而言，祁某对自己的房屋份额拥有处分权，其无偿赠与给另一共有权人李某二，且已办理完毕产权过户登记，双方的上述行为并未违反法律法规的强制性规定，且为内心之真实意愿，故应认定赠与合同法律关系合法有效。

三、可撤销民事法律行为

可撤销民事法律行为，又称相对无效的民事法律行为，是指依照法律规定，可由当事人请求法院或仲裁机构予以撤销的民事法律行为。享有撤销权的人如行使撤销权，则撤销民事法律行为的效力溯及行为成立时无效；如果撤销权人在法定期限内未行使撤销权，该民事法律行为原来的效力不变，继续有效。主要有以下几种：

1. 重大误解的民事法律行为

《民法总则》第一百四十七条规定，基于重大误解实施的民事法律行为，行为人有权请求人民法院或者仲裁机构予以撤销。所谓重大误解，是指行为人因对行为的性质、对方当事人、标的物的品种、质量、规格和数量等的错误认识，使行为的后果与自己的意思相悖，并造成较大损失的行为。构成“重大误解”要求具备四个条件：第一，必须对合同主要内容发生了重大误解；第二，误解人因为误解作出意思表示，即误解人的误解与其意思表示之间具有因果关系；第三，误解是由误解人自己的不谨慎造成的，而不是源于对方当事人的过错行为；第四，误解并非由误解人故意造成，即误解人不存在故意或重大过失。

2. 显失公平的民事法律行为

《民法总则》第一百五十一条规定，一方利用对方处于危困状态、缺乏判断能力等情形，致使民事法律行为成立时显失公平的，受损害方有权请求人民法院或者仲裁机构予以撤销。据此，显失公平的民事法律行为是指一方在实施法律行为时，故意利用对方处于困境、缺乏判断能力，导致法律行为成立时当事人之间利益不平衡的法律行为。包括两种情形：第一种情形是一方当事人乘对方处于危难之机，为牟取不正当利益，迫使对方作出不真实的意思表示，严重损害对方利益的；第二种情形是一方当事人利用优势或者利用对方没有经验，致使双方的权利义务明显违反公平、等价有偿原则的。

3. 受欺诈的民事法律行为

受欺诈的民事法律行为包括两种情形，一种情形是一方当事人故意告知对方虚假情况，或者故意隐瞒真实情况，诱使对方当事人作出错误意思表示。根据《民法总则》第一百四十八条规定，一方以欺诈手段，使对方在违背真实意思的情况下实施的民事法律行为，受欺诈方有权请求人民法院或者仲裁机构予以撤销。另一种情形是第三人欺诈，即双方当事人以外的第三人实施欺诈行为，致使一方当事人违背真实的意思而实施民事法律行为，且对方当事人知道或者应当知道该欺诈行为的。根据《民法总则》第一百四十九条规定，第三人实施欺诈行为，使一方在违背真实意思的情况下实施的民事法律行为，对方知道或者应当知道该欺诈行为的,受欺诈方有权请求人民法院或者仲裁机构予以撤销。这里的第三人,不包括相对方的法定代表人、负责人、代理人或作为其缔约辅助人参与从事行为的人,也不包括其他与相对方在利益方面有密切联系的第三人,若上述人员实施了欺诈,则由相对人承担责任。

4. 受胁迫的民事法律行为

《民法总则》第一百五十条规定,一方或者第三人以胁迫手段,使对方在违背真实意思的情况下实施的民事法律行为,受胁迫方有权请求人民法院或者仲裁机构予以撤销。所谓胁迫,是指以给公民及其亲友的生命健康、荣誉、名誉、财产等造成损失或者以给法人的荣誉、名誉、财产等造成损害为要挟,迫使对方作出违背真实的意思表示的行为。

在上述可撤销民事法律行为中,因意思表示不真实而受损害的一方当事人有权行使撤销权,被称为撤销权人。撤销权人向对方作出撤销的意思表示,若对方未表示异议,则可以直接产生撤销法律行为的后果;如果双方对撤销问题发生争议,则必须提起诉讼或仲裁,要求人民法院或仲裁机构予以裁决。撤销权行使存在时间上的限制,根据《民法总则》的规定,有下列情形之一的,撤销权消灭:① 当事人自知道或者应当知道撤销事由之日起一年内、重大误解的当事人自知道或者应当知道撤销事由之日起三个月内没有行使撤销权;② 当事人受胁迫,自胁迫行为终止之日起一年内没有行使撤销权;③ 当事人自民事法律行为发生之日起五年内没有行使撤销权的。此外,若当事人知道撤销事由后明确表示或者以自己的行为表明放弃撤销权,也会导致撤销权消灭。

民事行为被确认无效和被撤销后,从行为开始起就没有法律效力。但是,没有法律效力并不等于没有法律后果,行为如果已经全部或者部分履行的,对于当事人已经取得的财产和造成的损失,应根据不同情况采取不同的措施。《民法总则》第一百五十七条规定,民事法律行为无效、被撤销或者确定不发生效力后,行为人因该行为取得的财产,应当予以返还;不能返还或者没有必要返还的,应当折价补偿。有过错的一方应当赔偿对方由此所受到的损失;各方都有过错的,应当各自承担相应的责任。法律另有规定的,依照其规定。此外,根据无效民事行为的违法性质,除责令当事人承担民事责任及制裁外,并不免除当事人所应承担的行政责任,如罚款、吊销营业执照、吊销生产许可证等。情节严重的,还要追究当事人的刑事责任。

典型案例

关某与贾某租赁合同纠纷案

贾某意欲租赁关某的商铺,但由于关某与贾某存在其他经济纠纷,双方往来信函中恶语相向,矛盾较深,关某并不愿意将商铺出租给贾某。不久,关某收到一枚送来的“炸弹”,心存恐惧,怀疑是贾某所为,加之公安机关破案需要,要求关某先与贾某签订租赁合同。关某不得已与贾某签订租赁合同。后经公安机关侦查,给关某邮寄“炸弹”的是贾某之子贾小某。

法院认为，虽然关某受到“炸弹”胁迫并非合同相对方贾某本人所为，但贾小某是贾某的儿子，与贾某能否承租商铺存在利益关系，其恐吓关某的目的也是为报复关某不将商铺给予其父子经营管理，故其恐吓的行为与签订租赁合同存在关联性。贾小某作为是否签订租赁合同的一方利害关系人，可以归属于《民法总则》第 150 条中规定的胁迫一方当事人。虽然合同约定的租金符合市场价，但关某并不愿意将租赁物出租给贾某。因此，关某认为其受到胁迫的情况下违背真实意思表示与贾某签订了《租赁合同》，根据《民法总则》第 150 条的规定，请求法院予以撤销，应予支持。在该案中，由于实施炸弹胁迫行为的贾小某与合同一方的贾某是父子关系，父子二人实际共同从事经营活动，因此不属于胁迫当事人之外的第三人。

四、附条件附期限民事法律行为

1. 附条件的民事法律行为

附条件的民事法律行为，是指当事人在法律行为中特别规定一定的条件，以条件的发生或出现与否作为法律行为效力发生或终止的根据。《民法总则》第一百五十八条规定，民事法律行为可以附条件，但是按照其性质不得附条件的除外。附生效条件的民事法律行为，自条件成就时生效。附解除条件的民事法律行为，自条件成就时失效。

民事法律行为所附的条件应当符合下列要求：① 必须是将来发生的事实。能够作为附条件法律行为中的条件的，必须是当事人从事法律行为时尚未发生的事实，过去的、已经发生的事实不能作为条件。② 必须是不确定的事实。条件在将来是否发生当事人是不能肯定的，如果在法律行为成立时，当事人已经确定作为条件的事实必然发生，则实际上应当解释为在法律行为中附期限。③ 必须可能。法律行为所附的条件是客观上不可能发生的，那么，如果该条件决定着法律行为效力的产生，则视为当事人并不希望从事该法律行为，因而该法律行为应宣告无效；如果条件决定着法律行为效力的消灭，则视为该法律行为未附任何条件。④ 必须是合法的事实。法律行为不能以违法或违背公序良俗的事实作为条件。⑤ 不得与附条件的法律行为的主要内容相矛盾。如果相互矛盾，可以解释为该行为人不欲作出该法律行为，因而该法律行为无效。

并非所有的法律行为均可附条件。不允许附条件的法律行为可分为两类：一是为维护公序良俗而不允许附条件。如结婚、离婚等不允许附条件。二是基于交易安全和法秩序稳定的要求而不允许附条件。基于交易安全而不允许附条件的，如票据行为；基于法秩序稳定的要求而不允许附条件的，如追认、撤销等行为。

附生效条件的法律行为成立以后，在条件未成就以前，当事人均不得为了自己的利益，以不正当的行为促成或阻止条件的成就，而只能听任作为条件的事自然发生。如果当事人为自己的利益采取了不正当的行为促成或阻止条件成就，那么根据《民法总则》第一百五十九条的规定，附条件的民事法律行为，当事人为自己的利益不正当地阻止条件成就的，视为条件已成就；不正当地促成条件成就的，视为条件不成就。

典型案例

承揽合同纠纷案

雪旺制冷公司与天味食品公司签订《空调系统工程合同》。雪旺制冷公司按约为天味食品公司配置了空调系统设备，天味食品公司尚欠雪旺制冷公司设备安装工程款。经查，雪旺制冷公司为天味食品公司安装的空调系统工程涉及54个房间的空调，除4个房间的空调调试验收合格外，其余空调至今未进行调试验收，根据《空调系统工程合同》第8条的约定，天味食品公司支付相关工程款的条件并未成就；但截至一审法院受理本案诉讼时，雪旺制冷公司曾多次要求天味食品公司配合对未调试设备进行调试、验收，而天味食品公司未予积极配合，致使空调系统工程的后续验收工作无法及时开展，故天味食品公司的行为阻止了合同约定的付款条件的成就。

法院认为，雪旺制冷公司与天味食品公司签订的《空调系统工程合同》系当事人的真实意思表示，其内容符合法律规定，该合同合法有效，当事人均应履行相关义务。根据《民法总则》第159条"附条件的民事法律行为，当事人为自己的利益不正当地阻止条件成就的，视为条件已成就"的规定，应视为天味食品公司向雪旺制冷公司支付相关工程款项的条件已成就，天味食品公司应向雪旺制冷公司支付其所欠工程款项。

2. 附期限的民事法律行为

附期限的民事法律行为，是指在法律行为中指明一定期限，把期限的届至作为法律行为效力发生或终止的根据。《民法总则》第一百六十条规定，民事法律行为可以附期限，但是按照其性质不得附期限的除外。附生效期限的民事法律行为，自期限届至时生效。附终止期限的民事法律行为，自期限届满时失效。法律行为以允许附期限为原则，以不许附期限为例外，依据本条规定，依照其性质不得附期限的法律行为包括：第一，身份上法律行为如结婚、收养及非婚生子女认领等。第二，依当事人单方面的意思表示设立、变更和终止法律关系的法律行为，如撤销权的行使等。

五、代理

1. 代理和代理权

所谓代理，是指代理人以被代理人的名义实施民事法律行为，由被代理人承担代理行为后果的法律制度。代理包括委托代理和法定代理。委托代理人按照被代理人的委托行使代理权，法定代理人依照法律的规定行使代理权。

代理人应当在被代理人或有关机关的授权范围内积极进行代理行为，完成代理任务。代理人应当从被代理人的利益出发，认真履行代理职责，为被代理人的利益实施代理行为。《民法总则》第一百六十四条规定，代理人不履行或者不完全履行职责，造成被代理人损害的，应当承担民事责任。

所谓代理权，是指代理人基于被代理人的意思表示或者法律的直接规定或者有关机关的指定，能够以被代理人的名义作出意思表示或者受领意思表示，其法律效果直接归于被代理人的法律资格。

代理人应在代理权限范围内，以被代理人的名义独立、依法、有效地实施民事行为，以达到被代理人所希望的或者客观上符合被代理人利益的法律效果。代理人违背代理权的设定宗旨和代理行为的基本准则，损害被代理人利益的行使代理权行为，构成滥用代理权。具体而言，滥用代理权的行为包括以下几种：① 自己代理。即代理人以被代理人的名义与自己进行民事活动的行为。法律在原则上禁止自己代理，自己代理造成损害的，代理人应当承担民事责任，但是被代理人同意或者追认的除外。② 双方代理。即同一代理人代理双方当事人进行同一项民事活动的行为。法律在原则上禁止双方代理，双方代理造成损害的，代理人应当承担民事责任，但是被代理人同意或者追认的除外。③ 代理人和相对人恶意串通。代理人和相对人恶意串通，损害被代理人利益的，代理人应当承担民事责任，相对人和代理人负连带责任。

2. 无权代理

无权代理，是指不具有代理权的当事人所实施的代理行为。无权代理并不是代理的一种形式，而是具备代理行为的表象但是缺乏代理权的行为。无权代理表现为以下三种形式：第一，没有代理权而为的代理行为；第二，超越代理权的行为；第三，代理权终止后的行为。

无权代理行为，只有经过被代理人的追认，才对被代理人发生法律效力。同时为了体现被代理人和相对人之间的利益平衡，保护相对人利益，相对人可以催告被代理人自收到通知之日起一个月内予以追认，被代理人未作表示的，视为拒绝追认。对于不知道也不应当知道行为人为无权代理的善意相对人，可以在法律行为被追认前，行使撤销权，进而使得无权代理行为对自己不发生效力。此外，善意相对人还可以在法律行为未被追认的情况下，请求无权代理人履行债务，或者就其受到的损害请求无权代理人赔偿，但是赔偿的范围不得超过被代理人追认时相对人所能获得的利益。

因无权代理而产生的损害，在被代理人和相对人没有过错的情况下，应由无权代理人负责赔偿相对人和被代理人的损失。如果相对人知道或者应当知道行为人为无权代理，则相对人和无权代理人按照各自的过错承担责任。

3. 表见代理

表见代理的本质也属于无权代理，它是指行为人没有代理权，但交易相对人有理由相信行为人有代理权的无权代理。表见代理的制度目的是保护善意相对人，使得相对人在行为人无权代理的情况下，仍有权请求被代理人承担代理行为的后果，维护交易安全。《民法总则》第一百七十二条规定，行为人没有代理权、超越代理权或者代理权终止后，仍然实施代理行为，相对人有理由相信行为人有代理权的，代理行为有效。

构成表见代理须具备以下要件：① 无权代理人须以被代理人的名义进行活动。② 无权代理人与相对人之间的民事行为，须具备成立的有效条件。③ 客观上须有使相对人相信无权代理人具有代理权的情形。④ 相对人须为善意且无过失。所谓相对人的善意，是指相对人不知道或不应当知道无权代理人实际上没有代理权。

表见代理的法律效力，在于使无权代理发生如同有权代理一样的效果，即在相对人与被代理人之间产生法律关系。表见代理成立后，被代理人应受无权代理人与相对人实施的民事法律行为的约束。

典型案例

购销合同违约案

甲公司因业务需要，将原圆形合同专用章更换成方形合同专用章。但由于工作疏忽，当时对旧公章未登记收回或销毁，由李某保管。两个月后，李某辞职。不久前，甲公司收到一份法院送达的诉状副本，才知道李某用甲公司作废公章，同一家商场订立了购销合同，李某在收到商场30万元的定金后，下落不明。商场遂以违约为由，要甲公司双倍返还定金60万元。

本案中，由于印鉴已在工商行政管理机关登记备案，甲公司在更换合同专用章后，旧公章却并未由工商行政管理机关登记收回或销毁，说明该合同专用章对外仍具有法律效力。加之甲公司对该印鉴未妥善保管，表明甲公司存在明显过错。而商场并不知内情，当然有理由相信手持仍具有法律效力的合同专用章的李某具有代理权，因而李某的行为构成表见代理，其所订合同当然有效，故甲公司应承担返还定金的责任。从本案中可以看出，有关个人身份证、房屋产证、公司营业执照、公章、介绍信等文件或物品都是在实践中可能造成让相对方相信行为人有代理权的合理理由，必须加强管理，避免被不当滥用造成表见代理的不利后果。

4. 代理终止

(1) 委托代理的终止。

委托代理的终止，即委托代理权的消灭，导致委托代理终止的法定事由包括：① 代理期间届满或者代理事务完成；② 被代理人取消委托或者代理人辞去委托；③ 代理人丧失民事行为能力；④ 代理人或者被代理人死亡；⑤ 作为代理人或者被代理人的法人、非法人组织终止。

在被代理人死亡的情形中，我国法律规定原则上委托代理权消灭，同时也规定了例外的情形，即被代理人死亡后，有下列情形之一的，委托代理人实施的代理行为有效：第一，代理人不知道并且不应当知道被代理人死亡；第二，被代理人的继承人予以承认；第三，授权中明确代理权在代理事务完成时终止；第四，被代理人死亡前已经实施，为了被代理人的继承人的利益继续代理。如果被代理人是法人或非法人组织，那么在其终止时，也适用上述规定。

代理终止后，产生如下的法律效果：首先，代理终止后，代理权归于消灭，代理人不得再以代理人的身份进行活动，否则即为无权代理。其次，代理终止后，代理人在必要和可能的情况下，应向被代理人或其继承人、遗嘱执行人、清算人、新代理人等，就其代理事务及有关财产事宜作出报告和移交。最后，委托代理人应向被代理人交回代理证书及其他证明代理权的凭证。

(2) 法定代理的终止。

法定代理的终止在法律效果上与委托代理终止的法律效果类似，但法定代理的终止事由具有一定的特殊性。根据《民法总则》第一百七十五条的规定，有下列情形之一的，法定代理终止：① 被代理人取得或者恢复完全民事行为能力；② 代理人丧失民事行为能力；③ 代理人或者被代理人死亡；④ 法律规定的其他情形。例如撤销监护人资格，导致监护关系终止的同时导致法定代理权的消灭。

第四节　民事权利

一、民事权利概述

在民法上，民事权利制度是民法的核心内容，因为民法是民事权利法。民事权利既是民法规范赋予当事人为实现其利益可以实施的行为范围，也是民事主体实现其特定利益的法律手段。

以民事权利所体现的利益的性质为标准，民事权利可分为财产权与人身权。财产权是以财产利益为内容的权利，包括物权、债权和知识产权等。人身权是以人身利益为内容的权利。人身权又分为人格权和身份权，人格权有生命健康权、姓名权、肖像权、名誉权、隐私权等；身份权有配偶权、亲属权等。

二、物权

根据《民法总则》和《中华人民共和国物权法》(简称《物权法》)的规定，物权是权利人依法对特定的物享有直接支配和排他的权利，包括所有权、用益物权和担保物权。所谓“直接支配”，是指物权人可以依自己的意志就标的物直接行使其权利，无须他人的意思或者义务人的行为的介入。所谓“排他”，一方面是指物权人有权排除他人对物上权利行使的干涉，另一方面是指同一物上不许有内容不相容的物权并存。

物权中的“物”，包括不动产、动产，以及虽然不占据一定空间或具备一定形状，但是能够为人力所控制的电、气、光波、磁波等物。权利成为物权的客体，仅限于法律有明确规定的情况，例如权利质权。

1. 所有权

(1) 所有权的概念。

所有权，是指财产所有人依法对自己的财产所享有的占有、使用、收益和处分的权利。据此，所有权包括四项权能，即占有权、使用权、收益权、处分权。① 占有。占有是所有权人对于财产实际上的占领、控制。例如，所有人对于自己所有的房屋、家具、生活用品的占有，企业对于厂房、机器的占有等。② 使用。使用是依照物的性能和用途，并不毁损物或变更其性质而加以利用。例如，使用机器进行生产、使用电视机收看节目、居住房屋、乘坐汽车等。③ 收益。收益，就是收取所有物的利益，包括孳息和利润。孳息包括法定孳息和自然孳息。自然孳息，是指原物因自然规律而产生的，或者按物的用法而收获的物，如母鸡生蛋、树上结果。法定孳息，是指根据法律的规定，由法律关系所产生的收益，如出租房屋的租金、借贷的利息。利润是把物投入社会生产过程、流通过程所取得的利益。④ 处分。处分是所有人对财产进行消费和转让。处分可以分为事实上的处分和法律上的处分。事实上的处分是在生产或生活中使物的物质形态发生变更或消灭。例如，粮食被吃掉、原材料经过生产成为产品、把房屋拆除等。法律上的处分是指依照所有人的意志，通过某种民事行为对物进行处理。例如，将物转让给他人、将物抛弃等。处分是所有权内容的核心，是所有权的最基本的权能，在通常情况下，处分权应由财产所有人亲自行使。

财产所有权是最完整的物权，所有人对财产享有占有、使用、收益和处分的完整权利，而其他物权只是具备所有权的部分权能。财产所有权人享有上述四个方面的权利，并不意味着所有人必须要实际地行使各项权能，他可以将四项权能中的一项或数项权能分离出去由他人享有并行使，从而更好地实现其意志和利益。

(2) 所有权的转移。

所有权的转移，是指所有权从原所有人手中转移到新的所有人手中。所有权从何时转移，意味着从何时开始原所有人丧失其对财产的所有权，同时另一方当事人成为财产的新所有人。

在法律上，不动产物权的设立、变更、转让和消灭，经依法登记，发生效力；未经登记，不发生效力，但法律另有规定的除外，例如依法属于国家所有的自然资源，所有权可以不登记。动产所有权的转移以交付为标准，交付是指将物或所有权凭证转移给他人占有的行为。就是说，当事人虽然就动产所有权转移的问题达成了协议，但在尚未实际交付标的物以前，所有权并不转移。《物权法》第二十三条规定，动产物权的设立和转让，自交付时发生效力，但法律另有规定的除外。所谓法律另有规定，是指对于船舶、飞行器和机动车等特殊动产，《物权法》规定以登记作为物权变动的要件。

(3) 所有权的取得。

财产所有权的合法取得方式可分为原始取得与继受取得两种。原始取得，是指根据法律规定最初取得财产的所有权或不依赖于原所有人的意志而取得财产的所有权。原始取得的根据主要包括劳动生产收益、征收、善意取得、添附、没收、拾得遗失物、漂流物的拾得、埋藏物和隐藏物的发现等。继受取得，又称传来取得，是指通过某种法律行为从原所有人那里取得对某项财产的所有权。这种方式是以原所有人对该项财产的所有权作为取得的前提条件。继受取得的根据主要包括买卖、赠与、互易、继承、接受遗赠等。下面重点介绍善意取得和拾得遗失物。

① 善意取得。

善意取得，又称为即时取得，是指无处分权人将动产或不动产转让给受让人，如果受让人取得该动产时出于善意，则受让人将依法取得对该动产的所有权。善意，是指不知情，即受让人不知道或不应知道转让人转让财产时没有处分该项财产的权限。根据《物权法》的规定，善意取得不限于所有权，其他物权也可以善意取得。

按照所有权效力，无处分权人将不动产或者动产转让给受让人的，所有权人有权追回。但是，如果允许所有权人在任何情况下都可以请求返还原物，在有些情况下反而有害于交易的安全和快捷。因此，法律从保护交易的安全和快捷的角度出发，规定了善意取得制度，作为所有权保护的一种例外。因此，善意取得是无权处分的特别规定，是对所有权的效力的一种限制，它是法律在所有权的保护与交易的安全和快捷之间予以平衡的结果。

根据我国物权法的规定，无处分权人将财产转让给受让人，受让人善意取得必须具备以下的条件：第一，受让人受让该不动产或者动产时是善意的；第二，以合理的价格转让；第三，转让的不动产或者动产依照法律规定应当登记的已经登记，不需要登记的已经交付给受让人。

根据《物权法》的规定，受让人依据善意取得制度取得不动产或者动产的所有权的，原所有权人不得向善意的受让人主张返还原物，但有权向无处分权人请求赔偿损失。

② 拾得遗失物。

遗失物，是所有人遗忘于某处，不为任何人占有的物。遗失物只能是动产，不动产不存在遗失的问题。遗失物也不是无主财产，只不过是所有人丧失了对物的占有。

根据《物权法》的规定，拾得遗失物，应当返还失主。拾得人应当及时通知失主领取，或者送交公安等有关部门。有关部门收到遗失物，知道失主的，应当及时通知其领取；不知道的，应当及时发布招领公告。遗失物自发布招领公告之日起 6 个月内无人认领的，归国家所有。拾得人在遗失物送交有关部门前，有关部门在遗失物被领取前，应当妥善保管遗失物。因故意或者重大过失致使遗失物毁损、灭失的，应当承担民事责任。失主领取遗失物时，应当向拾得人或者有关部门支付保管遗失物等支出的必要费用。失主悬赏寻找遗失物的，领取遗失物时应当按照承诺履行义务。拾得人侵占遗失物的，无权请求保管遗失物等支出的费用，也无权请求失主按照承诺履行义务。

此外，《物权法》第一百一十四条规定，拾得漂流物、发现埋藏物或者隐藏物的，参照拾得遗失物的有关规定。《中华人民共和国文物保护法》等法律另有规定的，依照其规定。所谓漂流物，是指所有人不明，漂流于江、河、湖、海、溪、沟上的物品。所谓埋藏物，通常是指埋藏于地下，而所有人不明的动产。所谓隐藏物，就是指隐匿于他物之中的物。

(4) 共有。

财产的所有形式可分为单独所有和共有两种形式。单独所有是指所有权的主体是单一的，即一个人单独享有对某项财产的所有权。所谓共有，是指某项财产由两个或两个以上的权利主体共同享有所有权。《物权法》第九十三条规定，不动产或者动产可以由两个以上单位、个人共有。共有包括按份共有和共同共有。

按份共有，是指两个或两个以上的共有人按照各自的份额分别对共有财产享有权利和承担义务的一种共有关系。《物权法》第九十四条规定，按份共有人对共有的不动产或者动产按照其份额享有所有权。例如，甲、乙共同购买一幢房屋，甲出资 100 万元，乙出资

50万元，甲、乙分别按出资的份额对房屋享有权利。

共同共有，是指两个或两个以上的公民或法人，根据某种共同关系而对某项财产不分份额地共同享有权利并承担义务。《物权法》第九十五条规定，共同共有人对共有的不动产或者动产共同享有所有权。在我国，共同共有的基本形式有两种，即夫妻共有财产和家庭共有财产。

此外，《物权法》还规定，共有人对共有的不动产或者动产没有约定为按份共有或者共同共有，或者约定不明确的，除共有人具有家庭关系等外，视为按份共有。

2. 用益物权

用益物权是对他人所有的物，在一定范围内进行占有、使用和收益的权利。我国物权法规定了土地承包经营权、建设用地使用权、宅基地使用权和地役权。

土地承包经营权，是指农业生产经营者以从事农业生产为目的，对集体所有或国家所有的由农民集体使用的土地进行占有、使用和收益的权利。《物权法》规定，农村集体经济组织实行家庭承包经营为基础、统分结合的双层经营体制。农民集体所有和国家所有由农民集体使用的耕地、林地、草地以及其他用于农业的土地，依法实行土地承包经营制度。土地承包经营权人依法对其承包经营的耕地、林地、草地等享有占有、使用和收益的权利，有权从事种植业、林业、畜牧业等农业生产。

建设用地使用权，是指自然人、法人或其他组织因建造建筑物、构筑物及其附属设施而使用国家所有的土地的权利。《物权法》规定，建设用地使用权人依法对国家所有的土地享有占有、使用和收益的权利，有权利用该土地建造建筑物、构筑物及其附属设施。建设用地使用权可以在土地的地表、地上或者地下分别设立。

宅基地使用权，是指以建造个人住宅及附属设施为目的，农村集体经济组织的成员依法对集体所有的土地进行占有和使用的权利。《物权法》规定，宅基地使用权人依法对集体所有的土地享有占有和使用的权利，有权依法利用该土地建造住宅及其附属设施。宅基地使用权的取得、行使和转让，适用《中华人民共和国土地管理法》等法律和国家有关规定。

地役权是指不动产权利人为某特定不动产的便利而使用他人不动产的权利。例如，通行地役权、用水地役权等。《物权法》规定，地役权人有权按照合同约定，利用他人的不动产，以提高自己的不动产的效益。

3. 担保物权

担保物权，是指为确保债权的实现，在债务人或者第三人的物上设定的以直接取得或者支配其交换价值为内容的权利。随着我国经济的发展，公民、法人之间的经济联系日益频繁，保障债的履行，对于维护商品流通秩序，保护公民、法人的合法权益，至关重要。在现实生活中，即使债务人在当时有充分的财产负担债务，但债务人可随时增加债务，又可随时将财产让与他人，债权人仍有得不到清偿的危险。债权人为避免这种危险，就需要依靠特别担保方法保障债权。这种特别担保方法有物上担保、人的担保、金钱担保三种。人的担保就是保证，金钱担保指的是定金。物上担保，即以债务人或者第三人的特定的不动产或者动产为债务履行提供担保，不论债务人是否负担其他债务，也不论债务人是否将此担保物让与他人，债权人可以通过对担保物行使其权利来保障债权得到清偿，这就是担保物权的意义。根据我国法律规定，担保物权包括抵押权、质权、留置权三种。

(1) 抵押权。

抵押权，是指债权人对于债务人或第三人提供的、不转移占有的、作为债务履行担保的财产，在债务人不履行债务或发生当事人约定的实现抵押权的情形时，可就该财产折价或者就拍卖、变卖该财产的价款优先受偿的权利。作为担保物权，抵押权具有从属性和不可分性，即抵押权的成立、生效、行使及消灭，均以债权的存在为前提，债权无效或消灭，抵押权也不成立或消灭；抵押物若有分割，设定于其上的抵押权并不受影响，抵押权所担保的债权经分割或部分转让的，抵押权也不受影响。

抵押权不转移标的物占有，抵押人可以继续对抵押物进行使用、收益、处分，但行使权利会受到已设定的抵押权的影响。抵押权的设定，要求债权人（抵押权人）与债务人或者第三人进行约定。《物权法》第一百八十五条第一款规定，设立抵押权，当事人应当采取书面形式订立抵押合同。

抵押权的标的物主要是不动产，也可以是动产，还可以是权利。《物权法》第一百八十条规定，债务人或者第三人有权处分的下列财产可以抵押：① 建筑物和其他土地附着物；② 建设用地使用权；③ 以招标、拍卖、公开协商等方式取得的荒地等土地承包经营权；④ 生产设备、原材料、半成品、产品；⑤ 正在建造的建筑物、船舶、航空器；⑥ 交通运输工具；⑦ 法律、行政法规未禁止抵押的其他财产。在这些财产中，对于不动产抵押（例如第①项、第⑤项中正在建造的建筑物）和权利抵押（例如第②③项），以登记为发生效力的要件，无登记即无抵押。对于动产抵押（例如第④⑥项、第⑤项中正在建造的船舶和航空器），依当事人之间的约定即可设定，并不要求必须登记，但未经登记，不得对抗善意第三人，即如果抵押人将抵押财产转移，对于善意取得该财产的第三人，抵押权人无权追回，而只能要求债务人重新提供新的担保，或者要求主债务人及时偿还债务。

抵押权人在债务人不履行债务时，有权依法以抵押物折价或者从抵押物的拍卖、变卖价款中优先受偿。所谓折价，是指抵押权人以确定的价格取得抵押财产所有权以清偿其债权。所谓拍卖，是指以公开竞价的形式，将特定物品或者财产权利转让给最高应价者的买卖方式。所谓变卖，是指以一般的买卖方法出售抵押财产的形式。所谓“优先受偿”，即抵押权人可优于一般债权人而使自己的债权得到清偿，同时次序在先的抵押权人比次序在后的抵押权人优先受偿。根据《物权法》的规定，抵押财产折价或者拍卖、变卖后，其价款超过债权数额的部分归抵押人所有，不足部分由债务人清偿。对于抵押权担保的范围，《物权法》第一百七十三条规定，担保物权的担保范围包括主债权及其利息、违约金、损害赔偿金、保管担保财产和实现担保物权的费用。当事人另有约定的，按照约定。

(2) 质权。

质权，是指为了担保债务的履行，债务人或者第三人将其动产或者财产权利移交债权人占有，当债务人不履行债务或者发生当事人约定的实现质权的情形时，债权人以该财产或权利折价或拍卖、变卖所得价款优先受偿的权利。由此可见，质权标的物不能为不动产,可以是动产和财产权利,因此质权又分为动产质权和权利质权。

动产质权,是指债务人或者第三人将其动产移交债权人占有,将该动产作为债权的担保,债务人不履行债务时,债权人依法以该动产折价或者以拍卖、变卖该动产的价款优先受偿的权利。根据《物权法》的规定,设立质权,当事人应当采取书面形式订立质权合同。质权自出质人交付质押财产时设立。出质人代质权人占有质物的,质权不成立,出质人未按质押合同约定的时间移交质物,因此给质权人造成损失的,应当根据其过错承担赔偿责任。此外,《物权法》要求质权人在债务履行期届满前,不得与出质人约定债务人不履行到期债务时质押财产归债权人所有。

权利质权是为了担保债务的履行,就债务人或者第三人所享有的财产权利设定的质权。该项财产权利是所有权以外的可让与的财产权利,根据《物权法》第二百二十三条的规定,可以作为权利质权的标的的权利具体有以下几种:① 汇票、支票、本票;② 债券、存款单;③ 仓单、提单;④ 可以转让的基金份额、股权;⑤ 可以转让的注册商标专用权、专利权、著作权等知识产权中的财产权;⑥ 应收账款;⑦ 法律、行政法规规定可以出质的其他财产权利。设立质权,当事人除了应当订立书面合同外,对于不同权利出质,法律还有不同要求:对于第①②③ 项权利出质的,质权自权利凭证交付质权人时设立;没有权利凭证的,质权自有关部门办理出质登记时设立。对于第④⑤⑥权利出质的,质权自有关部门办理出质登记时设立。

(3) 留置权。

留置权,是指债权人按照合同约定占有债务人的动产,当债务人不按照合同约定的期限履行债务时,债权人可依法留置该动产,以该动产折价或以拍卖、变卖的价款优先受偿的权利。留置权是以动产为标的物的担保物权。

留置权是一种法定担保物权。留置权在符合一定的条件时,依法律的规定产生,而不是依当事人之间的协议设定的。留置权成立需要具备的法定条件包括:① 债权人须按照合同的约定合法占有债务人的动产。法律规定可以留置的合同包括保管合同、运输合同、加工承揽合同以及法律规定可以留置的其他合同。② 债权已届清偿期而债务人仍不履行债务。同时应该注意的是,债权已届清偿期只是留置权成立的条件之一,而非留置权实现的条件。根据《物权法》的规定,留置权人与债务人应当约定留置财产后的债务履行期间,如果没有约定或者约定不明确的,债权清偿期届满后,留置权人应当给债务人两个月以上履行债务的期间,但鲜活易腐等不易保管的动产除外。债务人逾期未履行债务,也未提供其他担保的,留置权人可以与债务人协议以留置财产折价,也可以就拍卖、变卖留置财产所得的价款优先受偿。③ 债权人占有的动产与债权属于同一法律关系,但企业之间留置的除外。例如,保管合同中寄存人不按期交付保管费,保管人可以留置保管物,此时留置权成立。如果保管人对寄存人享有的是保管合同之外的其他债权而留置保管物,或者保管人留置的是债务人的其他财产,则该留置权不能成立。同时,由于在商业实践中,企业之间相互交易频繁,追求交易效率,讲究商业信用,如果严格要求留置财产必须与债权的发生具有同一法律关系,则有悖交易迅捷和交易安全原则,因此,《物权法》同时规定,企业之间留置的财产,可以不与债权属于同一法律关系。④ 留置的财产不能为法律规定或者当事人约定不得留置的动产。例如因违反善良风俗,债权人不能留置他人待用的殡丧物。

典型案例

房屋担保纠纷案

张三因女儿出国留学向甲借款60万元(无利息),约定以张三的某房屋为甲设立质权,张三向甲交付了房屋。此后,张三又向乙借款60万元(无利息),双方约定以张三的该房屋为乙设立抵押担保,双方办理了抵押登记。此后,张三又向丙借款60万元(无利息),双方约定若张三不对丙履行还款义务,丙对房屋变卖的价款享有优先受偿权。后因张三到期不对甲、乙、丙履行还款义务,乙行使抵押权拍卖了该房屋得款90万元(张三此外无其他财产),对于变卖房屋得款90万元,甲主张质权、乙主张抵押权、丙主张优先受偿权。

本案中,首先,张三、甲的约定违反物权内容法定,因为根据我国《物权法》,因质押不能设立于不动产之上,因此,房屋上不能设立质权,甲不享有质权。其次,张三、乙的约定符合法律并办理了抵押登记,房屋抵押权成立,乙享有抵押权,对90万元房款享有优先受偿权。再次,张三、丙的约定违反物权种类法定,因为,丙对房屋所享有的优先受偿权,具有物权属性,但是却缺乏法律依据,因此,此种优先受偿的效力约定无效,丙对90万元房款不享有优先受偿权。最后,对于90万元房款,乙优先受偿60万元;基于债权的平等性,剩余的30万元由甲、丙平等受偿,各分得15万元。

三、债权

人们通常所理解的债,总是指欠别人的钱或者东西的事实,而民法上所说的债,其含义更为广泛。根据《民法总则》第一百一十八条的规定,债权是因合同、侵权行为、无因管理、不当得利以及法律的其他规定,权利人请求特定义务人为或者不为一定行为的权利。据此,债的发生原因包括以下几种:

1. 合同

(1) 合同的概念。

合同是平等主体之间设立、变更、终止民事权利义务关系的协议。合同的法律特征是:第一,合同是双方或多方的民事法律行为,只有具备民事法律行为的有效要件才能产生当事人预期的法律效果。第二,合同是当事人达成的协议,依当事人的合意而成立。第三,合同当事人的法律地位平等。第四,合同一经成立生效后必须共同遵守,当事人任何一方违反合同都要承担民事责任。

(2) 合同的订立。

合同的订立是当事人各方通过平等协商就合同条款达成意思表示一致的过程,不论合同以何种形式订立,其过程都分为要约与承诺两个阶段。

① 要约。

要约是希望和他人订立合同的意思表示。发出要约的当事人为要约人,受领要约的当事人为受要约人。意思表示成为要约,其最主要的特征是该意思表示的内容必须确定。

因为要约一经相对人承诺即成立合同，所以要约人提出的要约必须表明合同的主要条款。如果要约人发出的意思表示只包含订立合同的提议而不包含决定合同内容的主要条款，那么它就不是要约而是要约邀请。

合同缺少主要条款就无法成立，所以合同的内容应当包括主要条款。合同的主要条款是由法律的规定、合同的性质及当事人的约定三个方面来决定。一般来说，合同应具备如下主要条款：第一，当事人的名称或者姓名和住所；第二，标的；第三，数量；第四，质量；第五，价款或者报酬；第六，履行期限、地点和方式；第七，违约责任；第八，解决争议的方法。

合同中还有可能包括格式条款。根据《中华人民共和国合同法》（简称《合同法》）第三十九条的规定，格式条款是当事人为了重复使用而预先拟定，并在订立合同时未与对方协商的条款。全部由格式条款组成的合同称为格式合同。采用格式条款订立合同的，提供格式条款的一方应当遵循公平原则确定当事人之间的权利和义务，并采取合理的方式提请对方注意免除或者限制其责任的条款，按照对方的要求，对该条款予以说明。对格式条款的理解发生争议的，应当按通常理解予以解释，对格式条款有两种以上解释的，应当作出不利于提供格式条款一方的解释。格式条款和非格式条款不一致的，应当采用非格式条款。

② 承诺。

承诺是受要约人同意要约的意思表示。承诺必须由受要约人向要约人作出，而且承诺的内容应与要约的内容一致，否则视为拒绝原要约，构成新要约。受要约人一旦表示承诺，表明双方当事人的意思表示一致，合同即告成立。

（3）合同的履行。

当事人应当按照合同的约定全面履行自己的义务，并遵循诚实信用原则，履行协助、保护、通知、保密等义务。对于双务合同，合同法还赋予当事人同时履行抗辩权、先履行抗辩权、不安抗辩权。同时履行抗辩权是指双务合同的当事人在无先后履行顺序时，一方在对方未对待给付以前，可拒绝履行自己的债务之权。同时履行抗辩制度主要用于双务合同，例如买卖、互易、租赁、承揽、保险、雇佣、劳动等合同。先履行抗辩权是指当事人互负债务，有先后履行顺序的，先履行一方未履行之前，后履行一方有权拒绝其履行请求，先履行一方履行债务不符合债的本旨的，后履行一方有权拒绝其相应的履行请求。例如有交付先后的买卖合同。不安抗辩权，是指先给付义务人在有证据证明后给付义务人存在经营状况严重恶化，或者转移财产、抽逃资金以逃避债务，或者丧失商业信誉，以及其他丧失或者可能丧失履行债务能力的情形时，可中止自己的履行；后给付义务人接收到中止履行的通知后，在合理的期限内未恢复履行能力或者未提供适当担保的，先给付义务人可以解除合同。

为保障履行，《合同法》还规定合同的保全制度。合同债权人保全合同债权的权利有代位权与撤销权两项。债权人代位权，是指债权人为了保全其债权，而于债务人怠于行使自己的权利而损害债权人的债权实现时，得以自己的名义代位行使属于债务人权利的权利。债权人撤销权，是指当债务人所为的减少其财产的行为危害债权人的债权实现时，债权人为保全债权可以请求法院予以撤销该行为的权利。

典型案例

煤炭购销合同纠纷案

杭州华能亭趾热电厂(下简称"热电厂")与天津泰友煤业有限公司(下简称"煤业公司")因煤炭购销合同纠纷而诉至法院。2018年3月29日双方签订煤炭购销合同,约定:由煤业公司于4月、5月、6月每月分两次向热电厂供给煤炭3.5万吨,靠港价237元/吨,热电厂于货到验收合格后30天内采用现汇结算方式或部分承兑汇票方式付款。4月10日煤业公司发煤1.7万吨运抵港口。4月11日煤业公司书面函告热电厂,怀疑热电厂购煤不完全自用,可能将此船煤炭零售,加大回款风险,要求热电厂即时结清全部货款,或提供相应的抵押担保,否则无法继续履行合同。热电厂遂向法院提出诉前保全申请,并于4月25日提起诉讼,要求判令煤业公司履行已诉前保全的0.8万吨煤炭供货义务。煤业公司辩称,双方签订合同后,其发现热电厂资产情况严重恶化,涉及多起诉讼且均败诉,又拒不履行生效判决,已毫无履约能力。同时,热电厂无经销煤炭资格,其购量远远超过2018年正常用煤量。因此,热电厂隐瞒真相欺骗煤业公司签订合同,煤业公司依不安抗辩权停止供货是合法的自救行为,请求确认合同无效,驳回热电厂的诉讼请求。

法院经审理认为,煤业公司在合同履行过程中,因发现热电厂隐瞒其负债经营的实际情况,如继续履行合同将造成不能对待给付的危险,即中止履行合同,并函告热电厂要求准备好全部货款,或者提供相应担保才能继续履行合同后,在热电厂未能恢复履行能力且未提供适当担保的情况下,中止履行交货义务,且确有证据证明热电厂经营状况严重恶化,尚有500余万元债务在法院强制执行程序中,完全有丧失或可能丧失履行合同能力的情形。故煤业公司不安抗辩的理由成立,热电厂要求煤业公司继续履行合同的诉请,依法不予支持。热电厂虽无煤炭经营资格,但尚欠确凿证据证明热电厂有合同欺诈行为和将所购煤炭进行违法销售行为,故煤业公司要求确认双方所签煤炭买卖合同无效,于法无据。依照《合同法》第六十八条第一款第(一)项、第(四)项的规定,判决驳回热电厂的诉讼请求。

典型案例

代位权纠纷案

2016年6月,黄某的朋友欧某欲做副食品生意,到典当行贷款23万元,黄某为欧某提供担保。欧某则将李某欠其22.4万元的借条交给黄某作反担保。后欧某生意出现亏损,无力偿还借款。2017年5月,黄某将一幅古画作价23万元,替朋友清偿了债务。黄某履行担保责任后,多次向欧某追偿未果,遂找到李某要求清偿。李某对欧某交给黄某的欠条也提出异议,认为自己已偿还2.5万元,且与欧某有账目未算清,要求清算完账目后再还款。同时,由于欧某经济困难，无力通过诉讼方式追讨债务。6月，黄某行使代位权，将李某诉至法院，要求清偿债务。法院判决：李某立即将欠欧某的债务19.9万元向黄某清偿。

《合同法》第七十三条第一款规定，因债务人怠于行使其到期债权，对债权人造成损害的，债权人可以向人民法院请求以自己的名义代位行使债务人的债权，但该债权专属于债务人自身的除外。上述案例中，黄某作为保证人在欧某不能履行到期债务时，承担了保证责任23万元后，就取得了对债务人欧某的追偿权，即黄某成为欧某的债权人，债权额为23万元，而且该债权已经到期。同时，李某尚欠欧某债务未还。欧某由于经济困难，不能清偿其债务，也无力通过诉讼方式追讨李某尚欠自己的到期债务。这样，在黄某、欧某、李某之间实际形成了三角债问题。因为黄某对欧某的债权、欧某对李某的债权均已届清偿期，而且均为合法债权，欧某的债权也并非专属于其本身的债权。债务人欧某怠于行使自己对次债务人李某的债权，客观上已经给黄某债权实现造成了损害，所以符合代位权行使的条件。虽然在黄某找到李某要求清偿时，李某认为自己已偿还2.5万元，且与欧某有账目未算清，但由于李某并未举证证明自己已经完全清偿欧某的债权，所以黄某仍然可以行使代位权。同时，在黄某作为原告直接起诉次债务人李某时，法院可以追加欧某为第三人参加诉讼。本案中，虽然黄某手中持有的李某欠条数额为22.4万元，但由于次债务人李某能够证明已偿还欧某2.5万元，黄某只能就李某尚欠欧某的1.99万元受偿。其余债务只能要求欧某偿还。

(4) 合同的变更和解除。

合同的变更，通常是指合同在生效而尚未履行或尚未完全履行之前，当事人就其内容进行修改、补充而达成的协议。合同变更在实践中最常见的是修改合同条款。合同的变更是双方的法律行为，必须由双方协商并达成一致的意见，任何一方都不得单方面对合同进行变更。合同的变更主要是内容的变更，如果发生合同当事人的变更，如债权人将其权利转让给第三人，则属于债或合同的转让，不属于合同的变更。

合同的解除，是指提前终止合同的效力。合同的解除分为两种：一是法定解除，即在法律规定的原因出现时，当事人可依法行使解除权，终止已生效的合同关系。一般说来，有下列情形之一的，当事人一方有权通知另一方解除合同：因不可抗力致使不能实现合同目的；在履行期限届满之前，当事人一方明确表示或者以自己的行为表明不履行主要债务；当事人一方迟延履行主要债务，经催告后在合理期限内仍未履行；当事人一方迟延履行债务或者有其他违约行为致使不能实现合同目的；法律规定的其他情形。二是约定解除，它是指当事人就提前终止合同效力而达成协议。一般来说，合同的解除只是对合同未履行的部分不再履行，解除前已经履行的部分仍然有效。但是在法律、法规有特别规定的情况下，解除的效力也可溯及合同订立之时。

(5) 合同责任。

合同责任包括缔约过失责任和违约责任两个方面：

① 缔约过失责任。

缔约过失责任，是指在合同订立的过程中，一方因其违反诚实信用原则所产生的义务，给对方造成损失所应承担的损害赔偿责任。根据《合同法》的规定，当事人在订立合同过程中有下列情形之一，给对方造成损失的，应当承担损害赔偿责任：第一，假借订立合同，恶意进行磋商；第二，故意隐瞒与订立合同有关的重要事实或者提供虚假情况；第三，有其他违背诚实信用原则的行为。此外，当事人在订立合同过程中知悉的商业秘密，无论合同是否成立，不得泄露或者不正当地使用；泄露或者不正当地使用该商业秘密给对方造成损失的，应当承担损害赔偿责任。除上述两种缔约过失责任情形外，《合同法》还规定了合同无效时的缔约过失责任、合同被变更或撤销时的缔约过失责任、合同不被追认时的缔约过失责任、无权代理情况下的缔约过失责任等情形。

缔约过失责任的主要内容是损害赔偿。赔偿的范围包括信赖利益的损失，即当事人相信合同能够有效成立，但因合同不成立、无效或者被撤销所受的损失。信赖利益的损失主要是直接的财产的减少，如缔约费用、准备履行合同所支出的费用等。

② 违约责任。

违约责任，是指当事人一方不履行合同义务或履行合同义务不符合合同约定而依法应当承担的责任。违约责任以违约行为为成立要件，没有违约行为便不会产生违约责任。违约行为，是指当事人一方不履行合同义务或者履行合同义务不符合约定的行为。关于违约行为，民法一般概括为以下几种：第一，履行不能，是指债务人在客观上已经没有履行能力。如在提供劳务的合同中，债务人丧失了劳动能力；在以给付特定物为标的的合同中，该特定物灭失。第二，拒绝履行，是指债务人能够实际履行而故意不履行。第三，履行迟延，是指在合同债务已经到期，合同当事人能够履行而不按法定或者约定的时间履行的情况。如迟延交货，不按时完成工作并交付工作成果等。第四，不完全履行，是指债务人虽然履行了债务，但其履行不符合合同的约定。

违约方并非在任何情况下均须对其违约行为负责，在存在免责事由的情况下，当事人不承担违约责任。所谓免责事由，是指法律规定或者合同约定的当事人对其不履行或者不适当履行合同义务免于承担违约责任的条件。通常包括不可抗力、受害人过错和免责条款。不可抗力是指不能预见、不能避免并不能克服的客观情况。受害人的过错，是指受害人对违约行为或者违约损害后果的发生或者扩大存在过错。免责条款，是指合同当事人约定的排除或者限制其将来可能发生的违约责任的条款。但是，合同中的免除造成对方人身伤害、因故意或者重大过失造成对方财产损失的违约责任的免责条款无效。

承担违约责任的方式具体包括：继续履行，采取补救措施（修理、更换、重做、退货、减少价款或者报酬等），返还财产或折价补偿，给付违约金，赔偿损失。

典型案例

白某与施华洛婚纱摄影店违约纠纷案

白某与施华洛婚纱摄影店签订施华洛国际婚纱摄影会所预约单一份，约定白某在施华洛婚纱摄影店拍摄婚纱照，另外，预约单中还载明婚纱摄影店在白某婚礼仪式过程中提供下列服务：化妆、盘头、录像、婚纱礼服、首饰、光盘、装饰婚车（以上服务免费提供，婚后两个月未取件者自动放弃）。当年年底，白某付清拍摄套系价款，施华洛婚纱摄影店也为白某完成拍照。次年1月，白某举行结婚仪式，施华洛婚纱摄影店为白某提供了录像、化妆、盘头、装饰婚车等服务。婚礼结束后，因施华洛婚纱摄影店一直未通知领取结婚仪式当天的录像光盘，白某遂于2月和4月到施华洛婚纱摄影店询问，但施华洛婚纱摄影店告知录像光盘已经无法找到。白某遂要求施华洛婚纱摄影店予以赔偿。

本案中，双方签订的施华洛国际婚纱摄影会所预约单系双方当事人的真实意思表示，内容不违反法律规定，合法有效。双方均应按合同约定全面履行各自的义务。白某给付施华洛婚纱摄影店婚纱照拍摄款项后，施华洛婚纱摄影店应当为白某拍摄婚纱照并免费提供化妆、盘头、录像、婚纱礼服、首饰、光盘、装饰婚车等服务。白某的录像服务虽是施华洛婚纱摄影店免费提供，但也是双方合同约定的内容，施华洛婚纱摄影店负有按照白某要求将婚礼过程进行录像并制作成光盘交付给白某的义务。现施华洛婚纱摄影店无证据证明其已将录像光盘交付给白某，故其行为构成违约。根据《民法总责》第186条规定，因当事人一方的违约行为，损害对方人身权益、财产权益的，受损害方有权选择请求其承担违约责任或者侵权责任。本案中，白某因施华洛婚纱摄影店违约侵害其合法权益，其既可要求施华洛婚纱摄影店承担违约责任，亦可要求施华洛婚纱摄影店承担侵权责任，但不能同时主张。

2. 无因管理

无因管理，是指没有法定的或者约定的义务，为避免他人利益受损失而对他人事务进行管理或者服务的事实行为。进行管理或者服务的当事人称为管理人，受事务管理或者服务的一方称为本人。因本人一般从管理人的管理或者服务中受益，所以又称为受益人。

(1) 无因管理的成立条件。

① 没有法定或者约定的义务。这是构成无因管理的基本前提。具体来说，其包括以下两种情形：一是无法律上的义务。所谓法律上的义务，是指依据法律规定而产生的义务。例如，依据法律规定负有赡养、扶养义务的，行为人履行相关赡养、扶养义务的，不构成无因管理。二是无合同上的义务。例如，当事人之间基于委托合同，而一方当事人负有义务，则不属于无因管理。

② 行为人实施了管理他人事务的行为。管理事务包含的范围十分宽泛，包括处理、管理、保存、改良及提供各种服务和帮助等，只要是有利于避免他人损失，或有利于他人的行为，都属于管理他人事务的行为。在管理事务的过程中，管理人有可能确切地知道其是在为某个具体的人管理事务，也有可能不知道本人的具体身份，但这并不妨碍无因管理的成立。

③ 管理人具有为他人利益进行管理的意思。这是指管理人具有通过管理活动为他人谋利，或将管理所获得的利益归属于他人的意思。

④ 管理人不应违背本人明示或可得推知的意思进行管理。这要求管理人在从事管理事务时，如果知道本人的存在，而且可联系到本人，则应当与本人联系，以确定本人是否

愿意由他人管理其事务。如果本人事先已经明示了其事务管理的方法、管理的期限等，且管理人了解本人的意思，则管理人不应当违背本人的这一意思管理其事务。如果本人告知管理人，要求其停止管理，则管理人应当停止管理活动。这实际上也是管理人在无因管理中的义务。

(2) 无因管理的法律效力。

行为人未经本人许可而管理他人事务，将构成侵权，受害人有权请求行为人承担侵权责任，但在行为人的管理行为构成无因管理的情形下，管理人不仅不构成侵权，反而享有如下权利：

① 请求偿还费用的权利。管理人有权请求受益人偿还由此支出的必要费用。这就是说，如果管理人因管理事务而支出了合理的费用，则其有权请求本人偿还。合理的费用包括两种：一是必要的费用，即因为事务管须要支出的费用。例如，因收留他人走散的耕牛而支出的饲料费。判断费用是否必要，应依社会一般人完成相同管理行为所需支出的费用为标准。二是有益的费用，即虽然不是必要的费用，但属于有益于被管理人的费用。例如，在收留迷路的儿童时，为其支出的教育费用。对于上述两项费用，管理人都有权请求本人偿还。管理人管理事务违反本人的意思，但管理事务的结果有利于本人，则本人应就实际所得的部分利益偿还管理人支付的必要费用，而不以管理人实际支付的费用为标准。

② 请求清偿负债的权利。管理人在管理事务的过程中，除支付相关的管理费用外，管理人还可能由于管理活动向他人负担了债务，管理人有权请求受益人清偿该债务。费用偿还请求权与清偿负债请求权构成无因管理的两个核心元素，是无因管理之债的核心内容。对债务负担的范围也要依具体情形进行判断，只有因管理行为所必须负担的债务以及对管理事务有益的费用，管理人才有权请求本人偿还。

③ 请求损害赔偿的权利。在管理事务的过程中，管理人自身也可能遭受了损害，对于此种损害，管理人有权请求本人赔偿。管理人在管理中受到的实际损失，并非全部应由本人偿付。除管理人处于急迫危险的状况下以外，管理人对该损失的造成有过错时，应适当减轻本人的责任。如果管理人对损失的发生也没有过错，而该损失又大于本人因管理所受的利益，则应从公平原则出发，由双方分担责任。

典型案例

鱼塘款项纠纷案

王某承包村里的鱼塘，经过精心饲养，收成看好。就在鱼出塘上市之际，王某不幸溺水而死，而其两个儿子都在外地工作，无力照管鱼塘。王某的同村好友李某便主动担负起照管鱼塘的任务，并组织人员将鱼打捞上市出卖，获得收益 4 万元，其中，应向村里上缴 1 万元，李某组织人员打捞出卖鱼所花费劳务费及其他必要费用共计 2 000 元。现李某要求王某的继承人支付 2 000 元费用，并要求平分所剩 2.8 万元款项。

在本案中,在王某死后其鱼塘无人照管的情况下,李某为了王某的利益,主动为其管理,应认定为无因管理。根据法律规定,没有法定或约定的义务,为避免他人利益受损失进行管理或者服务的,有权要求受益人偿付由此而支付的必要费用。因而 2 000 元费用属于无因管理必要费用,应得到偿付;而李某要求平分 2.8 万元余款的要求无法律依据,不予支持。

3. 不当得利

所谓不当得利,就是指没有合法的根据而获得利益,并使他人遭受损失的事实。在这一事实中,取得不当利益的一方称为受益人,受到损失的一方称为受害人或者受损人。

(1) 不当得利的成立条件。

① 一方获得利益。所谓获得利益,是指因为一定的事实而导致其财产的增加或不减少。因而,"获利"包括以下两种:一是积极的获利,即受益人在既有财产的基础上有所获得。例如,因添附而导致所有权的客体范围增加。二是消极的获利,即受益人本应减少的财产而未减少。例如,房屋所有权上的抵押权消灭。

② 没有合法的根据。不当得利中的"不当"就是指没有合法的根据。造成他方损失而使自己获得利益,所以构成不当得利,是因为该项利益的取得没有合法根据。当事人在取得利益时没有合法根据,其利益的取得当然为没有合法根据;其取得利益时虽有合法根据,但其后该根据丧失的,该利益的取得也为没有合法根据。

③ 他方受到损害。所谓他方受到损害,是指一方当事人所遭受的财产上损失,其包括积极损失和消极损失两个方面。所谓积极损失,是指现有财产利益的减少。所谓消极损失,是指应该获得的财产而没有获得。其中既包括现存财产的减少,也包括应得利益的减少。当然,对不当得利中的损失应作宽泛的解释,不仅包括金钱价值的减少,还包括使用、收益等潜在价值的减少。例如,没有合法根据地居住他人的空房,所有人也就失去对该房的使用收益的利益。

④ 获利与受损之间具有因果关系。所谓获利与受损之间具有因果关系,是指一方获利是他方受损的原因,而他方受损就是由一方获利所造成的,在受损和获利之间具有原因和结果之间的关联性。即使获利与受损不是同时发生的,具有不同的表现形式,有不同的范围,也不影响二者之间因果关系的存在。如果损失与获利之间毫无因果关系,则受损人向获利人主张返还不当得利就欠缺合理性基础。

(2) 不当得利的法律效力。

《民法总则》第一百二十二条规定,因他人没有法律根据,取得不当利益,受损失的人有权请求其返还不当利益。依据本条规定,不当得利的主要效力是在当事人之间产生返还义务,即受损的一方有权请求获益人返还其所获得的利益。具体而言,不当得利请求权返还的对象包括以下几类:

① 原物。在构成不当得利的情形下,受损的一方有权请求获益人返还原物。依据不当得利,受损人除有权请求获利人返还原物外,如果获利人因原物而获有其他利益的,受损人也有权请求获利人返还该利益。

② 原物产生的孳息。如果在受益人占有原物期间，产生了孳息，则受损人也有权请求受益人返还该孳息。此处的孳息包括原物在获利人占有期间产生的天然孳息和法定孳息等。

③ 受损人在请求受益人返还原物时，也有权请求受益人返还原物的权利证书、权属证明等证明文件。

在确定不当得利的返还范围时，应当考虑受益人的主观状态。首先，在受益人是善意的情况下，受益人并不知道其所获利益欠缺合法的根据，其可能没有消费该财产的计划，更无法预见其所获利益被请求返还时可能产生的后果，因此，其原则上只应当返还现存利益，如利益已不存在，则不负返还义务。所谓现存利益不限于原物的固有形态，如果形态改变，其财产价值仍然存在或者可以代偿，仍然属于现存利益。其次，在受益人为恶意的情况下，即在取得利益时明知没有合法根据的情况下，其应当返还全部利益，即使在其所获利益不存在的情形下，受益人仍应当负担返还义务，因为受益人主观上具有恶意，而且其可以预见其所获利益被请求返还时可能产生的后果。

典型案例

不当得利纠纷案

岳某到中国农业银行股份有限公司东风路支行(下简称“农业银行”)营业大厅柜台处办理汇款业务，汇款 15 000 元给吴某。汇款完毕后，岳某并未将应汇钱款交付给农业银行，农业银行下班核对账目时方知此情况，农业银行遂为岳某垫付 15 000 元的汇款。事后，经农业银行多次向岳某催要，但岳某始终未向农业银行支付该垫付款。为此，农业银行诉至法院，请求：岳某返还农业银行不当得利 15 000 元，并支付相应利息；全部诉讼费用由岳某承担。岳某辩称，岳某系受诈骗才在农业银行填写了汇款凭证，岳某并不欠农业银行款。

法院经审理认为，岳某给吴某汇款属实，岳某亦认可其并没有把汇给吴某的 15 000 元交付农业银行，后农业银行垫付了 15 000 元汇给吴某。根据法律规定，没有合法根据，取得不当利益，造成他人损失的，应当将取得的不当得利返还受损失的人。岳某与农业银行双方无明确债权债务关系，岳某无法律根据和合同的约定取得该 15 000 元得以汇给吴某，因此岳某构成不当得利，对于农业银行请求返还不当得利款 15 000 元及其利息的诉讼请求，法院予以支持。岳某未有证据证明其受到了欺诈，亦未有在法院限定的时间内提交公安机关立案的相关证据，故岳某辩称法院不予支持。

4. 侵权行为

侵权行为，是指行为人侵害他人的财产或者人身权益，依法应当承担民事责任的行为，以及依照法律特别规定应当承担民事责任的其他致人损害的行为。《民法总则》第一百二十条规定，民事权益受到侵害的，被侵权人有权请求侵权人承担侵权责任。因而，在被侵权人和侵权人之间发生的权利义务关系，这就是侵权行为之债。

5. 法律的其他规定

合同、无因管理、不当得利、侵权行为是债的发生的主要原因，除此以外，其他的法律事实也会引起债的发生。例如，拾得遗失物会在拾得人与遗失物的所有人之间产生债权债务关系；因防止、制止他人合法权益受侵害而实施救助行为，会在因实施行为受损害的受损人与受益人间产生债权债务关系；因遗赠会在受赠人与遗嘱执行人间产生债权债务关系；当事人在缔约过程中具有过失，从而导致合同不成立、无效、被撤销或者不被追认等，使他方当事人受到损害，从而会在缔约当事人间产生债权债务关系。

四、知识产权

1. 知识产权概述

知识产权是基于创造性智力成果和工商业标记依法产生的权利的统称。《民法总则》第一百二十三条规定，知识产权是权利人依法就下列客体享有的专有权利：作品；发明、实用新型、外观设计；商标；地理标志；商业秘密；集成电路布图设计；植物新品种；法律规定的其他客体。

知识产权具有如下法律特征：① 知识产权的无形性。知识产权的无形性，又称知识产权客体的非物质性，是指知识产权的客体即智力成果是一种没有形体的精神财富。但这种无体物又是一种客观存在，即它不是存在于人们大脑中的观念、思想，它有着可以为他人感知到的具体的客观形式。② 知识产权的专有性。知识产权的专有性主要表现在两个方面：首先，知识产权所有人独占地享有其权利，没有法律规定或未经权利人许可，任何人不得使用权利人的知识产品。其次，对同一项智力成果不允许有两个或两个以上同一属性的知识产权并存。例如，两个相同的发明物，根据法律程序只能将专利权授予其中的一个。但是，知识产权的专有性又不同于一般财产所有权，具有相对性的特点，即这种专有性往往受到一定的限制，例如著作权中的合理使用、专利权中的临时过境使用、商标权中的先用权人使用等。同时，该项权利的独占性只有在一定空间地域和有效期限内才发生效力。③ 知识产权的地域性。知识产权只能在授予其权利的国家或者确认其权利的国家产生，并且只能在该国内发生法律效力，受到法律保护。因此，知识产权在空间上的效力不是无限的，而要受到地域的限制，即具有严格的领土性。尽管一国可以根据双边协定、国际公约、条约保护他国的知识产权，但是，任何国家对他国知识产权的保护，都是依据本国的法律规定，而并非依据知识产权所有人所属国的法律规定。④ 知识产权的时间性。知识产权既不是无限空间的绝对垄断权利，也不是没有时间限制的永恒权利。知识产权的效力具有法定期限，只有在法定期限内，知识产权才受到法律保护，一旦超过法定有效期限，知识产权就自行消灭，或者说知识产权依法丧失，相关智力成果便进入公有领域，成为整个社会的共同财富，为全人类所共同使用，且这种使用是无偿的。不过，知识产权中的某些人身权利除外，如作者的署名权等。

知识产权可以做如下分类：

知识产权	文学产权	著作权	著作人身权、著作财产权
		邻接权	表演者权、录制者权、广播者权、出版者权
	工业产权	专利权	发明专利、实用新型专利、外观设计专利
		商标权	商品商标、服务商标
		反不正当竞争	商业秘密
		其他工业产权	地理标志、商号、集成电路布图设计、植物新品种等

其中，狭义的知识产权制度，即传统意义上的知识产权法，包括著作权（含邻接权）、专利权、商标权三个主要组成部分。

2. 著作权

（1）著作权的对象。

① 作品的概念。

所谓作品，是指文学、艺术和科学领域内具有独创性并能以某种有形形式复制的智力成果。根据这一界定，作品至少应当具备以下特征：第一，作品是思想、情感的表现形式，不是思想、情感本身。这一特征，一方面意味着作品应反映作者的思想和情感，另一方面意味着著作权保护的是表达方式，而不是思想、情感。第二，作品应当具有独创性。所谓独创性，指作品必须是作者经过独立思考和创作的产物，不是或基本不是与他人已发表的作品相同，即作品不是抄袭、剽窃或篡改他人的作品。这里的独创性是指形式上的独创，不是指思想或理论观点上的创新。第三，作品应当具有可复制性，所谓可复制性即指可以通过印刷、复印、临摹、拓印、录音、录像、翻录、翻拍等方式将作品制作一份或多份，但无论采用什么复制方式以及复制多少作品，均不会改变作品的内容及思想。

② 作品的种类。

《中华人民共和国著作权法》（简称《著作权法》）将文学、艺术和科学领域内的作品分为九类：

第一，文字作品。文字作品，是指小说、诗词、散文、论文等以文字形式表现的作品。文字作品最为普遍、数量最多、运用最为广泛，故世界各国一般将其列入第一类作品进行保护。

第二，口述作品。口述作品是指用口头方式表达出来的作品，在著作权法中一般被理解为在特定场合发表的正式言论。例如即兴的演说、授课、法庭辩论等。

第三，音乐、戏剧、曲艺、舞蹈、杂技艺术作品。音乐作品，是指歌曲、交响乐等能够演唱或者演奏的带词或者不带词的作品。戏剧作品，是指话剧、歌剧、地方戏等供舞台演出的作品。曲艺作品，是指相声、快书、大鼓、评书等以说唱为主要形式表演的作品。舞蹈作品，是指通过连续的动作、姿势、表情等表现思想情感的作品。杂技艺术作品，是指杂技、魔术、马戏等通过形体动作和技巧表现的作品。

第四，美术、建筑作品。美术作品，是指绘画、书法、雕塑等以线条、色彩或者其他方式构成的有审美意义的平面或者立体的造型艺术作品，如绘画、雕塑、陶瓷、雕花的家具、染织图案等。建筑作品，是指以建筑物或者构筑物形式表现的有审美意义的作品。纯粹为实用目的建造的房屋不能成为建筑作品。

第五，摄影作品。摄影作品，是指借助器械在感光材料或者其他介质上记录客观物体形象的艺术作品。如人物照片、风景照片等。纯复制性的摄影作品，如翻拍文件、书刊等，因不具备独创性而不受著作权法保护。

第六，电影作品和以类似摄制电影的方法创作的作品。电影作品和以类似摄制电影的方法创作的作品，是指摄制在一定介质上，由一系列有伴音或者无伴音的画面组成，并且借助适当装置放映或者以其他方式传播的作品。包括影视作品、录像作品、载有音像节目的半导体芯片、激光视盘等作品。

第七，工程设计图、产品设计图、地图、示意图等图形作品和模型作品。这里的图形作品，是指为施工、生产绘制的工程设计图、产品设计图，以及反映地理现象、说明事物原理或者结构的地图、示意图等作品。模型作品，是指为展示、试验或者观测等用途，根据物体的形状和结构，按照一定比例制成的立体作品。

第八，计算机软件。根据《计算机软件保护条例》，计算机软件，是指计算机程序及其有关文档。计算机程序，是指为了得到某种结果而可以由计算机等具有信息处理能力的装置执行的代码化指令序列，或者可以被自动转换成代码化指令序列的符号化指令序列或者符号化语句序列。文档，是指用来描述程序的内容、组成、设计、功能规格、开发情况、测试结果及使用方法的文字资料和图表等，如程序设计说明书、流程图、用户手册等。

第九，法律、行政法规规定的其他作品。这一规定旨在对于未规定在上述类别的作品予以补充，如民间文学形式等。

③ 不受著作权法保护的对象。

《著作权法》规定了以下几种不受著作权法保护的对象：第一，依法禁止出版、传播的作品；第二，法律、法规，国家机关的决议、决定、命令和其他具有立法、行政、司法性质的文件，及其官方正式译文；第三，时事新闻，即通过报纸、期刊、广播电台、电视台等媒体报道的单纯事实消息；第四，历法、通用数表、通用表格和公式。

(2) 著作权的主体。

① 著作权主体的概念和分类。

著作权主体，也称著作权人，是指依法对文学、艺术和科学作品享有著作权的自然人、法人或者其他组织。《著作权法》第九条规定，著作权人包括：作者和其他依照著作权法享有著作权的公民、法人或者其他组织。据此，著作权主体可以分为原始主体和继受主体。

著作权的原始主体即作者，所谓作者，是指创作作品的自然人。创作作品的行为只有自然人才能完成，且创作过程和行为具有极为浓厚的个人色彩。但是，在特定情况下，为了满足某种利益需求，在法律上也可以把自然人以外的其他民事主体视为作者，给他们以作者的法律资格。这也就是说，本来是自然人创作的作品，通过法律规定，把作者的身份赋予自然人以外的其他主体。《著作权法》第十一条第三款规定，由法人或者其他组织主持，代表法人或者其他组织意志创作，并由法人或者其他组织承担责任的作品，法人或者其他组织视为作者。

著作权的继受主体，是指作者以外的其他依法享有著作权的公民、法人或其他组织、国家。根据《著作权法》的规定，继受主体著作权的取得方式主要有以下两种：第一，因继承、遗赠、遗赠扶养协议或法律规定取得著作权。《著作权法》第十九条规定，著作权属于公民的，公民死亡后，著作财产权在法定保护期内，依照继承法的规定转移。著作权属于法人或者其他组织的，法人或者其他组织变更、终止后，著作财产权在法定保护期内，由承受其权利义务的法人或者其他组织享有；没有承受其权利义务的法人或者其他组织的，由国家享有。第二，著作权人可以将其享有的著作权中的财产权利的全部或部分转让给他人，著作财产权的受让人也是著作权主体。

② 著作权的归属。

根据《著作权法》的规定，著作权属于作者，是著作权归属的一般原则。此外，对于一些特殊作品的著作权归属，《著作权法》还做了详细的规定。

第一，演绎作品。演绎作品，是指改编、翻译、注释、整理已有作品而产生的作品。《著作权法》规定，改编、翻译、注释、整理已有作品而产生的作品，其著作权由改编、翻译、注释、整理人享有，但行使著作权时不得侵犯原作品的著作权。

第二，合作作品。合作作品，是指两人以上共同创作的作品。《著作权法》规定，两人以上合作创作的作品，著作权由合作作者共同享有。没有参加创作的人，不能成为合作作者。合作作品可以分割使用的，作者对各自创作的部分可以单独享有著作权，但行使著作权时不得侵犯合作作品整体的著作权。合作作者之一死亡后，其对合作作品享有的著作财产权无人继承又无人受遗赠的，由其他合作作者享有。

第三，汇编作品。汇编作品，是指汇编若干作品、作品的片段或者不构成作品的数据或者其他材料，对其内容的选择或者编排体现独创性的作品。《著作权法》规定，汇编作品著作权由汇编人享有，但行使著作权时，不得侵犯原作品的著作权。

第四，视听作品。视听作品，是指电影作品和以类似摄制电影的方法创作的作品。《著作权法》规定，视听作品著作权由制片者享有，但编剧、导演、摄影、作词、作曲等作者享有署名权，并有权按照与制片者签订的合同获得报酬。此外，视听作品中的剧本、音乐等可以单独使用的作品的作者有权单独行使其著作权。

第五，职务作品。公民为完成法人或者其他组织工作任务所创作的作品是职务作品。《著作权法》规定，在通常情况下，职务作品的著作权由作者享有，但法人或者其他组织有权在其业务范围内优先使用。作品完成两年内，未经单位同意，作者不得许可第三人以与单位使用的相同方式使用该作品。但是也有例外，即对于主要是利用单位的物质技术条件创作，并由单位承担责任的工程设计图、产品设计图、地图、计算机软件等职务作品，或者法律、行政法规规定或者合同约定著作权由单位享有的职务作品，作者仅享有署名权，著作权的其他权利由单位享有，但单位可以给予作者奖励。

第六，委托作品。委托作品，是指委托人向作者支付约定的创作报酬，由作者按照他人的意志和具体要求而创作的特定作品。如单位悬赏征集的厂标、厂徽、厂歌以及为他人撰写的回忆录等。《著作权法》规定，受委托创作的作品，著作权的归属由委托人和受托人通过合同约定。合同未作明确约定或者没有订立合同的，著作权属于受托人。

第七，美术作品。《著作权法》规定，美术等作品原件所有权的转移，不视为作品著作权的转移，但美术作品原件的展览权由原件所有人享有。

第八，匿名作品。匿名作品，是指作者不具名或不写明其真实姓名的作品，亦称作者身份不明的作品。根据法律规定，作者身份不明的作品，由作品原件的所有人行使除署名权以外的著作权。作者身份确定后，由作者或者其继承人行使著作权。

(3) 著作权的内容。

① 著作人身权。

著作人身权，是作者基于作品依法享有的以人身利益为内容的权利。在著作人身权中主要包括以下几种：

第一，发表权。发表权，即决定作品是否公之于众的权利。发表权专属于作者，通常不能转移。凡作者明确表示不准发表的作品，作者去世后的著作财产权保护存续期间，他人不应违背作者意志发表；作者生前对作品发表与否没有明确意思表示的，推定其同意发表，可由其继承人在著作财产权保护期内行使。著作权无人继承的，由作品原件合法所有人行使。发表权区别于其他著作人身权的特点在于，发表权只能行使一次，作品一旦以合法方式公之于众，即构成已发表作品。

第二，署名权。署名权，即表明作者身份，在作品上署名的权利。作者有权决定是否在作品上署名，是署真名还是署假名，以及署名的顺序等。任何人未经作者同意，不得擅自改变作品的署名方式，作者也有权禁止未参加创作的人在自己的作品上署名。如果作品以署名方式发表，其他人以改编、翻译、广播、表演等方式使用该作品时，均应说明作品的身份。署名权因与作者人身相联系，因此不得转让、继承，也不得放弃；同时，署名权的保护期不受限制，作者死后，其著作权由作者的继承人或受遗赠人保护，无人继承又无人受遗赠的，由著作权行政管理部门保护。

第三，修改权。修改权，即修改或者授权他人修改作品的权利。从积极方面讲，作者有权修改自己的作品；从消极方面讲，作者有权禁止他人对作品进行歪曲或删改。修改权是作者所享有的一项权利，只有作者才有权修改其作品，他人未经许可不得擅自修改作品。其他人如要对作品内容予以修改，应征得作者的同意。但是，报纸、杂志社对作品做文字性修改、删节，无须征得作者的同意。作者死后，修改权由作者的继承人或受遗赠人保护，无人继承又无人受遗赠的，由著作权行政管理部门保护。

第四，保护作品完整权。保护作品完整权，即保护作品不受歪曲、篡改的权利。未经作者同意，他人不得擅自删除、变更作品的内容，或者对作品进行破坏内容、表现形式或艺术效果的变动。保护作品完整权是修改权的延伸，但在内容上比修改权更进了一步。它不仅禁止对原作品进行修改，而且禁止他人在以表演、翻译等其他方式使用作品时对作品做歪曲性的改动。保护作品完整权的保护期不受限制。作者死后，作品完整权由作者的继承人或受遗赠人保护；无人继承又无人受遗赠的，由著作权行政管理部门保护。

② 著作财产权。

著作财产权，又称经济权利，是指著作权人自己使用或者授权他人以一定方式使用作品而获取物质利益的权利。根据我国著作权法，著作财产权主要有以下内容：

第一，复制权。复制权是指以印刷、复印、拓印、录音、录像、翻录、翻拍等方式将作品制作一份或者多份的权利。它是著作财产权中最基本的权能。　第二，发行权。发行权是指以出售或者赠与方式向公众提供作品的原件或者复制件的权利。　第三，出租权。出租权是指有偿许可他人临时使用电影作品和以类似摄制电影的方法创作的作品、计算机软件的权利。　第四，展览权。展览权是指公开陈列美术作品、摄影作品的原件或者复制件的权利。如果美术作品或摄影等作品的内容涉及第三人的肖像、隐私，著作权人行使展览权还要受到肖像权人、隐私权人权利上的限制。　第五，表演权。表演权是指公开表演作品，以及用各种手段公开播送作品的表演的权利。　第六，放映权。放映权是指通过放映机、幻灯机等技术设备公开再现美术、摄影、电影和以类似摄制电影的方法创作的作品等的权利。　第七，广播权。广播权是指以无线方式公开广播或者传播作品，以有线传播或者转播的方式向公众传播广播的作品，以及通过扩音器或者其他传送符号、声音、图像的类似工具向公众传播广播的作品的权利。　第八，信息网络传播权。信息网络传播权是指以有线或者无线方式向公众提供作品，使公众可以在其个人选定的时间和地点获得作品的权利。　第九，摄制权。摄制权，是指以摄制电影或者以类似摄制电影的方法将作品固定在载体上的权利。　第十，改编权。改编权是指改变作品，创作出具有独创性的新作品的权利。　第十一，翻译权。翻译权是指将作品从一种语言文字转换成另一种语言文字的权利。　第十二，汇编权。汇编权是指将作品或者作品的片段通过选择或者编排，汇集成新作品的权利。　第十三，应当由著作权人享有的其他权利。随着社会的发展，可能会出现一些新的作品利用方式，如果今后出现的新的作品利用方式与著作权人的权利相关，则这些权利也应当由著作权人享有。

③ 著作权的取得与利用。

关于著作权的取得，《著作权法》第二条规定，中国公民、法人或者其他组织的作品，不论是否发表，依照本法享有著作权。这意味着，在我国，当作品创作完成时，作者因进行了创作而自动取得作品的著作权，不再需要履行其他任何手续。

关于著作权的利用，根据《著作权法》第十条的规定，著作权人既可以许可他人行使、也可以全部或者部分转让著作财产权，并依照约定或者法律规定从中获得报酬。著作权的许可，是指著作权人将其作品许可使用人以一定的方式、在一定的地域和期限内使用的法律行为。著作权许可使用不改变著作权的归属，被许可人取得的只是使用权，并不能成为著作权的主体。我国著作权法要求，使用他人作品应当同著作权人订立许可使用合同，被许可人对作品的使用，不能超出合同约定的范围。著作权的转让，是指著作权人将其著作财产权部分或全部转移给他人所有的法律行为。著作权转让发生著作权主体的变更，如果权利人转让著作财产权的全部，受让人则是全部著作权的主体；如果权利人转让的是部分著作财产权，受让人则是部分著作权的主体。我国著作权法要求，转让合同应当以书面形式订立。

④ 著作权的保护期限。

著作权的保护期限，是指著作权受法律保护的时间界限。在著作权的保护期限内，作品的著作权受法律的保护；著作权期限届满，该作品便进入了公共领域，不再受法律的保护。

第一，著作人身权的保护期限。根据《著作权法》的规定，作者的署名权、修改权、保护作品完整权的保护期不受限制。鉴于发表权是著作财产权产生的前提，为了有利于作品的利用，《著作权法》规定其保护期与著作财产权保护期相同。

第二，著作财产权的保护期限。根据《著作权法》的规定，自然人的作品，其发表权、著作财产权的保护期限为作者终生及其死亡后五十年，截止于作者死亡后第五十年的12月31日；如果是合作作品，截止于最后死亡的作者死亡后第五十年的12月31日。法人或者其他组织的作品、著作权（署名权除外）由法人或者其他组织享有的职务作品，其发表权、著作财产权的保护期限为五十年，截止于作品首次发表后第五十年的12月31日，但作品自创作完成后五十年内未发表的，著作权法不再保护。电影作品和以类似摄制电影的方法创作的作品、摄影作品，其发表权、著作财产权的保护期限为五十年，截止于作品首次发表后第五十年的12月31日，但作品自创作完成后五十年内未发表的，著作权法不再保护。

(4) 邻接权。

邻接权，又称传播者权，是指与著作权有关的、作品传播者所享有的专有权利。根据《著作权法》的规定，邻接权包括出版者权、表演者权、录音录像制作者权、广播电台电视台的播放者权。这种权利是以他人之创作为基础而衍生的一种传播权，虽不同于著作权，但与之相关，故称邻接权。享有邻接权的本质原因，是从事了演绎创作，从而使原作品获得了新的表现形式。

① 表演者权。所谓表演者，是指演员、演出单位或者其他表演文学、艺术作品的人。表演者的义务有：使用他人作品演出，表演者（演员、演出单位）应当取得著作权人许可，并支付报酬；演出组织者组织演出，由该组织者取得著作权人许可，并支付报酬；使用改编、翻译、注释、整理已有作品而产生的作品进行演出，应当取得改编、翻译、注释、整理作品的著作权人和原作品的著作权人许可，并支付报酬。表演者的人身权利有：表明表演者身份；保护表演形象不受歪曲。表演者的财产权利有：许可他人从现场直播和公开传送其现场表演，并获得报酬；许可他人录音录像，并获得报酬；许可他人复制、发行录有其表演的录音录像制品，并获得报酬；许可他人通过信息网络向公众传播其表演，并获得报酬。上述许可中，被许可人使用作品还应当取得著作权人许可，并支付报酬。表演者人身权的保护期不受限制；表演者财产权的保护期为五十年，截止于该表演发生后第五十年的12月31日。

② 录音录像制作者权。录音制作者，是指录音制品的首次制作人；录像制作者，是指录像制品的首次制作人。录音录像制作者的义务有：录音录像制作者使用他人作品制作录音录像制品，应当取得著作权人许可，并支付报酬；录音录像制作者使用改编、翻译、注释、整理已有作品而产生的作品，应当取得改编、翻译、注释、整理作品的著作权人和原作品著作权人许可，并支付报酬；录音制作者使用他人已经合法录制为录音制品的音乐作品制作录音制品，可以不经著作权人许可（著作权人声明不许使用的不得使用），但应当按照规定支付报酬；录音录像制作者制作录音录像制品，应当同表演者订立合同，并支付报酬。录音录像制作者的财产权利有：录音录像制作者对其制作的录音录像制品，享有许可他人复制、发行、出租、通过信息网络向公众传播并获得报酬的权利。上述许可中，被许可人向

公众传播录音录像制品，还应当取得著作权人、表演者许可，并支付报酬。录音录像制作者财产权的保护期为五十年，截止于该制品首次制作完成后第五十年的12月31日。

③ 广播电台电视台的播放者权。播放者的义务有：广播电台、电视台播放他人未发表的作品，应当取得著作权人许可，并支付报酬；播放他人已发表的作品，可以不经著作权人许可，但应当支付报酬；播放已经出版的录音制品，可以不经著作权人许可(当事人另有约定的除外)，但应当支付报酬；电视台播放他人的电影作品和以类似摄制电影的方法创作的作品、录像制品，应当取得制片者或者录像制作者许可，并支付报酬；播放他人的录像制品，还应当取得著作权人许可，并支付报酬。播放者的财产权利有：许可将其播放的广播、电视转播；许可其播放的广播、电视录制在音像载体上以及复制音像载体。播放者财产权的保护期为五十年，截止于该广播、电视首次播放后第五十年的12月31日。

(5) 著作权的限制。

所谓著作权的限制，是指对著作权人专有权利行使的限制。著作权人在创作作品的过程中，不可避免地吸收前人的劳动成果，在其作品完成后，也应在一定程度上为社会所利用，促进科技的进步和文化的繁荣。因此，著作权的限制目的在于平衡创作者、传播者和使用者的利益，确保公众能接触和使用作品，以促进整个社会科学文化事业的进步。《著作权法》规定了合理使用和法定许可使用两项著作权限制制度。

① 合理使用。

合理使用，是指在特定的条件下，法律允许他人自由使用享有著作权的作品，而不必征得权利人的许可，不向其支付报酬的合法行为。

根据《著作权法》的规定，在下列情况下使用作品，可以不经著作权人许可，不向其支付报酬：第一，为个人学习、研究或者欣赏，使用他人已经发表的作品；第二，为介绍、评论某一作品或者说明某一问题，在作品中适当引用他人已经发表的作品；第三，为报道时事新闻，在报纸、期刊、广播电台、电视台等媒体中不可避免地再现或者引用已经发表的作品；第四，报纸、期刊、广播电台、电视台等媒体刊登或者播放其他报纸、期刊、广播电台、电视台等媒体已经发表的关于政治、经济、宗教问题的时事性文章，但作者声明不许刊登、播放的除外；第五，报纸、期刊、广播电台、电视台等媒体刊登或者播放在公众集会上发表的讲话，但作者声明不许刊登、播放的除外；第六，为学校课堂教学或者科学研究，翻译或者少量复制已经发表的作品，供教学或者科研人员使用，但不得出版发行；第七，国家机关为执行公务在合理范围内使用已经发表的作品；第八，图书馆、档案馆、纪念馆、博物馆、美术馆等为陈列或者保存版本的需要，复制本馆收藏的作品；第九，免费表演已经发表的作品，该表演未向公众收取费用，也未向表演者支付报酬；第十，对设置或者陈列在室外公共场所的艺术作品进行临摹、绘画、摄影、录像；第十一，将中国公民、法人或者其他组织已经发表的以汉语言文字创作的作品翻译成少数民族语言文字作品在国内出版发行；第十二，将已经发表的作品改成盲文出版。

在使用时，《著作权法》要求使用者一方面必须指明作者姓名、作品名称，另一方面不得侵犯著作权人依照著作权法享有的其他权利。此外，上述12种限制措施同样适用于对出版者、表演者、录音录像者、广播电台、电视台的权利限制。

典型案例

作品改编专有使用权纠纷案

A影视娱乐公司以有偿方式取得了对作家汪某的小说进行影视改编及拍摄的专用权，期限为2016年至2022年。北京电影学院学生吴某于2016年将汪某作品改编为电影剧本，电影学院选定该剧本作为毕业作品进拍摄，于2017年完成拍摄，并在电影学院小剧场放映两次，观众为学院教师及学生。2018年，电影学院经有关部门批准携该片参加法国朗格鲁瓦电影节，在电影节上放映次。A影视娱乐公司得知上述情况后，以电影学院侵犯其依法享有的作品改编专有使用权为由向院起诉。

就北京电影学院是否对A影视娱乐公司构成侵权一案，法院经审理后认为，A影视娱乐公司通过合同取得的以摄制电影、电视剧方式改编汪某小说的专有使用权受法律保护。而《著作权法》第二十二条第一款第（六）项则将“为学校课堂教学或者科学研究，翻译或者少量复制已经发表的作品，供教学或者科研人员使用，但不得出版发行”规定为合理使用的方式之一。北京电影学院系培养电影人才的艺术院校，其教学方式具有相对的特殊性，练习拍摄电影属于该校进行课堂教学活动必不可少的一部分。北京电影学院组织应届毕业生改编汪某小说拍摄电影，其目的是为学生完成毕业作业及锻炼学生的实践能力，放映该片也是为了教学观摩及评定，均为课堂教学必要的组成部分，所以北京电影学院的行为系对汪某小说的合理使用，不构成对A影视娱乐公司专有使用权的侵犯。据此，法院作出判决：北京电影学院的行为属于合理使用，不构成侵权，故驳回A影视娱乐公司的诉讼请求。

② 法定许可使用。

法定许可使用，是指根据法律的直接规定，以特定的方式使用已发表的作品，可以不经著作权人的许可，但应向著作权人支付使用费，并尊重著作权人的其他权利的制度。

《著作权法》规定的法定许可使用主要表现在下列方面：第一，作品刊登后，除著作权人声明不得转载、摘编的外，其他报刊可以转载或者作为文摘、资料刊登，但应当按照规定向著作权人支付报酬。第二，录音制作者使用他人已经合法录制为录音制品的音乐作品制作录音制品，可以不经著作权人许可，但应当按照规定支付报酬；著作权人声明不许使用的不得使用。第三，广播电台、电视台播放他人已发表的作品（但电影作品和以类似摄制电影的方法创作的作品、录像作品除外），可以不经著作权人许可，但应当支付报酬。第四，广播电台、电视台播放已经出版的录音制品，可以不经著作权人许可，但应当支付报酬。当事人另有约定的除外。第五，为实施九年制义务教育和国家教育规划而编写出版教科书，除作者事先声明不许使用的外，可以不经著作权人许可，在教科书中汇编已经发表的作品片段或者短小的文字作品、音乐作品或者单幅的美术作品、摄影作品，但应当按照规定支付报酬，指明作者姓名、作品名称，并且不得侵犯著作权人依照著作权法享有的其他权利。

典型案例

丁某某诉江苏美术出版社侵犯著作权纠纷案

丁某某系南通日报社摄影记者。1999 年 2 月 7 日,丁某某用自己的照相机拍摄了一幅以其妻子、儿子在街头选购大红灯笼为画面的照片。该幅照片发表于 1999 年 2 月 12 日的《南通日报》“周末特刊”的“过大年”专版,题名为“街上红灯闹”,并在丁某某的署名之前冠以“本报记者”的身份。2000 年 1 月,江苏美术出版社出版发行了严抒勤主编的《南通美术乡土教材(小学高年级版)》,该教材中使用了丁某某的“街上红灯闹”照片,并更名为“大红灯笼”。该册教材的编辑者和出版者在该教材中使用“街上红灯闹”照片,既未征得丁某某的同意,也未指明其作者身份并支付报酬。南通市教育局曾将江苏美术出版社出版的严抒勤主编的《南通美术乡土教材(小学高年级版)》列入小学教学用书目录,作为南通市小学高年级学生用书,由相应年级学生购买。后因国家教育部等有关部门发出清理整顿中小学教材的编写、出版、发行的通知,南通市教育局未再将江苏美术出版社第三次印刷的该册教材列入小学生用书目录。后丁某某以侵犯其著作权为由,于 2002 年 9 月向法院提起诉讼。

法院认为:所谓教科书,是指按照教学大纲编写的、经国家专门设立的教材审定委员会审查通过并被列入教育部和省级教育行政部门颁布的中小学教学用书目录中的课堂教学和学生用书。本案中,江苏美术出版社及教材的编写者未按规定办理相关的申请、审核手续,因此,该教材不属于著作权法所规定的教科书,江苏美术出版社的行为也不属于著作权法规定法定许可使用的情形。据此,法院判决:江苏美术出版社在《南通日报》上刊登向丁某某道歉的声明并赔偿丁某某人民币 6 000 元,若今后重印涉案教材时,应将丁某某拍摄的题为“街上红灯闹”的摄影作品予以删除。

3. 专利权

(1) 专利权的对象。

专利权的保护对象是发明创造,由于各国国情不同,在专利法上所规定的专利权保护对象也不尽相同。我国专利法规定的发明创造包括发明、实用新型和外观设计三种。

① 发明。

《中华人民共和国专利法》(简称《专利法》)第二条规定,发明,是指对产品、方法或者其改进所提出的新的技术方案。发明应当具有以下特点:第一,发明中应当包含创新。即与现有技术相比发明必须是前所未有的,并且有一定的进步或难度。如果完全是重复前人的成果,那就不是发明。当然,利用、借鉴前人成果,在现有技术的基础上作出改进.也是一种创新。第二,从专利法的角度而言,不利用自然规律或自然现象的创新不能称之为发明。发明是一种技术方案。所谓技术则是在利用自然规律或自然现象的基础上发展起来的各种工艺操作方法或生产技能,以及相应的生产工具、物资设备等。从这种意义上讲，发明是利用自然规律的结果，而没有利用自然规律的方案则不属技术方案，故而也不应称其为发明。比如，财务结算办法、体育比赛规则、逻辑推理法则以及数学运算方法等，均不是专利法意义上的发明。相应地，违背自然规律的创造也不是发明，比如，永动机。自然规律本身则属于科学发现，而不是技术发明。第三，发明是具体的技术性方案。所谓“具体”是指发明必须能够实施，达到一定效果并具有可重复性。

② 实用新型。

《专利法》第二条规定，实用新型，是指对产品的形状、构造或者其结合所提出的适于实用的新的技术方案。实用新型与发明最大的共同之处在于它们都属于技术方案，因此在保护方式上基本相同。但依照我国的有关规定，在许多具体问题上二者之间仍然存在着较大的差异，主要表现为：第一，实用新型专利与发明专利的保护范围不同。申请实用新型专利的主题只能是产品；而申请发明专利的主题既可以是产品，也可以是方法。第二，申请实用新型专利的产品必须有确定的形状，固定的三维构造。对于气态、液态、粉末状的物质或材料等，由于没有确定的形状，故而不能被授予实用新型专利。第三，实用新型专利的创造性要求较之发明专利低。这使得许多技术难度较低的小发明更适合申请实用新型。由于授权条件较低，必然致使保护水平也相应地降低，如保护期比发明专利要短。第四，我国的实用新型专利的审查程序比发明专利简单、快捷。就目前而言，我国的实用新型专利申请只要通过初步审查认为符合要求，便公告授权。与发明相比，不做实质审查，大大加快了专利授权的速度。

③ 外观设计。

《专利法》第二条规定，外观设计，是指对产品的形状、图案或者其结合以及色彩与形状、图案的结合所作出的富有美感并适于工业应用的新设计。因此也称外观设计为工业品外观设计，或者简称为工业设计。外观设计的特点是：第一，外观设计必须以产品为依托，离开具体的产品无所谓外观设计。对于那些游离于某一具体的产品之外的设计，充其量只能认为是一种纯美术作品，可以受著作权法的保护，不能作为外观设计受到专利法的保护。第二，外观设计以产品的形状、图案和色彩等为要素，以追求美感为目的，而不追求实用功能。发明和实用新型都是一种技术方案，是具有一定实用功能、能够解决一定技术问题的。这是外观设计与发明和实用新型的最大差异。第三，外观设计必须适合于工业应用。所谓工业应用就是指该外观设计可以通过工业手段大量复制。

（2）专利权的主体。

① 发明人、申请人、专利权人。

发明人即完成发明创造的人。在专利法上，只有在发明创造完成过程中对发明创造的构思以及构思的具体化提出了创造性见解的人才能被称作发明人。那些仅仅提出了发明所要解决的问题而没有对如何解决该问题提出具体意见的人，或者仅仅提出一般性意见的人，或者单纯从事辅助性工作（如打字、制图等）的人，或者只是负责组织管理工作的人，或者仅仅为有关物质条件的获得提供了方便的人，均不能被称为发明人。

申请人是指就一项发明创造向专利局申请专利的人。通常，发明人有权对其完成的发明创造申请专利，但存在下面三种例外：第一，发明人以外有其他人通过合同从发明人那里取得了发明创造的专利申请权。第二,发明人的继承人通过继承取得发明创造的专利申请权。第三,法律直接将专利申请权赋予发明人以外的其他人,这种情况主要发生在职务发明创造上。

专利权人即指享有专利权的人。专利权人与专利申请人是两个不同的概念。一项技术申请专利后,未必一定能获得批准或成为专利技术。相应地,专利申请人也就未必能够成为专利权人。反之、专利权人未必都曾是专利申请人,如前所述,专利权也可以通过转让或继承获得。

② 专利权的归属。

第一,自由发明。所谓自由发明是指发明人完全依靠自己的智力劳动以及设备、资金等外部条件所完成的发明创造。无论在哪一个国家,自由发明的相关权利都归属于发明创造的完成人,即发明人。

第二,共同发明。当一项发明创造为两人或两人以上共同完成时,这一发明创造即是共同发明.也被称作合作发明。共同完成发明创造的人即是共同发明人,通常情况下共同发明的相关权利为共同发明人所共有。共同发明在申请专利或行使专利权时,应当取得全体共有人的同意。但是,共有人也可对权利的行使进行约定。

第三,职务发明。职务发明是指执行本单位的任务或者主要是利用本单位的物质技术条件所完成的发明创造。这里的单位也包括临时工作单位。在职务发明中,“执行本单位的任务”所完成的发明创造是指:第一,在本职工作中作出的发明创造;第二,履行本单位交付的本职工作之外的任务所作出的发明创造;第三,退休、调离原单位后或者劳动、人事关系终止后一年内作出的,与其在原单位承担的本职工作或者原单位分配的任务有关的发明创造。“本单位的物质条件”是指本单位的资金、设备、零部件、原材料或者不对外公开的技术资料等。职务发明创造申请专利的权利属于该单位;申请被批准后,该单位为专利权人。被授予专利权的单位应当对职务发明创造的发明人或者设计人给予奖励;发明创造专利实施后,根据其推广应用的范围和取得的经济效益,对发明人或者设计人给予合理的报酬。

第四,委托发明。委托发明,是指以合同方式委托他人完成的发明创造。委托发明依照合同约定来确定委托发明的权利归属。如果合同约定不明或合同未对权利归属予以约定时,权利归完成发明创造的一方。

典型案例

职务发明创造归属案

某大学环境科学研究所化学研究室的刘某,应某市环保局的邀请,帮助其研究有关印染污水的处理技术。刘某在单位一直从事微量元素与人体健康研究,并分管后勤工作。同年寒假,刘某在该大学一实验室内用废旧原料、工具和纸张,对有关厂家提供的印染污水进行试验和测试,完成了印染污水处理方法及工艺的发明创造。该大学就该项发明创造向中国专利局申请了职务发明专利，并获得了专利权。刘某认为该项发明专利权有误，于是诉至法院，请求判定该发明专利为非职务发明。

在本案中，刘某虽在化学研究室工作，但仅从事后勤管理和微量元素与人体健康研究。印染污水处理研究并非刘某的本职工作，该大学既未交付其研究任务，也未予以投资，刘某用来完成本发明的试验方法简单，不需要复杂仪器。因此，根据《专利法》第6条和《专利法实施细则》第12条的规定该项发明的专利权应属于刘某。

(3) 专利权的产生。

① 专利权的申请。

专利权必须经过申请和审查之后才能产生。专利的申请有以下几项原则：

第一，书面原则。专利申请的书面原则是指申请人为获得专利权所需履行的众多法定手续都必须依法以书面形式办理。随着电子证据和认证系统的不断完善，电子申请也称为专利申请的一种方式。在实务中，书面原则往往具体落实在专利申请文件上。所谓专利申请文件是指在申请专利时向国务院专利行政部门递交的各类书面文件，主要包括专利请求书、权利要求书、说明书、附图、照片或图片、摘要等。

第二，先申请原则。《专利法》第九条规定，同样的发明创造只能授予一项专利权。但是，同一申请人同日对同样的发明创造既申请实用新型专利又申请发明专利，先获得的实用新型专利权尚未终止，且申请人声明放弃该实用新型专利权的，可以授予发明专利权。两个以上的申请人分别就同样的发明创造申请专利的，专利权授予最先申请的人。此外，若两个以上的申请人同日分别就同样的发明创造申请专利的，应当在收到国务院专利行政部门的通知后自行协商确定申请人。

第三，单一性原则。单一性原则是指一件专利申请的内容只能包含一项发明创造，不能将两项或两项以上的发明创造作为一件申请提出。《专利法》规定，一件发明或者实用新型专利申请应当限于一项发明或者实用新型；一件外观设计专利申请应当限于一项外观设计。不过，对于一些不会因两项或多项发明创造合案申请而造成不方便的情形，法律是允许申请人合案申请的。《专利法》规定，属于一个总的发明构思的两项以上的发明或者实用新型，可以作为一件申请提出。同一产品两项以上的相似外观设计，或者用于同一类别并且成套出售或者使用的产品的两项以上外观设计，可以作为一件申请提出。

第四，优先权原则。所谓优先权原则，是指根据有关国际条约的规定，申请人在某一条约成员国首次提出正式专利申请后的一定期限内，又在其他成员国就同一内容的发明创造提出专利申请的，可将其首次申请日作为其后续申请的申请日。这种将后续申请的申请日提前至首次申请的申请日的权利便是优先权；在要求优先权时，首次申请日被称作优先权日；享有优先权的一定期限被称作优先权期。《专利法》第二十九条第一款规定，申请人自发明或者实用新型在外国第一次提出专利申请之日起十二个月内，或者自外观设计在外国第一次提出专利申请之日起六个月内，又在中国就相同主题提出专利申请的，依照该外国同中国签订的协议或者共同参加的国际条约，或者依照相互承认优先权的原则，可以享有优先权。当然，享有优先权的申请人必须向相关专利局要求优先权，否则专利局将视为无优先权。除了上述国际优先权制度外,不少国家还建立了本国优先权制度。所谓本国优先权制度,就是指本国人在本国首次提出专利申请后,又就相同的主题再次向专利局提出申请的,可以在优先权期内享有优先权。《专利法》第二十九条第二款规定,申请人自发明或者实用新型在中国第一次提出专利申请之日起十二个月内,又向国务院专利行政部门就相同主题提出专利申请的,可以享有优先权。

② 专利权的审查。

我国专利法针对不同的专利类型分别采用了不同的审查制度。对于发明专利采用了"早期公开、延迟审查"制,而实用新型和外观设计专利则采用了登记制。

"早期公开,延迟审查"制是指在申请案通过形式审查后,将申请案的内容公开,待一定期限后再作实质审查,是否进入实质审查程序,视专利申请人是否提出实质审查请求而定。申请人在一定的期限内,如不提出实质审查请求,其申请按自动撤回处理。《专利法》规定,国务院专利行政部门收到发明专利申请后,经初步审查认为符合本法要求的,自申请日起满十八个月,即行公布。国务院专利行政部门可以根据申请人的请求早日公布其申请。发明专利申请自申请日起三年内,国务院专利行政部门可以根据申请人随时提出的请求,对其申请进行实质审查;申请人无正当理由逾期不请求实质审查的,该申请即被视为撤回。国务院专利行政部门认为必要的时候,可以自行对发明专利申请进行实质审查。

登记制,又称为"形式审查制",是指对专利申请的新颖性、创造性、实用性等实质条件不予审查,而仅对该专利申请的申请文件及相关手续等形式条件进行审查,审查合格后,即予登记、授予专利权的制度。《专利法》规定,实用新型和外观设计专利申请经初步审查没有发现驳回理由的,由国务院专利行政部门作出授予实用新型专利权或者外观设计专利权的决定,发给相应的专利证书,同时予以登记和公告。实用新型专利权和外观设计专利权自公告之日起生效。其中,所谓初步审查,即是审查申请专利的申请案是否满足专利法有关形式方面的要求,申请案是否明显违反法律、社会公德,是否属于专利法的保护范围等方面的审查。

③ 专利权的授予实质条件。

一般来讲,授予专利的条件可以分为形式条件和实质条件。所谓形式条件是指发明创造在申请专利的过程中所应当满足的有关程序上的要求,如申请文件的撰写规则、内容、种类等。所谓实质条件,是指专利法所规定的作为专利技术的发明创造所应当满足的关于其本身特征、构成以及类型等内在要素的条件。实质条件又可细分为消极条件和积极条件。消极条件是指从反面去规定哪些发明创造不具备专利性,从而不能被授予专利。积极条件是指从正面去阐述发明创造具备怎样的条件才能被授予专利。

专利法中规定授予专利的消极条件主要有:第一,对违反法律、社会公德或者妨害公共利益的发明创造,不授予专利权。第二,对违反法律、行政法规的规定获取或者利用遗传资源,并依赖该遗传资源完成的发明创造,不授予专利权。第三,疾病的诊断和治疗方法不能被授予专利。第四,科学发现不能被授予专利。第五,智力活动的规则和方法不能被授予专利。第六,动物和植物品种不能被授予专利,但对培育或生产动植物新品种的方法,则可依法授予专利。第七,用原子核变换方法获得的物质不能被授予专利。第八,对平面印刷品的图案、色彩或者二者的结合作出的主要起标识作用的设计不能被授予专利。

专利法中规定授予专利的积极条件体现为：新颖性、创造性和实用性，即人们通常所说的专利"三性"。

第一，新颖性。新颖性，是指该发明或者实用新型不属于现有技术；也没有任何单位或者个人就同样的发明或者实用新型在申请日以前向国务院专利行政部门提出过申请，并记载在申请日以后公布的专利申请文件或者公告的专利文件中。我国专利法对于外观设计的规定与发明和实用新型不尽相同，《专利法》规定，授予专利权的外观设计，应当不属于现有设计；也没有任何单位或者个人就同样的外观设计在申请日以前向国务院专利行政部门提出过申请，并记载在申请日以后公告的专利文件中。授予专利权的外观设计与现有设计或者现有设计特征的组合相比，应当具有明显区别。授予专利权的外观设计不得与他人在申请日以前已经取得的合法权利相冲突。其中，所谓现有设计，是指申请日以前在国内外为公众所知的设计。

第二，创造性。创造性，是指与现有技术相比，该发明具有突出的实质性特点和显著的进步，该实用新型具有实质性特点和进步。专利法上的"现有技术"是指申请日以前在国内外为公众所知的技术。所谓发明创造的"实质性特点"，是指发明创造与现有技术相比所具有的本质性的区别特征，并且这种区别特征应当是技术性的，通常也就是该发明创造发明点之所在。而所谓"进步"则是指发明创造与现有技术的水平相比必须有所提高，而不能是一种倒退。

第三，实用性。实用性，是指该发明或者实用新型能够制造或者使用，并且能够产生积极效果。实用性的审查判断相对简单，因此，在审查程序上也是最先审查实用性，然后再进行新颖性和创造性的审查。专利法中的实用性条件意味着获得专利的发明创造不能是一种纯理论的方案。对于产品专利而言，这种应用可表现为产品的制造或者使用；对于方法专利则表现为方法的使用。

(4) 专利权的内容。

① 专利权人的权利。

专利权人的权利大体上可以分为以下几项：第一，专利权人享有自己实施其专利技术的权利。第二，专利权人有禁止他人实施其专利技术的权利。这也意味着，专利权人有许可他人实施专利技术的权利。第三，专利权人有处分其专利的权利。专利权的处分包含专利权人可以将其专利权转让给他人或者放弃其专利权等。

针对不同的专利类别，专利权的效力范围不同。依照我国专利法，若专利是就产品授予的，则任何单位或者个人未经专利权人许可，不得为生产经营目的制造、使用、许诺销售、销售、进口其专利产品；若专利是就方法授予的，则专利权人有权禁止他人未经许可为生产经营目的使用其专利方法以及使用、许诺销售、销售、进口依照该专利方法直接获得的产品。若专利是就外观设计授予的，任何单位或者个人未经专利权人许可，都不得实施其专利，即不得为生产经营目的制造、许诺销售、销售、进口其外观设计专利产品。

② 专利权人的义务。

专利权人在享有专利权的同时还应当承担相应的义务。专利权人的义务包括：第一，专利权人在获得专利权时,有向专利局缴纳专利年费的义务。《专利法》规定,若没有按照规定缴纳年费,专利权在期限届满前就会终止。专利年费的数额在设计上是随着时间推移逐渐增高的,有了年费制度就可以促使专利权人放弃那些长期以来一直没有人实施,或者没有市场价值的技术。第二,公开发明创造的义务。如果发明创造未在专利申请文件中充分公开,则该项专利申请或专利权将被驳回或被宣告无效。第三,实际实施专利的义务。所谓实际实施,是指在中国境内实际制造专利产品、使用专利方法或者许可他人在中国制造其专利产品、使用其专利方法。《专利法》规定,专利权人自专利权被授予之日起满三年,且自提出专利申请之日起满四年,无正当理由未实施或者未充分实施其专利的,国务院专利行政部门根据具备实施条件的单位或者个人的申请,可以给予实施发明专利或者实用新型专利的强制许可。所谓强制许可,是指在法定的特殊条件下,未经专利权人同意,他人可在履行完毕法定手续后取得实施专利的许可,但仍应向专利权人缴纳专利实施许可费。

③ 专利权的限制。

关于专利权的限制是多方面的,限制专利权的效力是出于公共利益的考量,对专利权的限制主要体现在以下几个方面:

第一,专利的保护期。我国现行专利法对于发明专利的保护期规定为二十年,实用新型和外观设计专利的保护期为十年,均自申请日算起。

第二,首次销售。所谓首次销售,是指当专利权人自己制造或者许可他人制造的专利产品上市经过首次销售之后,专利权人对这些特定产品不再享有任何意义上的支配权,即购买者对这些产品的再转让或者使用都与专利权人无关。《专利法》规定,专利产品或者依照专利方法直接获得的产品,由专利权人或者经其许可的单位、个人售出后,使用、许诺销售、销售、进口该产品的,不视为侵犯专利权。

第三,善意侵权。善意侵权是指在不知情的状态下销售或者使用了侵犯他人专利权的产品的行为,可不承担侵权责任。《专利法》第七十条规定,为生产经营目的使用、许诺销售或者销售不知道是未经专利权人许可而制造并售出的专利侵权产品,能证明该产品合法来源的,不承担赔偿责任。

第四,先行实施。先行实施是指在专利申请日前已经开始制造与专利产品相同的产品或者使用与专利技术相同的技术,或者已经做好制造、使用的准备的,依法可以在原有范围内继续制造、使用该项技术。先行实施不视为侵犯专利权。

第五,临时过境。当交通工具临时通过一国领域时,为交通工具自身需要而在其设备或装置中使用有关专利技术的,不视为侵犯专利权。《专利法》规定,临时通过中国领陆、领水、领空的外国运输工具,依照其所属国同中国签订的协议或者共同参加的国际条约,或者依照互惠原则,为运输工具自身需要而在其装置和设备中使用有关专利的,不视为侵犯专利权。

第六,非营利实施。非营利性实施专利技术的行为不被视为侵犯专利权。比如,为了科学研究和实验使用专利技术,以及为课堂教学而演示专利技术的行为均不属侵权行为。

第七,为行政审批而实施。《专利法》规定,为提供行政审批所需要的信息,制造、使用、进口专利药品或者专利医疗器械的,以及专门为其制造、进口专利药品或者专利医疗器械的,不视为侵犯专利权。

第八,计划许可制度。《专利法》第十四条规定,国有企业事业单位的发明专利,对国家利益或者公共利益具有重大意义的,国务院有关主管部门和省、自治区、直辖市人民政府报经国务院批准,可以决定在批准的范围内推广应用,允许指定的单位实施,由实施单位按照国家规定向专利权人支付使用费。

4. 商标权

(1) 商标。

① 商标的含义。

商标,是指能够将不同的经营者所提供的商品或者服务区别开来,并可为视觉所感知的显著标记。

② 商标的种类。

依据不同的角度、不同的标准,商标可以划分为不同的种类。商标主要几种分类有:

第一,根据商标是否登记注册,商标划分为注册商标和未注册商标。注册商标是经商标行政机关核准注册的商标。注册商标和未注册商标者都可以使用,但一般而言,未注册商标的使用不得对抗注册商标,未注册商标一旦被他人注册便会被禁止使用。因此,需要取得商标专用权的,应当向商标管理机关申请商标注册。凡是实行注册制度的国家,注册商标都受法律保护,注册是取得商标权的根据。未注册商标一般不受商标法保护,但是也有例外,当一个长期使用的标识具有识别作用,取得消费者的认可,享有一定声誉的时候,该未注册商标也可获得商标法的一定程度保护,例如通过驰名商标制度给予未注册商标保护。在我国,只有注册商标的所有人才能被认为是商标权主体,也只有注册商标才是完整意义上的商标权的对象,未经注册的商标,其使用人不享有商标权。鉴于此,下述内容虽然也适用于未注册商标,但主要的是指注册商标。

第二,根据商标标示对象不同,商标划分为商品商标和服务商标。商品商标是使用于生产、制造、加工、拣选或者经销的商品上的商标。服务商标是提供服务的经营者在其向社会提供的服务项目上使用的标记,也称为"服务标记"。如中国民用航空局的CAAC标记、中国人民保险公司的PICC标记等。"服务"是看不见的商品,但可独立成为市场交易对象的无形商品。可作为标志对象的服务项目包括广告、运输、旅游、建筑、金融、法律服务等。与商品商标相比,服务商标的特殊之处主要表现在使用方式和宣传效果方面。商品商标的使用以附置于商品的实际使用为主,因而随着商品的流转而广为传播,使消费者易于识别、辨认;而服务是无形的,不像商品那样可以流通,因而服务商标只能在服务场所显示或者借助服务过程中的器具、用品来宣传显示,以及通过广告来扩大商标的公众认知度。《商标法》第四条第二款规定,本法有关商品商标的规定,适用于服务商标。

第三,根据形态的不同,商标可划分为平面商标和立体商标。平面商标是一种最为主要的商标形态,又可细分为文字商标、图形商标及文字图形的组合商标。立体商标是指以商品形状或者其容器、包装的形状构成的三维标志。例如"奔驰"汽车的标记是一个圆环中间有一个三角星;麦当劳的标记是一个线条非常圆滑的大"M"等。立体商标即三维标志，是指以商品的外形或包装作为商标。最为著名的立体商标比如"可口可乐"的曲线形瓶身，原来就是一个工业品的外观设计，为取得更为长久的保护，在美国注册了立体商标。

第四，根据商标具有的特殊作用，商标可划分为集体商标和证明商标。集体商标是指以工商业团体、协会或者其他组织名义注册、供该组织成员在工商业活动中使用，以表明使用者在该组织中的成员资格的标志。如铁路、银行、邮政、电信的标志就属于集体商标。集体商标的作用是向消费者表明使用该商标的集体组织成员所经营的商品或服务项目具有共同特点。证明商标是指由对某个具体商品或者服务有检测和监督能力的组织注册，而由注册人以外的人使用于其商品或者服务，用以证明该商品或者服务的原产地、原料、制造方法、质量或者其他特定品质的标志。使用证明商标须经商标注册人认证许可，被许可使用人经营的商品必须符合证明商标使用章程规定的条件。如著名的证明商标——纯羊毛标志就是总部设在伦敦的国际羊毛局在 130 多个国家和地区注册的证明商标，还有如绿色食品标志、真皮标志、CCC 标志等等都是市场上常见的证明商标。证明商标的使用，可以促进商品质量的提高，加强商品的竞争力，保护消费者权益。

第五，根据商标所具有的特殊功能用途，可划分为等级商标、联合商标和防御商标。等级商标的作用在于区别同一企业生产的不同规格、不同质量的同类商品，以便消费者鉴别选购。例如德国大众汽车在与中国一汽、上海大众合资生产的捷达、宝来、帕萨特、桑塔纳、Polo、Golf 等不同款式的汽车，在最明显的位置统一使用大众商标外又分别使用了专用于标志自身的上述商标。依《商标法》规定，等级商标可以一并申请注册，一并转让或许可他人使用，其中某一个商标被注销或撤销，并不影响其他商标的存在。因而，等级商标中的系列商标具有相对的独立性。联合商标是指同一企业在同一或类似商品上申请注册两个或者两个以上的近似商标。其中一个指定为正商标，与其他近似的商标一起构成具有防卫性质的联合商标。例如，杭州娃哈哈集团就注册了"娃哈哈""哈哈娃""娃娃哈"等一系列商标。商标所有人只要使用正商标，即视为全部联合商标的使用。联合商标中的每一个商标都不能单独转让，而必须全部一同转让或许可他人使用。防御商标是指同一商标所有人把自己的商标同时注册在其他非同种或非类似的商品上的商标，例如，"海尔"商标可以在家用电器之外的其他商品，甚至所有类别商品上进行注册，以阻止他人的注册和使用。联合商标和防御商标都是为了防止因他人使用或注册而对自己的核心商标造成侵害所进行的注册，两者又合称为防卫商标。

（2）注册商标的构成条件。

① 注册商标的积极条件。

注册商标的积极条件是指获准注册的商标应具备的条件。积极条件要求商标应当具备法定的构成要素和能够区别其他经营者同类商品或服务的显著特征。

第一，具备法定的构成要素。商标应当具备法定的构成要素，否则不能作为商标使用。不同的国家对商标构成的规定有所不同，根据《商标法》的规定，任何能够将自然人、法人或者其他组织的商品与他人的商品区别开的标志，包括文字、图形、字母、数字、三维标志、颜色组合和声音等，以及上述要素的组合，均可以作为商标申请注册。

第二，显著性。商标是区别商品的标志，无论是用文字商标、图形商标、组合商标，还是立体商标，都必须具有显著特征，使之成为区别于他人同类商品的明显标志。商标的显著性，在于商标是否是新创的、是否具有个性。商标的显著特征要从商标本身的文字、图形等构成要素诸方面进行综合考察；也要从商标是否已实际使用，是否已形成了与某一商品的特定联系的角度去判断、认定。

② 注册商标的消极条件。

商标注册的消极条件，亦称注册商标的禁止条件，主要包括以下几项：

第一，同中华人民共和国的国家名称、国旗、国徽、国歌、军旗、军徽、军歌、勋章等相同或者近似的，以及同中央国家机关的名称、标志、所在地特定地点的名称或者标志性建筑物的名称、图形相同的标志不得作为商标使用。

第二，同外国的国家名称、国旗、国徽、军旗等相同或者近似的标志不得作为商标使用，但经该国政府同意的除外。

第三，同政府间国际组织的名称、旗帜、徽记等相同或者近似的标志不得作为商标使用，但经该组织同意或者不易误导公众的除外。

第四，与表明实施控制、予以保证的官方标志、检验印记相同或者近似的标志不得作为商标使用，但经授权的除外。

第五，同"红十字"、"红新月"的名称、标志相同或者近似的标志不得作为商标使用。

第六，带有民族歧视性的标志不得作为商标使用。

第七，带有欺骗性，容易使公众对商品的质量等特点或者产地产生误认的标志不得作为商标使用。

第八，有害于社会主义道德风尚或者有其他不良影响的标志不得作为商标使用。

第九，县级以上行政区划的地名或者公众知晓的外国地名，不得作为商标。但是，地名具有其他含义或者作为集体商标、证明商标组成部分的除外；已经注册的使用地名的商标继续有效。

第十，以三维标志申请注册商标的，仅由商品自身的性质产生的形状、为获得技术效果而需有的商品形状或者使商品具有实质性价值的形状，不得注册。

第十一，就相同或者类似商品申请注册的商标是复制、摹仿或者翻译他人未在中国注册的驰名商标，容易导致混淆的，不予注册并禁止使用。就不相同或者不相类似商品申请注册的商标是复制、摹仿或者翻译他人已经在中国注册的驰名商标，误导公众，致使该驰名商标注册人的利益可能受到损害的，不予注册并禁止使用。

第十二，未经授权，代理人或者代表人以自己的名义将被代理人或者被代表人的商标进行注册，被代理人或者被代表人提出异议的，不予注册并禁止使用。就同一种商品或者类似商品申请注册的商标与他人在先使用的未注册商标相同或者近似，申请人与该他人具有代理关系以外的合同、业务往来关系或者其他关系而明知该他人商标存在，该他人提出异议的，不予注册。

第十三，商标中有商品的地理标志，而该商品并非来源于该标志所标示的地区，误导公众的，不予注册并禁止使用；但是，已经善意取得注册的继续有效。所谓地理标志，是指标示某商品来源于某地区，该商品的特定质量、信誉或者其他特征，主要由该地区的自然因素或者人文因素所决定的标志。

第十四，申请注册的商标与他人的注册商标混同的，不能获准注册。在相同或类似的商品上使用与他人注册商标相同或者近似的商标，则会构成侵权。不过，如果使用的商品并非同一种商品或类似商品，即使两个商标相同或近似，也并不影响其显著性和可识别性。

第十五，下列标志不得作为商标注册，但作为非注册商标使用不受法律禁止，并且在经过使用后，取得显著特征并便于识别的，可以作为商标注册：仅有本商品的通用名称、图形、型号的；仅直接表示商品的质量、主要原料、功能、用途、重量、数量及其他特点的；其他缺乏显著特征的。

典型案例

商品申请驳回案

北京某包装有限公司向商标局申请注册的商标图案为椭圆形外框，除文字外，内有一个十分醒目的鹰图，该图造型为鹰嘴叼绶带，双翅张开，其双爪与翅平行，各持一枝橄榄叶，胸部为竖条盾牌结构。商标局以该商标图案与墨西哥国徽近似，驳回该申请。北京某包装有限公司不服，申请商标评审委员会复审，其主要理由是："申请商标不是墨西哥国徽与文字结合，主题鲜明，有显著性。"商标评审委员会对本案复审认定：墨西哥国徽的外框为圆形外框，其显著部分亦为鹰图，其基本造型与申请商标相差无几，区别只在细微之处。依据《商标法》第十条第一款之规定，驳回北京某包装有限公司申请注册的商标，不予初步审定。

(3) 商标权的取得。

商标权的取得分为原始取得和继受取得，原始取得又有使用取得和注册取得两种方式。

① 注册取得。

注册取得是指商标权取得必须经过登记注册，注册商标受法律保护，未经注册的商标，一般得不到法律的保护。我国对于商标权的取得主要采取注册取得，《商标法》第四条规定，自然人、法人或者其他组织在生产经营活动中，对其商品或者服务需要取得商标专用权的，应当向商标局申请商标注册。注册取得商标权须遵循以下原则：

第一，自愿注册原则。自愿注册原则又称任意注册原则，是指商标所有人自行决定是否申请商标注册，欲取得商标权的应提出注册申请，不注册的商标也可以使用，但商标所有人不享有商标权。不过，《商标法》在实行自愿注册原则的同时，对涉及人们健康的极少数商品实行强制注册，例如人用药品和烟草制品等。

第二，申请在先原则为主、使用在先原则为辅。申请在先原则又称注册在先原则，是指两个或两个以上的申请人，在相同或类似的商品上以相同或者近似的商标申请注册时，申请在先的商标，其申请人可获得商标专用权，在后的商标注册申请予以驳回。与申请在先原则相对应的是使用在先原则，是指两个或两个以上的申请人，在相同或类似的商品上以相同或者近似的商标申请注册时，使用在先的商标，其申请人可获得商标专用权，在后的商标注册申请予以驳回。《商标法》第三十一条规定，两个或者两个以上的商标注册申请人，在同一种商品或者类似商品上，以相同或者近似的商标申请注册的，初步审定并公告申请在先的商标；同一天申请的，初步审定并公告使用在先的商标，驳回其他人的申请，不予公告。

第三，优先权原则。商标注册申请的优先权是指，商标注册申请人在外国第一次提出商标注册申请之日起 6 个月内，若向中国提出同样申请的，将优先于他人在该申请日后提出的申请，取得申请在先的地位。根据产生的原因，产生优先权可分为两种，第一种是首次申请优先权，即在国外提出商标注册申请后又在中国提出商标注册申请而享有的优先权。《商标法》第二十五条规定，商标注册申请人自其商标在外国第一次提出商标注册申请之日起六个月内，又在中国就相同商品以同一商标提出商标注册申请的，依照该外国同中国签订的协议或者共同参加的国际条约，或者按照相互承认优先权的原则，可以享有优先权。第二种是首次使用优先权，也可称为展览优先权，即商标在展览会展出商品上首次使用而享有的优先权。《商标法》第二十六条规定，商标在中国政府主办的或者承认的国际展览会展出的商品上首次使用的，自该商品展出之日起六个月内，该商标的注册申请人可以享有优先权。优先权并不自动产生，需要申请人在提出商标注册申请时提出书面声明。

② 使用取得。

商标创设后须实际使用于商业活动，商标权基于商标的使用事实而形成，此即称为使用原则。使用原则盛行于 19 世纪中叶以前，由于其固有的弊端，目前世界上除美国等少数国家外，绝大多数国家不再采用使用原则。

使用原则的一个特例是因驰名而取得保护。某些商标尚未注册，但基于其已享有的知名度可以对抗他人的注册或使用，这就是驰名商标保护制度。由于注册原则坚持“不注册，不保护”，因而，驰名商标制度可视为对注册原则的补充。

驰名商标是指经过长期使用，在市场上享有较高信誉并为公众熟知的商标。首先，就驰名商标的认定方式而言，《商标法》采用了“个案认定”方式，亦即在商标确权或者商标侵权纠纷发生后，当事人认为其商标构成驰名商标，并提出商标驰名的证据的，商标行政执法机关或者人民法院将依法审查认定，涉案商标被认定为驰名商标的，可给予特别保护。概括而言，驰名商标的认定是个案中查明事实、适用法律的前提，只有在案件需要并有当事人主张时，商标管理机关和人民法院才会做出认定。其次，就驰名商标的认定标准而言，根据《商标法》第十四条的规定，驰名商标应当根据当事人的请求，作为处理涉及商标案件需要认定的事实进行认定。认定驰名商标应当考虑下列因素：第一，相关公众对该商标的知晓程度；第二，该商标使用的持续时间；第三，该商标的任何宣传工作的持续时间、程度和地理范围；第四，该商标作为驰名商标受保护的记录；第五，该商标驰名的其他因素。此外，《商标法》要求生产、经营者不得将“驰名商标”字样用于商品、商品包装或者容器上，或者用于广告宣传、展览以及其他商业活动中。

驰名商标保护的特征在于特殊保护。“特殊”体现在，如果是注册的驰名商标，商品或服务的保护范围可扩大到不相同或不类似的商品或服务上，即跨类保护；如果是未注册的驰名商标，特殊保护体现为给予注册商标同样的保护。具体来讲，对驰名商标的保护方式体现在以下几个方面：第一，拒绝注册或撤销注册。将与他人驰名商标相同或者近似的商标申请注册，容易导致混淆或者致使该驰名商标注册人的利益受到损害的，驳回注册申请；已经注册的，自注册之日起5年内，驰名商标注册人可以请求商标评审委员会予以撤销，但恶意注册的不受5年时间的限制。第二，禁止作为商标使用。将与他人未在中国注册的驰名商标使用在相同或者类似商品上，容易导致混淆的，禁止使用；将他人已经在中国注册的驰名商标在不相同或者不相类似商品上使用，误导公众，致使该驰名商标注册人的利益可能受到损害的，禁止使用。第三，禁止作为商号登记。商标所有人认为他人将其驰名商标作为企业名称登记，可能欺骗公众或者对公众造成误解的，可以向企业名称登记主管机关申请撤销该企业名称登记。第四，禁止作为域名注册。商标所有人认为他人将与其驰名商标相同或者近似的文字注册为域名，并且通过该域名进行相关商品交易的电子商务，容易使相关公众产生误认的，可以向域名注册机构申请撤销该域名注册。

③ 继受取得。

继受取得，是指商标权人取得商标权是基于他人已存在的权利而产生的，而非最初直接取得的。继受取得包括两种情形：一是商标权的转让，即根据转让合同、受让人有偿或无偿取得出让人之商标权；二是转移，即商标权因转让以外的其他事由发生的转移，包括继承人根据继承程序继承被继承人的商标权和法人因兼并、合并、破产等原因发生的商标权转移。依据《商标法》的规定，商标权的原始取得，应按照商标注册程序办理。商标权的继受取得也须依照转让注册商标或转移注册商标的程序办理，方能取得商标专用权。

(4) 商标权的内容。

商标权的内容是指商标所有人依法对其商标所享有的占有、使用、收益和处分的权利。商标法规定的注册商标所有人所享有的各项权利包括以下几个方面：

① 专有使用权。专有使用权是指商标权人在核定使用的商品上专有使用核准的注册商标的权利。这是商标权的最重要内容，也是商标权人注册商标的主要目的。《商标法》第三条规定，商标注册人享有商标专用权，受法律保护。与财产所有权不同，商标权是一项无形财产权，所以法律有必要对权利范围做出明确划定，从而既有利于权利人正当行使权利，也有利于他人知悉权利界限而避免侵权。《商标法》第五十六条规定，注册商标的专用权，以核准注册的商标和核定使用的商品为限。《商标法》第二十三条规定，注册商标需要在核定使用范围之外的商品上取得商标专用权的，应当另行提出注册申请。

② 禁止权。禁止权是指商标权人有权禁止他人未经许可使用其注册商标。为了防止混淆，即防止对商品或服务的来源及有关方面发生误认，禁止权的效力范围大于专用权的范围，根据《商标法》的规定，商标权人对于未经许可在同一种商品上使用与其注册商标相同的商标的，有权予以禁止。商标权人对于未经许可在同一种商品上使用与其注册商标近似的商标，或者在类似商品上使用与其注册商标相同或者近似的商标，容易导致混淆的，也有权予以禁止。

③ 转让商标的权利。转让，是指注册商标所有人将其对注册商标的所有权转移给他人所有。注册商标转让的法律后果是商标权利主体变更。转让权是商标所有人对其商标权最重要的一种处分方式。转让注册商标应由双方当事人签订合同，并应共同向商标局提出申请，经商标局核准公告后方为有效。

④ 许可他人使用商标的权利。使用许可，是指注册商标所有人将其对注册商标的专用权许可他人行使。许可他人使用不同于转让，它既不转让商标的所有权，也不完全转移使用权，即在许可他人使用时一般不会排斥商标所有人的使用。许可他人使用注册商标是商标所有人利用商标权的一种重要方式。行使此项权利的法律形式是商标所有人作为许可人与被许可人签订许可使用合同，被许可人若想要获得排斥商标权人使用的独占使用许可，则需要签订合同时作出特别约定。

(5) 商标权的限制。

商标权的限制，是指在某些情况下，注册商标所有人享有的权利因与他人正当权利和公众利益产生冲突，为了协调权利人与社会公众利益之间的关系，而对商标权的行使和保护做出的必要约束。商标权的限制主要有以下几种情形：

① 正当使用。正当使用是指他人在经营活动中以善意、合理的方式使用描述性商标的，不视为侵犯商标专用权的行为。《商标法》第五十九条规定了三种正当使用行为：第一，注册商标中含有的本商品的通用名称、图形、型号，或者直接表示商品的质量、主要原料、功能、用途、重量、数量及其他特点，或者含有的地名，注册商标专用权人无权禁止他人正当使用。第二，三维标志注册商标中含有的商品自身的性质产生的形状、为获得技术效果而需有的商品形状或者使商品具有实质性价值的形状，注册商标专用权人无权禁止他人正当使用。第三，商标注册人申请商标注册前，他人已经在同一种商品或者类似商品上先于商标注册人使用与注册商标相同或者近似并有一定影响的商标的，注册商标专用权人无权禁止该使用人在原使用范围内继续使用该商标，但可以要求其附加适当区别标识。

② 商标权利用尽。商标权利用尽，是指经商标所有人或其本人同意将带有商标的产品投放市场后，任何人使用或销售该产品，商标权人无权禁止。商标用尽的意义在于保障商品正常流通，保证交易安全。如果没有商标用尽的限制，商标权人可能利用商标控制商品流通，分割市场，保持垄断地位或维持高价。这对其他经营者以及消费者来说显然是不利的。

③ 非商业性使用。商标的非商业性使用主要发生在新闻报道及评论当中。新闻报道和新闻评论中提及商标是一种正当使用，一般不得视为对商标权的损害。新闻媒体在新闻报道和新闻评论中不可避免地提及某个商标，即使是对该商标商品的批评指责，只要基于事实进行客观报道和评论，商标所有人都不能以商标侵权为由阻止此种非商业性使用。如果媒体的报道严重失实，批评不当，构成新闻侵权，商标所有人可依法维护自己的名誉权。

(6) 商标权的保护。

① 商标侵权行为。《商标法》第五十七条规定的侵犯商标权的表现形式主要有下列

几种：第一，未经商标注册人的许可，在同一种商品上使用与其注册商标相同的商标的；第二，未经商标注册人的许可，在同一种商品上使用与其注册商标近似的商标，或者在类似商品上使用与其注册商标相同或者近似的商标，容易导致混淆的；第三，销售侵犯注册商标专用权的商品的；第四，伪造、擅自制造他人注册商标标识或者销售伪造、擅自制造的注册商标标识的；第五，未经商标注册人同意，更换其注册商标并将该更换商标的商品又投入市场的；第六，故意为侵犯他人商标专用权行为提供便利条件，帮助他人实施侵犯商标专用权的；第七，给他人的注册商标专用权造成其他损害的。

② 解决商标侵权纠纷的主要方式。《商标法》第六十条规定，因侵犯商标专用权行为，引起纠纷的，由当事人协商解决。不愿协商或协商不成的，商标注册人或利害关系人可以向人民法院起诉，也可向侵权人所在地或侵权行为地县级以上工商机关控告或检举。据此，解决商标侵权纠纷的主要方式主要有三种，即当事人协商和解、向行政管理机关控告或检举、向法院提起诉讼。

③ 侵犯商标权的法律责任。

第一，行政责任。工商行政管理部门处理商标侵权纠纷或类似侵权行为，认定侵权行为成立的，责令停止侵权并可以处以罚款。《商标法》第六十条第三款规定，工商行政管理部门处理时，认定侵权行为成立的，责令立即停止侵权行为，没收、销毁侵权商品和主要用于制造侵权商品、伪造注册商标标识的工具，违法经营额五万元以上的，可以处违法经营额五倍以下的罚款，没有违法经营额或者违法经营额不足五万元的，可以处二十五万元以下的罚款。对五年内实施两次以上商标侵权行为或者有其他严重情节的，应当从重处罚。销售不知道是侵犯注册商标专用权的商品，能证明该商品是自己合法取得并说明提供者的，由工商行政管理部门责令停止销售。

第二，民事责任。根据商标法和其他民事法律的规定，侵犯商标权应当承担停止侵害、赔偿损失以及消除影响等责任。赔偿损失是侵权人承担民事责任的主要方式。关于赔偿数额的确定，《商标法》第六十三条规定，侵犯商标专用权的赔偿数额，按照权利人因被侵权所受到的实际损失确定；实际损失难以确定的，可以按照侵权人因侵权所获得的利益确定；权利人的损失或者侵权人获得的利益难以确定的，参照该商标许可使用费的倍数合理确定。对恶意侵犯商标专用权，情节严重的，可以在按照上述方法确定数额的一倍以上三倍以下确定赔偿数额。赔偿数额应当包括权利人为制止侵权行为所支付的合理开支。人民法院为确定赔偿数额，在权利人已经尽力举证，而与侵权行为相关的账簿、资料主要由侵权人掌握的情况下，可以责令侵权人提供与侵权行为相关的账簿、资料；侵权人不提供或者提供虚假的账簿、资料的，人民法院可以参考权利人的主张和提供的证据判定赔偿数额。权利人因被侵权所受到的实际损失、侵权人因侵权所获得的利益、注册商标许可使用费难以确定的，由人民法院根据侵权行为的情节判决给予三百万元以下的赔偿。

第三，刑事责任。《中华人民共和国刑法》规定了三种侵犯商标权的犯罪及其刑事责任。《刑法》第二百一十三条规定了假冒注册商标罪，该条规定，未经注册商标所有人许可，在同一种商品上使用与其注册商标相同的商标，情节严重的，处三年以下有期徒刑或者拘役，并处或者单处罚金；情节特别严重的，处三年以上七年以下有期徒刑，并处罚金。

《刑法》第二百一十四条规定了销售假冒注册商标的商品罪，该条规定，销售明知是假冒注册商标的商品，销售金额数额较大的，处三年以下有期徒刑或者拘役，并处或者单处罚金；销售金额数额巨大的，处三年以上七年以下有期徒刑，并处罚金。《刑法》第二百一十五条规定了非法制造、销售非法制造的注册商标标识罪，该条规定，伪造、擅自制造他人注册商标标识或者销售伪造、擅自制造的注册商标标识，情节严重的，处三年以下有期徒刑、拘役或者管制，并处或者单处罚金；情节特别严重的，处三年以上七年以下有期徒刑，并处罚金。

五、人格权

1. 人格权概述

人身关系在民法上表现为人身权。人身关系是基于一定的人格和身份而产生的，体现的是人的精神和道德上的利益，它包括人格关系和身份关系两类，由此人身权也分为两类：一类是人格权，一类是身份权。所谓人格权，是指民事主体依法固有为维护自身独立人格所必备的，以人格利益为客体的权利。所谓身份权，是指民事主体以在特定的家庭和亲属团体中所享有的地位或者资格为客体而享有的维护一定社会关系的权利。关于身份关系的调整. 构成民法中的亲属法及继承法。

根据人格权所体现和保护的人格利益，可以将人格权分为一般人格权和具体人格权。一般人格权是指民事主体依法对其全部人格利益所享有的总括性的权利。一般人格权的具体内容可概括为人格的独立、自由、平等和尊严，四者相辅相成，共同完整地构成抽象的人格权范畴。《民法总则》第一百零九条规定，自然人的人身自由、人格尊严受法律保护。一般人格权仅自然人享有，法人或其他组织不享有一般人格权。具体人格权是指以具体人格利益为客体的人格权。根据具体人格利益的不同，具体人格权又可分为生命权、身体权、健康权、姓名权或者名称权、肖像权、名誉权、荣誉权、隐私权等权利。

2. 自然人的人格权

(1) 生命权。

生命权，是指自然人维持生命和维护生命安全利益的权利。生命是自然人作为民事主体的前提和基础，是自然人最高的人格利益，因而生命权是自然人最高的人格权利。生命权的内容包括：

① 生命安全的维护权。生命是自然人最高的人格利益。权利主体有权维护生命的安全。生命安全受到非法侵犯时，权利人可以使用一切必要手段加以保护。在我国，法律对权利人在生命安全受到非法侵犯时所采用的正当防卫和紧急避险的容忍程度要高于其他情况下的容忍程度，从而显示了生命权的重要性。

② 生命安宁的维护权。生命安宁的维护权所针对的是在没有侵犯生命安全的前提下，使他人生命处于危险之中的行为。生命是否处于危险之中，需要根据理性人标准来判断。换言之，只要处于类似情况的理性人可以合理地相信生命存在即时危险，就满足这一标准，而不要求客观上真正使他人生命处于即时危险之中。

③ 生命利益的支配权。生命利益的支配权，主要体现在生命权人是否有权支配自己的生命。这一问题又包括两方面，其一，权利人主动将自己的生命置于险境；其二，权利人主动结束自己的生命。就第一方面而言，人们没有太大争议。因为人类社会的进步和发展、人生意义和价值的实现，某些冒险和牺牲是必要的，例如为国捐躯、舍己救人、从事有生命危险的探险和体育活动等。而对于个人能否主动结束自己的生命，比如自杀和安乐死，则存在较大争议，并且这一命题已经不是一个简单的法律命题，需要在更广义的范畴内进行探讨。

(2) 健康权。

健康权，是指自然人保持身体和心理机能正常以及维护健康利益的权利。健康权的内容包括：

① 身体机能健康的维护权。身体机能健康是权利主体享有正常生活、从事正常社会活动的基础。因此权利主体有权采取措施维护自己的身体健康；当身体健康受到他人非法侵犯或者威胁时，权利人有权采取必要的措施。

② 心理机能健康的维护权。心理机能健康同样是权利主体享有正常生活、从事正常社会活动的基础。因此，权利主体有权采取措施维护自己的心理健康。

③ 健康利益的支配权。关于权利人对自己的健康利益是否具有支配权，人们之间存在不同看法。与生命权中对生命利益的支配权一样，健康利益的支配权问题也不仅仅是法律问题。自然人对自己的健康利益进行支配的行为，法律无法对此行为规定某种消极后果而加以干涉。因此，一方面应当提倡健康的生活方式，善待自己；另一方面，应当承认权利人对自己的健康利益享有支配权。

(3) 身体权。

身体权是指自然人保持其身体组织完整，支配组成其身体的器官、组织并保护自己的身体不受他人侵犯的权利。身体权的内容包括：

① 维护身体组织完整的权利。完整的身体组织是自然人生命延续的基础，也是正常生活的基础。法律保护自然人享有正常生活的权利，所以自然人有权维护自己的身体完整，有权保护身体完整不受侵害。

② 对身体或者身体组成部分的支配权。人身权的权利主体对自己的身体具有支配权，可以根据自己的意志支配自己的身体。关于人身权权利主体对自己身体组成部分的支配权，理论上存在争论。事实上，人们对自己身体组成部分的支配向来就有，比如，理发、美容、献血、捐献器官，甚至自残身体，等等。所以，在提倡善待自己身体的同时，应当承认权利主体对自己身体组成部分的支配权。

(4) 姓名权。

姓名权是指自然人有权自主决定、使用和变更其姓名并要求他人尊重自己姓名的权利。一般来说，每个自然人都有一个正式姓名，这个正式姓名应当是身份证记载的姓名。正式姓名是自然人身份具有法律意义的象征，因此，一般而言，关于姓名权的规定，所指的都是正式姓名。姓名权的内容包括：

① 姓名决定权。姓名决定权，指自然人决定自己姓名的权利。据此，只有姓名权人

自己才有权决定自己的姓名。但是,事实上,一个人出生后就需要以姓名的符号将自己与其他人相区别,而此时,人还不具有决定自己姓名的行为能力,所以姓名的决定权往往是由父母或者其他监护人来行使。等权利人自己具备相应行为能力后,可以决定自己的艺名、笔名、化名、别名,也可以对自己的姓名加以变更。

② 姓名使用权。姓名使用权,指自然人根据自己的意愿使用自己姓名的权利。权利人有权决定是否使用、如何使用自己的姓名,比如,是否在作品上签署自己的姓名;在作品上可以签署正式的姓名,也可以签署笔名。国家可以基于公共管理的需要,对姓名的使用设定限制。比如,在中国境内的金融机构开立个人存款账户的个人,应当使用实名。

③ 姓名变更权。姓名变更权,指自然人依照有关规定改变自己姓名的权利。这一权利包括两方面的含义。第一,自然人有权根据自己的意思改变自己的姓名;第二,自然人改变自己姓名时必须遵守有关规定。

(5) 肖像权。

肖像权是指自然人对自己的肖像享有再现、使用并排斥他人侵害的权利。肖像权的内容包括:

① 肖像制作权。肖像制作权,是指自然人享有的借助一定的物质载体将自己的形象加以再现的权利。制作的形式包括照片、录像、画像、雕塑等一切肉眼可以感知的物质载体。自然人有权决定自己或者许可他人采用何种形式制作其肖像,也有权禁止他人未经许可制作自己的肖像。

② 肖像使用权。肖像使用权,是指自然人享有使用自己肖像并获得精神上的满足和财产上的利益的权利。肖像权人可以自己使用,也可以许可他人使用并获得报酬,任何人不得非法干涉。但肖像权的行使不得违反法律、社会公共利益和社会公共道德。

③ 肖像维护权。肖像体现了肖像权人的人格尊严和精神利益,在再现和使用他人肖像时,应当保持对肖像权人形象的忠诚。任何歪曲和丑化他人肖像的行为都构成对肖像权的侵害,权利人有权维护自己肖像免受他人毁损和玷污。

(6) 名誉权。

名誉权是指民事主体所享有的、就其品德、才干、声望、信誉和形象等方面的客观社会评价有权获得他人尊重的权利。名誉权的内容包括:

① 名誉维护权。民事主体可以采取合法措施维护自己的名誉。需要指出的是,法律保护名誉的目的,是使每个民事主体都得到与其自身实际情况相一致的社会评价,并非是使每个民事主体都得到良好的社会评价。如果一个人本身存在为社会道德或者法律所不齿的行为,其社会评价自然不应当良好。但是,当一个人自身行为完全符合社会道德或者法律的要求时,法律就应当保证其享有良好的名誉,民事主体也有权得到这种名誉。当出现侮辱、诽谤等使他人良好声誉遭到不应有的贬损的情形时,自然人对于侵害自己名誉权的行为,有权积极寻求各种救济途径,包括司法救济,从而阻止侵权行为,使受到损害的名誉得以恢复。

② 名誉利益支配权。权利人对自己名誉所体现的利益享有支配权。权利人可以利用自己的名誉,从事各种社会活动,寻求各种收益。

典型案例

汪某诉汉福超市有限公司名誉权纠纷案

汪某在武汉“家乐福光谷店(汉福超市有限公司开办)”购物时,见促销员开展西麦麦片“买五赠一”的活动,遂购买了二十袋,且在促销员协助下,放入购物二十四袋。在结账时,汪某就是否应对未粘贴赠品标签的四袋麦片付款与收银员发生争执,随后,店内保安将汪某及其所选购的物品均带至风险预防办公室。汪某辩解上述四袋麦片系赠品,不需要支付价款。店内两名工作人员作出麦片未做赠送活动的陈述,保安据此对汪某及选购的商品拍照,并出示一张表格,要求其签名。汪某因患有眼疾,遂在未看清表格内容的情况下签字确认。随后,促销员为上述四袋麦片粘贴了“非卖品”标签,并带领汪某结账。次日,汪某与其丈夫一同至该店要求查看签名表格未果,但发现其名字出现在《每日抓窃记录》的“窃嫌姓名”一栏,且附有“窃嫌截图”,截图内容为汪某签字及所购物品的照片。汪某要求店方道歉,遭到店方拒绝。汪某以汉福公司诬陷其偷盗,严重侵犯其人格尊严及名誉损害为由,提起诉讼,请求判令汉福公司在其营业场所张贴道歉函或在媒体上刊登道歉函、消除影响、恢复名誉、赔偿精神损害抚慰金 5 000 元。

法院认为,公民的人格尊严受法律保护。汉福公司最终认可 4 袋麦片为赠品,却在汪某并不知情的情况下,在其签名的表格中认定其为秘密实施的偷窃行为,将其列入“窃嫌姓名”名单,注明“教育释放”,并将表格置于进入办公地点任何人可以随手翻看的地方。汉福公司的上述行为侵犯了汪某的人格尊严,客观上造成一定范围内对汪某社会评价的降低,损害了汪某的名誉。对汪某要求汉福公司书面赔礼道歉并在营业场所张贴道歉函的诉讼请求,该院予以支持。该院遂依法判决汉福公司向汪某书面赔礼道歉,在其经营的家乐福光谷店内张贴向汪某的道歉信,并向汪某赔付精神抚慰金 5 000 元。

(7) 荣誉权。

荣誉权是指民事主体所享有的、因自己的突出贡献或特殊劳动成果而获得的光荣称号或其他荣誉的权利。荣誉权的内容包括:

① 荣誉保持权。荣誉权人有权保持自己的荣誉,他人不得非法剥夺。

② 荣誉利用权。荣誉权人有权利用自己的荣誉。荣誉权人可以以一定方式表明自己的荣誉,也可以将荣誉用于生产、经营以及生活的各个方面。

③ 享有因荣誉产生的各种利益的权利。荣誉权本身不直接体现财产内容,但是,荣誉往往能够给权利人带来各种利益。荣誉权人有权享有这种利益。

(8) 隐私权。

隐私权则是指自然人就其私生活非属于公共空间的私人空间的私密性、私生活的安宁享有免受他人侵入和打扰的权利。隐私权的内容包括:

① 个人生活安宁权。个人生活安宁权,也称个人生活自由权,即权利主体有权按照自己的意志从事或者不从事与社会公共利益无关的活动,不受他人的干涉、破坏或者

支配。

② 个人生活信息保密权。个人生活信息的内容相当广泛，从家庭成员、亲属关系、交际关系、财产状况，到个人的身高、体重、病史、婚恋史、身体缺陷、健康状况、爱好等。权利主体有权禁止他人非法知悉、使用、披露或者公开个人生活信息。例如，未经权利人的许可，任何人不得以任何方式向第三人披露权利人的身体上隐秘的缺陷；不得占有、阅知权利人私生活信息的物质载体，如翻阅他人的日记本、存折等。

③ 个人通信秘密权。权利主体对个人通信、通讯内容有权加以保密，有对自己的电话、传真、电子信箱的号码及其内容加以保密的权利，有权禁止他人未经许可窃听或者查阅。

④ 个人隐私使用权。权利主体有权依法自己使用或者许可他人使用隐私，并有权决定使用隐私的方式，任何人或者组织不得非法干涉。例如，自然人许可他人使用自己的隐私写作个人传记。但自然人对自己隐私的使用，不得违反法律的强制性规定，不得违背社会公序良俗，不得损害第三人的利益。例如，不得任意使用与第三人隐私或者名誉有关的隐私。

典型案例

徐玉玉案

2016年8月19日，即将上大学的山东临沂女孩徐玉玉接到了一个电话，电话另一端自称是教育局的，有一笔助学金可以发给徐玉玉。而在徐玉玉照着要求将9 900元钱汇给对方账户后才发现自己被骗。当晚，徐玉玉在报案回家途中心脏骤停，经医院抢救无效不幸去世。

经查，犯罪嫌疑人杜某利用技术手段攻击了“山东省2016高考网上报名信息系统”并在网站植入木马病毒，获取了网站后台登录权限，盗取了包括徐玉玉在内的大量考生报名信息。7月初，犯罪嫌疑人陈某在江西省九江市租住房屋设立诈骗窝点，通过QQ搜索“高考数据群”“学生资料数据”等聊天群，在群内发布个人信息购买需求后，从杜某手中以每条0.5元的价格购买了1 800条今年高中毕业学生资料。同时，陈某雇佣郑某、黄某等人冒充教育局、财政局工作人员拨打电话，以发放助学金名义对高考录取学生实施诈骗。8月19日16时许，该团伙诈骗徐玉玉9 900元，在徐玉玉向嫌疑人冒用他人身份证开设的银行卡账户汇款6分钟后，陈某操控在福建泉州的犯罪嫌疑人郑某组织熊某、陈某等人在泉州市一银行ATM机上取走赃款。

该案涉及个人信息泄露，表明信息收集人没有尽到确保信息安全义务。目前，个人信息的泄露现象十分普遍，已经成为一种公害，到了非治理不可的地步。严重的网络信息诈骗背后都普遍存在个人信息泄露的现象。一些违法行为人利用受害人的信息进行精准作骗，屡屡得手，由此也进一步说明了对个人信息保护的必要性。

3. 法人和非法人组织的人格权

不仅自然人享有人格权，法人、非法人组织也享有一定的人格权。《民法总则》第一百一十条第二款规定，法人、非法人组织享有名称权、名誉权、荣誉权等权利。

但是由于法人和非法人组织和自然人存在一定区别，因此，法人和非法人组织所享有的人格权范围要小于自然人所享有的人格权的范围。依据法律规定，法人和非法人组织仅享有名称权、名誉权、荣誉权等权利，而不可能享有与自然人的人身具有密切联系的人格权，如生命权、身体权、健康权等。

同时，即使法人和非法人组织与自然人所共同享有的人格权，仍然存在一些区别，例如，法人、非法人组织与自然人均享有名誉权，但二者存在较大差别，对自然人的名誉的侵害主要采取侮辱、诽谤的方式，对法人名誉的侵害主要采用不正当竞争的方式；对自然人名誉权的侵害会造成自然人精神上的损害和痛苦，所以应采取精神损害赔偿的方式，而法人和非法人组织不会像自然人那样产生精神痛苦，侵害其名誉权也不适用精神损害赔偿。再比如，与自然人享有姓名权相类似，法人和非法人组织享有名称权，尽管都属于民事主体对自己的称呼称号所享有的权利，但两者存在诸多差异：姓名的获取基本不存在限制，而名称的获取必须按照国家工商行政管理部门的有关规定进行；姓名权无专用性，名称权在登记范围内具有专用性；姓名权不得转让，名称权则可依法转让。

六、民事权利的保护

民事主体享有的民事权利受到他人侵害时，需要通过法律手段予以保护。民事权利的保护方法分国家保护和自我保护两种。

1. 国家保护

民事权利的国家保护，又称公力救济，是指民事权利受到侵害时，由国家机关通过法定程序予以保护。由于民事权利受国家宪法、民法、行政法、刑法等多种法律部门的保护，因此，在权利受到侵犯时，权利人可以依法请求有关行政机关给予保护，也可以诉请人民法院或仲裁机关予以判决或仲裁。经常性的是由民事权利主体提起民事诉讼，请求法院予以保护。

2. 自我保护

民事权利的自我保护，是指权利人自己采取各种合法手段来保护自己的权利不受侵犯。为维护正常的社会秩序，采取自我保护手段应受到法律的严格限制，权利主体只能以法律许可的方式和在法律允许的限度内保护自己的权利。我国民法明文规定的自我保护措施，只有正当防卫和紧急避险两项。

（1）正当防卫。

所谓正当防卫，是指为了使本人或他人的人身或财产免遭正在进行的不法侵害，对侵权行为人采取的必要防卫行为。

通过正当防卫实现民事权利的自我保护，必须符合一定的条件：① 现实性。所谓现实性，是指对本人或他人的人身和财产实施的侵害行为必须是现实的，即该侵害行为已经开始并正在进行。② 违法性。所谓违法性，是指对本人或他人的人身和财产实施的侵害行为并非依法或依据合同约定进行的合法行为。如果是公务人员依法进行的职权行为或医生依据医疗服务合同实施手术，就不得进行正当防卫。③ 针对性。所谓针对性，是指正当防卫必须针对侵害人本人实施。不法侵害行为来自侵害人，防卫的目的在于制止侵害，故防卫行为只能对侵害人本人实施，不得针对第三人。④ 目的性。所谓目的性，是指防卫人具有保护合法权益的意图。防卫不得出于报复，不得针对侵害非法权益的行为。⑤ 有限性。所谓有限性，是指正当防卫不得超过必要的限度。防卫人采取的防卫措施应与实现保护权利的目的应当相称，既能避免自己或他人权利遭受损害，又仅给侵害人造成最小损失。

根据《民法总则》第一百八十一条规定，因正当防卫造成损害的，不承担民事责任。正当防卫超过必要的限度，造成不应有的损害的，正当防卫人应当承担适当的民事责任。

典型案例

唐某诉王某侵犯人身权纠纷案

唐某与唐阿某协商共同抢夺他人财物，并作出具体分工，由唐某负责寻找抢夺目标直接实施抢夺，唐阿某负责驾驶摩托车接应逃离作案现场。案发当日17时许，唐某、唐阿某来到重庆市高新区枫林秀水重客隆超市附近，见王某从该超市购物出来，进入停靠在路边的奔驰轿车内放置东西准备启动离去，唐某趁王某不备，拉开该轿车副驾驶座位车门，抢走放在副驾驶座位上的黑色手提包一个，随即乘坐唐阿某驾驶的豪江牌摩托车往相反方向逃离现场。王某见状当即驾车调头追赶，在重庆市高新区劲力五星城附近将摩托车撞倒，追回了被抢的手提包，并当即报警。随后，公安人员赶赴现场，将唐某、唐阿某捉获。经清点，被抢夺的手提包内放有人民币8万余元、港币9 000余元。重庆市第五中级人民法院以抢夺罪判处唐某有期徒刑十年，并处罚金6万元。其后，唐某向重庆市沙坪坝区人民法院提起民事诉讼，认为王某驾车追赶，在高新区劲力五星城故意将其撞伤，要求王某赔偿住院伙食补助费、续医费、营养费、被抚养人生活费、交通费、精神抚慰金、医药费、误工费、护理费等费用共计1万余元。

重庆市沙坪坝区人民法院经审理认为，就时间条件来看，虽然唐某的抢夺行为已经既遂，但王某及时采取措施还来得及挽回损失，所以应当认定该抢夺行为导致的危险状态尚在持续中，受害人可以实施正当防卫；就对象条件而言，王某的行为系针对加害人唐某实施，满足正当防卫的对象条件；就目的条件而言，王某的目的在于追回被抢手提包，即保护自身的财产权，满足正当防卫的目的条件；就限度条件而言，唐某使用强力夺取的方法侵害王某的财产权，但犯罪金额特别巨大，王某的防卫行为虽导致唐某受伤，但王某作为个人，在面对两个犯罪行为人时，不采取这一方式不足以抵抗现实的侵害，因此，王某的行为并未超过必要的限度，满足正当防卫的限度条件。综上，虽然王某在驾车追击唐某的过程中，将唐某骑乘的摩托车撞倒，并导致唐某受伤，但王某的行为是为制止唐某的不法侵害行为，在不得已的情况下采取的必要措施，行为具有合法性，且未超过必要限度，不应就唐某所受伤害承担赔偿责任。依照《民法总则》第 181 条的规定，判决驳回唐某的诉讼请求。

(2) 紧急避险。

紧急避险，是指为了使本人或者他人的财产、人身免受正在发生的危险，而不得已采取的致他人较小财产损害的行为。

通过紧急避险实现民事权利的自我保护，必须符合一定的条件：① 危险的紧迫性。所谓危险的紧迫性，是指合法权益正遭受危险。“危险”是指现实存在的某种有可能立即对合法权益造成损害的紧迫事实状态；“合法权益”意味着紧急避险不适用于非法利益遭受危险。② 避险措施的必要性。所谓避险措施的必要性，是指避险人在不得已的情况下采取避险措施。不采取该措施就不足以使合法权益避免现实正在遭受的危险，不足以保全较大的合法权益。③ 避险行为的合理性。即避险行为适当并不得超过必要的限度。必要限度要求避险行为造成的损害应当小于危险可能造成的损害。

《民法总则》第一百八十二条规定，因紧急避险造成损害的，由引起险情发生的人承担民事责任。危险由自然原因引起的，紧急避险人不承担民事责任，可以给予适当补偿。紧急避险采取措施不当或者超过必要的限度，造成不应有的损害的，紧急避险人应当承担适当的民事责任。

紧急避险与正当防卫的主要区别是：第一，紧急避险只能在不得已的情况下进行，即避险行为必须属于唯一可能采取的有效措施；正当防卫则无此要求，因此即使当人们还可以采取其他的方式逃避侵害，比如，逃走或回避，法律也应允许人们对违法的侵害进行防卫。第二，紧急避险损害的是合法权益，所以法律要求避险行为造成的损害不得大于该行为所避免的损害；正当防卫则是针对不法行为的，它以能够制止不法侵害为限。

第五节　侵权责任

一、侵权责任的构成要件

侵权责任是指行为人因其侵权行为而依法承担的民事法律责任。侵权责任的构成要件，是指行为人承担侵权责任必须具备的条件。需要说明的是，《中华人民共和国侵权责任法》(简称《侵权责任法》)规定了多元化的侵权责任的承担方式，承担方式不同侵权责任的构成要件也会有所差异，例如，采用停止侵害、排除妨碍、消除危险、返还财产这四种承担方式的侵权责任，既不需要以损害后果为要件，也不需要以过错为要件，而只需有正在实施或者持续的侵害、妨碍和危险存在的客观事实以及事实危及他人人身、财产安全这一条件即可。因此，这里所谈的侵权责任的构成要件，是指承担损害赔偿责任的侵权责任构成要件，包括损害事实、违法行为、因果关系、主观过错四个方面。

1. 损害事实

损害事实,是指因一定的行为或事件使民事主体的权利遭受某种不利影响的事实。从最广义上讲,损害不仅包括现实的已经存在的不利后果,也包括构成现实威胁的不利后果。因此,"无损害即无责任",损害是构成民事责任的首要条件。权利主体只有在受损害的情况下,才能够请求法律上的救济。构成民事责任要件的损害事实,包括财产损害、人身伤害和精神损害三类。

损害成为侵权法上的损害事实必须具备三个条件:一是损害的可补救性。即对损害进行法律救济的可能性,包括量和质上可能。前者是指损害必须达到一定的数量,对于微量损害,法律即认为没有必要予以补救;后者是指损害应当属于法律认可的补救范围之内。二是损害的确定性。即侵害后果和范围在客观上可以认定,难以确定和主观臆测的损害不能作为认定侵权责任的依据。三是损害对象的合法性。即损害的对象是他人的合法权益,针对非法权益的损害不属此列。

2. 损害行为

损害行为,是指行为人实施的侵害他人权利或者合法利益的加害行为。损害行为主要有三种表现形式:一是行为人自己实施的行为,二是与行为人存在特定关系的人实施的行为,三是行为人负有管理等法定义务的动物、物件等致人损害的客观事实。

3. 因果关系

因果关系是指各种现象之间引起与被引起的关系。作为构成民事责任要件的因果关系,指的是侵权人的损害行为和损害事实之间存在的引起与被引起的关系。判断损害行为与损害事实之间的因果关系,较为通行的学说为相当因果关系说,并为法院在具体案件的判断中采用。相当因果关系的判断分为两个步骤:条件关系和相当性。① 条件关系。条件关系是指损害行为与损害事实之间具有条件关系。条件关系的判断标准是"如果没有某行为,则不会发生某结果,那么该行为就是该结果的条件"。② 相当性。相当性是指具备条件关系的损害行为与损害事实之间的关系达到一定程度,从而使得该行为人对权益的被侵害承担法律后果具有正当性。相当性的判断标准是"通常会产生该种损害"。具体来讲,有此行为通常也不会发生此种损害,则不具有相当性;有此行为,通常都会发生此种损害,则具有相当性。在同时具备条件关系和相当性的情形下,就可以认为损害行为与损害事实之间具有相当因果关系,若具备其他构成要件,则可以构成侵权责任。

4. 主观过错

行为人的过错,是指行为人在实施损害行为时具备的心理状态。过错包括故意和过失两种基本形式。故意是指行为人明知自己的行为会发生侵害他人权益的结果,并且希望或者放任这种结果发生的主观状态。过失是指行为人应当预见自己的行为可能发生侵害他人权益的结果,但却因为疏忽大意而没有预见,或者已经预见而轻信能够避免的主观状态。与刑法上区分故意和过失不同,民法上的故意和过失都是承担侵权民事责任的要件,而且过失是民事过错的主要形式。我国民法理论将过失分为重大过失和一般过失。

法律对行为人提出了较高的注意义务，结果行为人没有达到该较高的注意义务，但是却达到了一般人的注意义务，此时就认定为构成一般过失；假设行为人不仅未达到该较高的注意义务，同时连一般人的注意义务都没有达到，就认定为构成重大过失。

二、侵权责任的归责原则

不同的归责原则下，侵权责任的构成要件也不同。无论在哪种归责原则下，都需要有行为、损害结果以及二者之间的因果关系这三个构成要件，因而，不同的归责原则下构成要件的不同主要体现在过错方面。

1. 过错责任原则

过错责任原则，也称过失责任原则，是指以行为人的过错作为归责根据的原则。《侵权责任法》第六条第一款规定，行为人因过错侵害他人民事权益，应当承担侵权责任。过错责任原则是侵权责任的一般归责原则，在归责原则中处于主导和统帅地位，过错推定责任原则是对过错责任的补充，而无过错责任原则和公平原则是特例。因此，在法律没有特别规定的情况下，都适用过错责任原则。

过错责任原则包括以下几层含义：第一，它以行为人的过错作为责任的构成要件，行为人具有故意或者过失才可能承担侵权责任。第二，它以行为人的过错程度作为确定责任形式、责任范围的依据。在过错责任原则中，不仅要考虑行为人的过错，也会考虑受害人的过错或者第三人的过错。如果受害人或者第三人对损害的发生也存在过错的话，则要根据过错程度来分配损失，从而减轻甚至抵销行为人承担的责任。

2. 过错推定原则

过错推定原则，是指基于法律的特别规定，推定加害人存在过错而应承担侵权责任，但加害人能够证明自己没有过错从而免除承担侵权责任的归责原则。《侵权责任法》第六条第二款规定，根据法律规定推定行为人有过错，行为人不能证明自己没有过错的，应当承担侵权责任。

过错推定原则包括以下几层含义：第一，过错推定是根据法律规定的一定的基础事实推定行为人具有过错。第二，行为人可以通过证明自己没有过错来推翻法律关于过错的推定。法律明确规定反证事由的，行为人可以通过证明反证事由存在从而证明自己没有过错；法律对反证事由没有明确规定的，行为人只要证明自己尽到了法定的和一般的注意义务即可证明自己没有过错。第三，过错推定原则在过错证明责任分配上实行举证责任倒置。之所以称为举证责任倒置，是因为在一般过错责任原则下，是要由受害人来证明行为人存在过错；而在过错推定的情况下，受害人不需要对行为人的过错举证证明，法律推定行为人存在过错，除非行为人能够证明自己没有过错。第四，过错推定原则的适用有明确的限制，即只有在法律明确规定适用过错推定原则时才可适用。

3. 无过错责任原则

无过错责任原则，是指基于法律的特别规定，不问行为人主观是否有过错，只要有行为、损害后果以及二者之间存在因果关系，就应承担民事责任的归责原则。《侵权责任法》

第七条规定，行为人损害他人民事权益，不论行为人有无过错，法律规定应当承担侵权责任的，依照其规定。

无过错责任原则包括以下几层含义：第一，无过错责任原则不以行为人的过错为构成要件。行为人不能通过证明自己没有过错来免责。第二，在无过错责任原则下，仍然存在免责事由。无过错责任将更多的责任配置给了行为人一方。但是，如果对方存在重大过失，尤其是故意的场合，往往会免除行为人的责任。第三，无过错责任原则的适用必须有法律的明确规定。

4. 公平责任原则

公平责任原则，是指加害人和受害人对造成的损害事实均没有过错，而根据公平的观念，在考虑当事人的财产状况、支付能力等实际情况的基础上，责令加害人或者受益人对受害人所受损失给予补偿的原则。《侵权责任法》第二十四条规定，受害人和行为人对损害的发生都没有过错的，可以根据实际情况，由双方分担损失。

公平责任原则有以下几个方面的特点：第一，在分担损失上仍然考虑过错，只是当事人均无过错，故有公平责任原则适用的余地。第二，以社会公平观念作为分担损失的基础。第三，公平责任原则主要适用于财产责任，在责任的具体分担上主要考虑损害事实、双方的财产状况、支付能力等实际情况。第四，公平责任原则的目的在于减轻而非补足受害人所受损失。

典型案例

重庆叉棍案

22 岁女子袁某在重庆市渝州新城小区 2 号楼下，被从楼上掉下的一根长约 1.3 米的叉棍击中头部。由于找不到肇事者，袁某将 2 号楼的最有可能掉落叉棍的 61 名业主(部分房屋有多名业主)告上了法庭，索赔 40 万元。重庆市九龙坡区人民法院一审判决，除了一套清水房没住人的业主不担责外，其余 48 家业主分摊八成责任，共赔偿 20.7 万元，每家赔偿 4 326 元。宣判结束后，面对“连坐”式的赔偿结果，50 名业主不服提起上诉。重庆市中级人民法院开庭二审。庭审中，家住 2 号楼 5—7 的刘女士提交新证据称，其房屋的阳台在该事故发生时被灯箱广告牌完全封闭，不具备抛掷或坠落叉棍的客观条件。二审法院判决，除清水房业主和刘女士外的其余 59 名业主、共计 47 户平均分担 80% 的责任，即每户补偿袁某 4 418.4 元。

三、侵权责任的免责事由

侵权责任的免责事由是指不承担责任和减轻责任的事由。具体来讲，免责事由包括：依法执行公务、受害人过错、第三人过错、不可抗力、意外事件、正当防卫、紧急避险、受害人同意等。

1. 依法执行公务

作为免责事由的依法执行公务，是指造成他人损害的侵权行为是依照法律授权执行公务的行为。比如，公安机关依职权限制他人自由的行为，客观上此种行为侵害了他人的自由，但是却无须承担侵权责任。执行公务获得免责正当性的关键是依法。因此，作为免责事由的依法执行公务必须具备以下条件：第一，执行公务的行为必须有合法根据。第二，执行公务的行为必须有合法程序。第三，造成他人损失的行为必须为执行公务所必需。比如，公安人员审理犯罪嫌疑人，限制其人身自由为执行公务所必需，但如果对犯罪嫌疑人进行殴打，则超出了必需的范围。

2. 受害人过错

作为免责事由的受害人过错，是指当受害人对于损失的发生或者扩大存在过错时，可以减轻或者免除行为人的侵权责任。受害人过错对于侵权人责任的免除主要体现在两个方面：一是部分免除，即适用过错相抵规则，减轻侵权人的民事责任。《侵权责任法》第二十六条规定，被侵权人对损害的发生也有过错的，可以减轻侵权人的责任。此种减轻通常需要考虑双方的过错程度及其与损害之间的因果关系。二是全部免除，即只要受害人对于损害的发生存在着故意，就全部免除行为人的责任。《侵权责任法》第二十七条规定，损害是因受害人故意造成的，行为人不承担责任。

3. 第三人过错

作为免责事由的第三人过错，是指第三人对于损失的发生或者扩大存在过错。第三人，是指与行为人没有监护、隶属、劳务等任何关系的人。《侵权责任法》第二十八条规定，损害是因第三人造成的，第三人应当承担侵权责任。因而，第三人过错致人损害时，可以减轻或者免除行为人的侵权责任。但是，为了保护受害人的利益，《侵权责任法》赋予受害人赔偿选择权，即受害人可以选择行为人或者第三人承担赔偿责任，行为人承担赔偿责任后可以向第三人追偿，例如《侵权责任法》第六十八条规定，因第三人的过错污染环境造成损害的，被侵权人可以向污染者请求赔偿，也可以向第三人请求赔偿。污染者赔偿后，有权向第三人追偿。再如，《侵权责任法》第八十三条规定，因第三人的过错致使动物造成他人损害的，被侵权人可以向动物饲养人或者管理人请求赔偿，也可以向第三人请求赔偿。动物饲养人或者管理人赔偿后，有权向第三人追偿。

4. 不可抗力

不可抗力，是指不能预见、不能避免且不能克服的客观情况。《侵权责任法》第二十九条规定，因不可抗力造成他人损害的，不承担责任。法律另有规定的，依照其规定。所谓不能预见，是指根据现有的科学技术水平，一般对事件的发生没有预知的能力。所谓不能避免且不能克服，是指当事人已经尽最大努力和采取一切可以采取的措施，仍不能避免某事件的发生或者克服由此造成的损害后果，它表明某事件的发生及其损害后果具有必然性。不可抗力作为侵权行为的免责事由，以不可抗力是损害发生的唯一原因为条件。如果不可抗力只是造成损害后果扩大的原因，行为人对扩大之前的损害应当依其过错承担相应的民事责任。

典型案例

罗某诉奥士达公司人身损害赔偿纠纷案

罗某之母吴某系奥士达公司职工，从事产品包装工作。罗某及其妹妹经常利用寒、暑假及休息日到奥士达公司和吴某一起从事产品包装工作。因奥士达公司实行产品包装按件计酬，罗某姐妹所完成的工作量均记录在吴某的工账单上。在台风登陆时，罗某姐妹及吴某等人正在奥士达公司工棚内从事包装工作，因受台风袭击，该工棚突然倒塌，造成罗某妹妹死亡、罗某及其母亲受伤。在就人身损害赔偿交涉过程中，奥士达公司认为，罗某与其之间不存在劳动关系，造成罗某受伤的是百年不遇的台风，属于不可抗力，不应由奥士达公司承担赔偿责任。罗某遂向法院提起诉讼。

法院经审理后认为：奥士达公司是从事生产经营性活动的法人，有义务在合理限度内为在其生产经营场所内的人员提供安全保障。根据本案事实，奥士达公司对于罗某姐妹利用节假日到其工厂和奥士达公司正式职工吴某一起从事产品包装工作这一事实是明知的，并对罗某的行为采取了默许的态度。因此，奥士达公司与罗某之间虽然没有形成正式的劳动法律关系，但奥士达公司对罗某仍然负有合理限度内的安全保障义务。奥士达公司在台风来临之际，不但没有停止工作，疏散工作场所内的人员，反而为了单纯追求自己利益的最大化，不顾安全问题，仍然组织工人到工棚这一相对危险的工作场所进行劳动。无论是对吴某等正式职工，还是对罗某等进入奥士达公司工作场所的临时人员，奥士达公司都没有尽到其应尽的安全保障义务。奥士达公司虽以造成罗某受伤的原因是百年不遇的台风，属于以不可抗力为由进行抗辩，但其抗辩不能成立。《民法总则》第 180 条第二款规定："不可抗力是指不能预见、不能避免且不能克服的客观情况。"台风作为一种严重的自然灾害，确实是难以避免的。但是，在气象等相关科学高度发展的今天，台风是可以预见的，通过采取适当的措施，台风过境造成的影响也是能够减小到最低程度的。本案中，政府已经对台风即将登陆发出了通告，且台风在登陆前就已经对当地产生影响，奥士达公司对台风即将登陆这一事实是明知的。因此，奥士达公司完全有条件在台风登陆前停止生产，疏散人员，或者安排工人到相对安全的地点工作，对于事故发生并非不能预见、不能避免。但是在台风登陆的当日，奥士达公司为了自己的利益还组织工人到工棚工作，致使在工棚这个在台风过境时相当危险的工作场所内的所有人员身处险境，最终导致工棚倒塌造成人员死伤的惨剧发生。因此，奥士达公司关于本案事故发生系因不可抗力的抗辩理由，没有事实根据和法律依据，不予支持。据此。最终，法院判令奥士达公司于判决生效之日起赔偿罗某因事故造成的经济损失、精神损害抚慰金。

5. 意外事件

意外事件也称为意外事故，是指通常情况下无法预见的小概率事件。由于意外事件无法预见，因此通常也无法避免。或者说，为了预防和避免意外事件，需要太多的成本，因此，意外事件可以作为侵权责任的免责事由。

6. 受害人同意

受害人的同意，是指在不违背法律及公序良俗的情况下，受害人于损害发生前明确表示自愿承担某种不利后果的行为。"受害人的同意"在损害后果发生之后作出，不能作为免责事由对待，而是对侵害人的民事责任的事后免除。受害人免除侵害人在受害人同意的范围内实施侵权行为造成损害后果的，侵害人不承担民事责任。未经受害人同意或者损害超出受害人同意的范围，又没有其他免责事由的，侵害人应当承担民事责任。受害人的同意既可以通过单方面声明，也可以通过与侵害人达成免责条款的形式作出。但受害人的同意不得违反法律、法规的规定，不得违背社会公序良俗。

7. 紧急救助

作为免责事由的紧急救助，根据《民法总则》第一百八十四条的规定，是指因自愿实施紧急救助行为造成受助人损害的，救助人不承担民事责任。紧急救助行为人享有免责权须具备以下要件：第一，为自愿施救者。享有免责权的施救者，必须是对他人不承担一般救助义务，但对身处危难境地的他人主动实施救助行为的人。反之，承担特殊救助义务的义务人不享有豁免权。特殊救助义务可以源于合同的约定，也可以源于救助人的先前行为，还可以源于法律的规定。第二，行为人实施了无偿救助行为。在他人处于危难或困境中时，行为人出于善意采取了紧急救助措施，实施了救助行为，是构成免责权的要件。实施救助行为，不仅包括行为人自己采取救助措施对处于危难者进行救助，也包括行为人呼叫他人对处于危难者进行救助。

四、数人侵权行为

数人侵权行为，是指二人以上实施的侵权行为。根据《侵权责任法》的规定，数人侵权行为包括共同侵权行为、教唆帮助行为、共同危险行为、无意思联络数人侵权行为。

1. 共同侵权行为

共同侵权行为是指两个或两个以上行为人共同故意或者共同过失侵害他人，依法承担连带责任的行为。共同故意或者共同过失，是共同侵权行为人承担连带责任的正当性所在。构成共同侵权行为需要具备以下条件：① 行为人为二人以上。这里的行为人，可以是自然人，也可以是法人或者其他组织。在行为人为自然人的场合，作为共同侵权行为的主体，需要具备民事行为能力。② 行为的关联性。共同侵权行为的数个行为人，每个人都实施了加害行为。这些行为结合在一起，形成一个有机整体，共同造成了损害后果，各行为彼此之间具有密切的关联性。③ 共同的过错。传统民法学说认为，共同侵权行为以共同的过错为必要，这种共同过错可以是共同的故意，也可以是共同的过失，还可以是故意和过失的混合。④ 结果的单一性。数个侵权人虽然实施了多个侵权行为，但数个行为造成了同一的损害结果，该损害结果不可分割。

《侵权责任法》第八条规定，二人以上共同实施侵权行为，造成他人损害的，应当承担连带责任。根据《民法总则》第一百七十八条以及《侵权责任法》第十三条、第十四条的规定,共同侵权行为的每个行为人都要对受害人所遭受到的侵害承担全部责任。受害人有权请求全部行为人或者其中部分行为人承担全部的侵权责任。部分行为人向受害人承担全部责任后,即解除了全部行为人的责任;受害人的请求权全部实现后,就不得再次提出请求。共同侵权人的连带责任是一种法定责任,不因加害人内部的约定而有所改变。共同侵权人向受害人承担责任后,其内部责任应当根据各自责任大小确定;难以确定责任大小的,平均承担责任。实际承担责任超过自己责任份额的连带责任人,有权向其他连带责任人追偿。

2. 教唆帮助行为

(1) 教唆行为。

教唆行为是指利用一定方式对他人进行开导、说服,或者通过怂恿、刺激、利诱等办法使被教唆者接受教唆意图并实施特定的侵权行为的行为。教唆行为既可以用口头方式、也可以用书面方式,既可以是公开的、也可以是秘密的,既可以是故意的、也可以是过失。

教唆行为与被教唆者的损害行为构成共同侵权,需要具备以下条件:① 教唆者实施了教唆行为,被教唆者按教唆内容实施了损害行为,二者之间具有因果关系。如果被教唆者未按教唆内容实施加害行为,则不构成共同侵权。② 教唆者与被教唆者主观上要有共同过错。所谓共同过错,包括教唆者和被教唆者主观上都是故意、教唆者主观上是故意而被教唆者主观上是过失、教唆者与被教唆者主观上都是过失三种情形。③ 教唆者和被教唆者都是完全民事行为能力人。如果被教唆者是无民事行为能力人或者限制民事行为能力人,则由教唆者单独承担责任。该无民事行为能力人、限制民事行为能力人的监护人未尽到监护责任的,应当承担相应的责任。

(2) 帮助行为。

帮助行为,是指通过提供工具、指示目标或者以语言激励等方式在物质上或者精神上帮助他人实施侵权行为的行为。帮助行为的方式很多,包括提供工具、指示目标、言语激励等,它可以是物质上的,也可以是精神上的。帮助行为与被帮助行为构成共同侵权需要具备以下条件:① 帮助者与被帮助者分别实施了帮助行为和加害行为。② 帮助者与被帮助者之间主观上具有共同过错。帮助者主观上一般出于故意,与被帮助者具有共同致人损害的意思联络,但在特殊情况下,不知他人的行为为侵权行为而提供帮助,对加害行为起到了辅助作用的,亦构成共同侵权。帮助人出于故意对加害人提供帮助,而加害人不知帮助人提供的帮助,也应当构成共同侵权。③ 帮助者和被帮助者都是完全民事行为能力人。如果被帮助者是无民事行为能力人或者限制民事行为能力人,则由帮助者单独承担责任。该无民事行为能力人、限制民事行为能力人的监护人未尽到监护责任的,应当承担相应的责任。

(3) 教唆帮助行为的民事责任。

《侵权责任法》第九条规定,教唆、帮助他人实施侵权行为的,应当与行为人承担连带责任。教唆、帮助无民事行为能力人、限制民事行为能力人实施侵权行为的,应当承担侵权责任;该无民事行为能力人、限制民事行为能力人的监护人未尽到监护责任的,应当承担相应的责任。当教唆者、帮助者与被教唆者、被帮助者都是限制民事行为能力人或者无民事行为能力人时，由于二者之间没有区别，也就没有特别保护的必要。在责任构成上，对内成立连带责任，对外则适用监护人责任。

3. 共同危险行为

共同危险行为，指两个或两个以上行为人实施的，危及他人人身或者财产安全并实际造成损害后果而无法确定侵权人的侵权行为。构成共同危险行为需要具备以下要件：① 主体必须是二人以上。② 每个人都单独实施完成了危险行为。所谓危险行为，是指可能引发损害后果的行为。两个以上的主体都单独实施完成了可能引发损害后果的行为，彼此行为之间无关联或者结合关系。③ 每个人都具有独立的过错，这些过错可能相同，但是彼此之间无意思联络。④ 不能确定是哪个人的行为造成了损害后果。在因果关系方面，也许只有一个人的行为造成了损害后果，也许是多人的行为都与损害后果有因果关系，究竟如何，无法确定。如果能够确定具体侵权人的，则属于一般侵权行为，由侵权人承担责任。

《侵权责任法》第十条规定，二人以上实施危及他人人身、财产安全的行为，其中一人或者数人的行为造成他人损害，能够确定具体侵权人的，由侵权人承担责任；不能确定具体侵权人的，行为人承担连带责任。

4. 无意思联络的数人侵权行为

无意思联络的数人侵权是指数个行为人并无共同的过错，但由于数个行为的结合而导致同一损害后果的侵权行为。无意思联络的数人侵权的特点在于：首先，行为人为二人以上。其次，数个行为人分别实施了侵权行为，彼此之间没有任何的意思联络。所谓分别，是指实施侵权行为的数个行为人之间不具有主观上的关联性，各个侵权行为都是相互独立的。最后，造成了同一损害后果。

无意思联络的数人侵权行为虽然从形式上看存在“数人”，其本质仍为单独侵权行为，故侵权人承担与各自的过错程度、损害行为与损害后果之间原因大小相适应的责任。具体来讲，根据《侵权责任法》的规定，二人以上分别实施侵权行为造成同一损害，能够确定责任大小的，各自承担相应的责任；难以确定责任大小的，平均承担赔偿责任；每个人的侵权行为都足以造成全部损害的，行为人承担连带责任。

五、侵权责任的承担方式

根据《民法总则》和《侵权责任法》，侵权责任的承担方式主要包括：(1) 停止侵害。停止侵害是指要求行为人不再继续实施该违法侵害行为。采用这种责任方式以侵权正在进行或者仍在延续为条件，对于未发生或者已终止的侵权则不适用。(2) 排除妨碍。排除妨碍是指行为人实施的行为使他人无法行使或者不能正常行使人身、财产权益的，被妨碍人可以要求行为人排除妨碍权益实施的障碍。(3) 消除危险。消除危险是指行为人的行为对他人人身、财产权益造成现实威胁的，他人有权要求行为人采取有效措施消除这种现实威胁。(4) 返还财产。返还财产，是指侵害人将其非法占有或者获得的财产移转给所有人或者权利人。作为民事责任承担方式的返还财产，仅指返还原物。(5) 恢复原状。狭义的恢复原状是指法院判令行为人通过修复等手段使受到损坏的财产恢复到损坏前状况的一种责任方式。(6) 赔偿损失。赔偿损失是指行为人向受害人支付一定数额的金钱以弥补其损失的责任方式。赔偿损失是最基本的责任方式,也是运用最为广泛的责任方式。这里的赔偿损失,包括人身损害赔偿、财产损失赔偿和精神损害赔偿。(7) 消除影响、恢复名誉。消除影响、恢复名誉。消除影响、恢复名誉是指法院根据受害人的请求,责令行为人在一定范围内采取适当方式消除对受害人名誉的不利影响以使其名誉得到恢复的一种责任方式。消除影响、恢复名誉主要适用于侵害名誉权的情形。(8) 赔礼道歉。赔礼道歉是指责任人通过向受害人承认错误、表达歉意、请求原谅的方式来弥补受害人精神创伤的一种民事责任承担方式。赔礼道歉主要适用于侵害名誉权、隐私权、姓名权、肖像权、知识产权等情形。赔礼道歉可以公开,也可以私下进行;可以口头方式进行,也可以书面等方式进行。(9) 惩罚性赔偿。惩罚性赔偿是赔偿损失的一种类型,又称报复性赔偿,是指由法院所作出的赔偿数额超出实际的损害数额的赔偿。由于民事责任以补偿为原则,因此惩罚性赔偿的适用必须以法律的具体规定为前提,并且通常以欺诈等故意违法为构成要件。综上,法律规定的民事责任方式各有特点,在充分救济受害人的总体目标下,承担民事责任的方式,可以单独适用,也可以合并适用。

第六节　诉讼时效

一、诉讼时效概述

1. 诉讼时效的含义

诉讼时效制度,是指权利人在法定期间内不行使权利,义务人便享有抗辩权,从而导致权利人无法胜诉的法律制度。所谓抗辩权,是指对抗他人行使权利的权利,即权利人行使权利时,义务人享有的予以拒绝其权利要求的权利。就诉讼时效制度而言,当事人超过诉讼时效后起诉的,人民法院应予受理,对方当事人尽管享有抗辩权,但需要在诉讼过程中提出。如果对方当事人没有提出诉讼时效抗辩,则视为其自动放弃该权利,《民法总则》第一百九十三条规定,人民法院不得主动适用诉讼时效的规定。因而应当支持当事人的诉讼请求;如果对方当事人提出诉讼时效抗辩且查明无中止、中断、延长事由的,则应判决驳回当事人的诉讼请求。

诉讼时效具有法定性,《民法总则》第一百九十七条规定,诉讼时效的期间、计算方法以及中止、中断的事由由法律规定,当事人约定无效。当事人对诉讼时效利益的预先放弃无效。

2. 诉讼时效的功能

(1) 诉讼时效制度督促权利人积极行使权利。“法律保护勤勉者,不保护躺在权利之上睡觉的人”,一项权利产生后,权利人不主张权利的时间越长,随着时间的推移,查明基础事实、确定当事人间法律关系,就会越发困难。因此,权利人本应通过及时行使权利或者保全证据来维护自己的利益，倘若其怠于行使权利，就要负担相应风险，即在诉讼时效届满后，义务人可通过诉讼时效制度对抗权利人的权利主张。

(2) 避免义务人的举证困难。义务人在履行义务后，应当获得义务履行完毕的凭证。一旦权利人再次要求义务人履行义务，或借口义务没有履行要求义务人承担责任，义务人就可凭此凭证加以拒绝。但要求义务人长期妥善保管凭证，以防万一，在实际生活中极难做到。诉讼时效制度能够发挥证据替代的功能，即一旦诉讼时效期间届满，即使义务人的凭证灭失，也可通过诉讼时效制度对权利人的主张进行抗辩。

(3) 维持既定法律秩序的稳定。权利人长期不行使权利，会造成一种权利不存在的假象，但不特定第三人基于合理的信赖会将假象认定为事实状态，从而进行民事活动，形成当事人间相应的民事关系。如果允许权利人无论何时都能够主张其权利，势必影响法律秩序的稳定，损害不特定第三人的信赖利益。不特定第三人的信赖利益属于社会公共利益的组成部分，因而，维持既定法律秩序的稳定是诉讼时效制度最为重要的功能。

二、诉讼时效的适用范围

诉讼时效只适用于请求权，所谓请求权，是指得请求他人为一定行为或不为一定行为的权利。而且，适用诉讼时效的请求权必须是存在于双方关系的请求权，它包括财产性的请求权和非财产性的请求权。根据《民法总则》第一百九十六条的规定，下列请求权不适用诉讼时效的规定：

(1) 请求停止侵害、排除妨碍、消除危险。这三个请求权之所以不适用诉讼时效制度，其原因在于，这三种类型的请求权都是指向现实存在的对权益的妨害和危险，因而不会造成权利不存在的假象，因此不存在保护不特定第三人信赖利益的问题，诉讼时效制度的核心功能对于这些类型的请求权就不存在发挥作用的可能性。此外，停止侵害、排除妨碍、消除危险请求权的产生，是以违法行为的存在为前提，而诉讼时效的起算标准是从权利人知道或应当知道权利受损害时开始计算，因此，也不会产生较大的适用诉讼时效的需求。

(2) 不动产物权和登记的动产物权的权利人请求返还财产。原因在于，只要登记簿上仍然显示不动产、动产的权属状况，不特定第三人若仅基于侵权人对该项财产的占有就相信侵权人拥有权利，缺乏正当性，因此不存在保护不特定第三人信赖利益的必要，进而不适用诉讼时效制度。

(3) 请求支付抚养费、赡养费或者扶养费。赡养费、抚养费以及扶养费的请求权之所以不适用于诉讼时效制度，其原因在于，权利人一般是年幼、年老或其他缺乏劳动能力的人，抚养费、扶养费、赡养费是这些人生活的来源，这涉及人的基本生存问题，如果因为时效届满而无法得到法律支持的话，有违社会道德。

(4) 依法不适用诉讼时效的其他请求权。“其他请求权”主要有：① 支付存款本金及利息请求权；② 兑付国债、金融债券以及向不特定对象发行的企业债券本息请求权；③ 基于投资关系产生的缴付出资请求权；④ 消除影响、恢复名誉以及赔礼道歉。

三、诉讼时效的种类

1. 普通诉讼时效

普通诉讼时效，又称为一般诉讼时效，是指由民事基本法规定的普遍适用于各种民事法律关系的诉讼时效。在法律没有特殊规定时，民事法律关系应当适用普通诉讼时效。根据《民法总则》第一百八十八条的规定，向人民法院请求保护民事权利的诉讼时效期间为三年。这是对普通诉讼时效期间的规定。

2. 特别诉讼时效

特别诉讼时效，是指法律规定的仅适用于某些特殊民事法律关系的诉讼时效。根据《民法总则》规定，对各种不同的民事法律关系，只要有特别诉讼时效规定的，就应适用特别诉讼时效。在合同法、海商法、保险法等法律中都有对特别诉讼时效的规定，这些特别规定主要有两种情况：第一，特别诉讼时效期间短于普通诉讼时效期间。例如，《中华人民共和国海商法》第二百五十七条关于就海上货物运输向承运人请求赔偿的请求权，规定的时效期间为一年。第二，特别诉讼时效期间长于普通诉讼时效期间。例如，《中华人民共和国合同法》第一百二十九条规定，因国际货物买卖合同和技术进出口合同争议提起诉讼或者申请仲裁的期限为四年；《中华人民共和国保险法》第二十六条第二款规定，人寿保险的被保险人或者受益人向保险人请求给付保险金的诉讼时效期间为五年，自其知道或者应当知道保险事故发生之日起计算。

3. 最长诉讼时效

最长诉讼时效，是指诉讼时效期间为二十年的诉讼时效。《民法总则》规定，自权利受到损害之日起超过二十年的，人民法院不予保护。最长诉讼时效与其他诉讼时效的区别在于：第一，最长诉讼时效的期间是从权利被侵害时开始计算的，而其他诉讼时效的期间是从权利人知道或者应当知道权利受到损害以及义务人时开始计算的；第二，最长诉讼时效不适用诉讼时效的中断、中止的规定，而其他诉讼时效适用有关时效中断、中止的规定。

四、诉讼时效期间的起算

诉讼时效期间的起算，又称诉讼时效期间的开始，是指从什么时候开始计算诉讼时效。《民法总则》规定，诉讼时效期间自权利人知道或者应当知道权利受到损害以及义务人之日起计算。法律另有规定的，依照其规定。所谓"应当知道"是一种法律上的推定，不管当事人实际上是否知道权利受到侵害，只要客观上存在知道的条件和可能，即使当事人不知道其权利受到侵害，也应当开始计算诉讼时效期间。这一规定的目的，是为了防止权利人以不知道权利被侵害为借口而规避诉讼时效。这里的"知道"包含两项内容：一是权利人知道权利受到侵害，例如债务已届清偿期却未履行、所有人对物的占有被剥夺、身体健康遭受损害等；二是权利人知道具体的义务人，例如，知道义务人的姓名和住址。

一般来说，有履行期限的合同之债的诉讼时效，自履行期限届满时开始起算；未预定履行期限的合同之债，权利人应当通过催告给予义务人一定的准备履行期限，该宽限期届满后,诉讼时效开始计算。侵权损害赔偿之债的诉讼时效,自受害人或权利人知道或应当知道权利被侵害时起算。返还不当得利请求权的诉讼时效期间,从权利人知道或者应当知道不当得利事实及受益人之日起计算。管理人因无因管理行为产生的给付必要管理费用、赔偿损失请求权的诉讼时效期间,从无因管理行为结束并且管理人知道或者应当知道本人之日起计算;本人因不当无因管理行为产生的赔偿损失请求权的诉讼时效期间,从其知道或者应当知道管理人及损害事实之日起计算。此外,《民法总则》还特别规定了一些诉讼时效期间的特殊起算点:当事人约定同一债务分期履行的,诉讼时效期间自最后一期履行期限届满之日起计算;无民事行为能力人或者限制民事行为能力人对其法定代理人的请求权的诉讼时效期间,自该法定代理关系终止之日起计算;未成年人遭受性侵害的损害赔偿请求权的诉讼时效期间,自受害人年满十八周岁之日起计算。

五、诉讼时效的中止、中断和延长

1. 诉讼时效的中止

诉讼时效的中止,是指在诉讼时效进行中,因发生一定的法定事由,权利人不能行使请求权,从而暂时停止计算诉讼时效期间,待阻碍时效进行的法定事由消除后,继续进行诉讼时效期间的计算。

(1) 诉讼时效中止的法定事由。

根据《民法总则》的规定,诉讼时效中止的法定事由包括:

① 不可抗力。所谓不可抗力,即不能预见、不能避免、不能克服的客观情况,包括自然原因,也包括社会群体运动等客观情况。不可抗力是导致时效中止的主要事由,但不可抗力事由的发生并未影响到权利人行使权利的,也不能产生时效中止的效果。

② 无民事行为能力人或者限制民事行为能力人没有法定代理人,或者法定代理人死亡、丧失民事行为能力、丧失代理权。上述情形使得无民事行为能力人或者限制民事行为能力人在法律上行使权利遇到障碍,此时,或待无民事行为能力人或限制民事行为能力人成为完全民事行为能力人,或待重新设定法定代理人,诉讼时效方可继续计算。需要指出的是,如果无民事行为能力人和限制民事行为能力人侵害他人权利,则无民事行为能力人或者限制民事行为能力人无法定代理人等情形并不能导致诉讼时效中止。

③ 继承开始后未确定继承人或者遗产管理人。继承开始后,继承人或者遗产管理人尚未确定,被继承人生前享有的权利无法行使,被继承人生前所负债务,债权人也无法确定义务人并无从请求和诉讼,因而应当中止计算诉讼时效。

④ 权利人被义务人或者其他人控制。这主要指权利人的人身自由或独立意思被义务人或其他人控制。这包括义务人是权利人的法定代表人,权利人是义务人的控股子公司,权利人被义务人或者其他人限制人身自由,义务人与权利人之间存在监护与被监护关系等。

⑤ 其他导致权利人不能行使请求权的障碍。这属于兜底条款,避免不能全面列举可以使权利人不能行使权利的其他中止事由,保持中止事由的开放性,符合社会发展需要。

(2) 诉讼时效中止的发生时间。

根据《民法总则》的规定,法定事由只有发生在时效期间的最后 6 个月内,才能引起诉讼时效中止的效力。法定事由发生在最后6个月之前而延续到最后6个月之内的，诉讼时效的中止也从诉讼时效期间的最后6个月开始。

(3) 诉讼时效中止的法律效果。

根据《民法总则》的规定，自中止时效的原因消除之日起满六个月，诉讼时效期间届满。也就是说，中止时效的原因消除之日起，诉讼时效剩余期间不满6个月的，补足至6个月。

2. 诉讼时效的中断

诉讼时效的中断，是指在诉讼时效进行中，因法定事由的发生致使已经进行的诉讼时效期间全部归于无效，诉讼时效期间重新计算。

(1) 诉讼时效中断的法定事由。

根据《民法总则》的规定，诉讼时效中断的法定事由包括：

① 权利人向义务人提出履行请求。这是指权利人向义务人或其代理人、保证人、财产代管人等主张权利，要求其履行义务。权利人积极主张权利表明其已行使权利，从而使得时效失去了适用的基础，使不行使权利的状态消除，诉讼时效也由此中断。关于请求的方式，法律无明文规定，应认为口头或书面等能达到请求效果的方式，均可使用。

② 义务人同意履行义务。这是指义务人向权利人表示同意履行义务的意思。义务人的同意，亦即对权利人权利的承认，故与权利人提出履行请求发生相同之中断时效的效果。同意的方式法律没有限制，口头或书面、明示或默示，均无不可。同意履行包括两种情况：一是实际履行，二是承诺履行。这里的实际履行指的是分期履行、部分履行，而非实际全部履行；承诺履行则表明债务人对于债务的承认，提供担保、请求延期履行、制订清偿计划等均属此类。

③ 权利人提起诉讼或者申请仲裁。提起诉讼或仲裁，是指权利人提起民事诉讼或申请仲裁，请求法院或仲裁庭保护其权利的行为。诉讼是权利人行使权利的最为强烈的表示，因而诉讼之日便是时效中断之时。

④ 与提起诉讼或者申请仲裁具有同等效力的其他情形。事实上，任何开启司法程序的行为都可导致诉讼时效中断，因此，除起诉外，提起调解、报案、控告及其他司法程序也同样引起时效中断。导致诉讼时效中断的法定事由是由法律明文规定的，所以与提起诉讼或者申请仲裁具有同等效力的其他情形必须是被法律和司法实践所认可的情形。

(2) 诉讼时效中断的法律效果。

诉讼时效中断以后，将发生如下效果：第一，已经经过的诉讼时效期间全部归于无效，已经计算的诉讼时效期间只要尚未届满，都可以因为中断事由的出现而失去效力。第二，在时效中断以后，可能会发生时效再次中断。第三，中断事由消除以后，时效期间重新计算。原时效为普通诉讼时效期间的，重新计算的诉讼时效期间应保持不变；原时效为特别诉讼时效的，重新起算的诉讼时效期间应当转变为普通诉讼时效期间。中断后的诉讼时效期间从中断、有关程序终结时起重新计算。

典型案例

勃贝雷有限公司诉陈某、鲁某侵害商标权纠纷案

勃贝雷有限公司系“BURBERRY”25 类服装系列注册商标的持有人，2012 年 3 月 20 日，公安机关侦破了陈某、鲁某销售假冒上述注册商标商品的刑事案件，并于次日要求勃贝雷有限公司协助对涉案假冒商品进行了辨认。2012 年 8 月 24 日，陈某、鲁某被法院判处有期徒刑和罚金。2014 年 8 月 15 日，勃贝雷有限公司提起本案诉讼，请求法院判令二人赔偿其经济损失。陈某、鲁某认为，勃贝雷有限公司 2012 年 3 月 20 日已知晓侵权行为存在，其于 2014 年 8 月才起诉已超过诉讼时效。

本案涉及诉讼时效中断事由的认定，属于“与提起诉讼或者申请仲裁具有同等效力的其他情形”。勃贝雷有限公司接到公安部门通知时，诉讼时效期间即开始起算。但同时，因两侵权人的行为已进入刑事侦查程序，其有合理理由信赖其权利可得到保护。而且，陈某、鲁某侵权的具体行为、规模、侵害后果等，必然依照刑事裁判的最终认定而确定，故诉讼时效期间随之中断。因此，勃贝雷有限公司的诉讼时效应从刑事判决生效之日起计算，其起诉未超过诉讼时效，侵权人应承担民事责任。

3. 诉讼时效的延长

通常情况下，权利人在诉讼时效期间内不行使权利，于时效期间届满后，向法院要求保护权利的，法院不予支持。但有的权利人在诉讼时效期间内未能行使权利确有正当原因，其原因不包括在使时效期间中止、中断的法定事由内，严格适用诉讼时效期间的规定将造成不公平的结果。针对这种情况，根据《民法总则》第一百八十八条的规定，有特殊情况的，人民法院可以根据权利人的申请决定延长。需要指出的是，诉讼时效期间的延长仅适用于 20 年最长诉讼时效期间的情形。就普通诉讼时效期间而言，起算点和中止、中断的规定本身可以矫正较短的诉讼时效期间所造成的对权利人保护不足的问题。

六、诉讼时效期间届满的法律效果

根据《民法总则》的规定，诉讼时效期间届满后发生如下的法律效果：

(1) 诉讼时效期间届满的，义务人可以提出不履行义务的抗辩。诉讼时效期限届满后，权利人的实体权利并未消灭，只是义务人获得了拒绝履行抗辩权，会使实体权利的行使遇到阻碍。一旦义务人主张诉讼时效届满的抗辩，可永久阻止权利人请求义务人履行相关义务。

(2) 诉讼时效期间届满后，义务人同意履行的，不得以诉讼时效期间届满为由抗辩。诉讼时效届满后，义务人如期获得诉讼时效利益，即不履行义务的抗辩权，但如果义务人以其行为或真实意思表示表明放弃诉讼时效利益的，权利人的权利仍会获得相应的保护。义务人放弃时效利益包括同意履行和自愿履行两种情形。无论是同意履行还是自愿履

行，都属于放弃诉讼时效利益。但是，根据《民法总则》的规定，不允许义务人预先放弃诉讼时效利益，诉讼时效利益的放弃必须是在诉讼时效期间届满后。

（3）义务人已自愿履行的，不得请求返还。诉讼时效届满后，只是使义务人享有一定的抗辩权，权利人的权利并未消灭，因此，义务人自愿履行义务的，权利人仍有权保有该利益，而不构成不当得利，义务人不得请求返还。

七、诉讼时效与除斥期间

《民法总则》第一百九十九条规定，法律规定或者当事人约定的撤销权、解除权等权利的存续期间，除法律另有规定外，自权利人知道或者应当知道权利产生之日起计算，不适用有关诉讼时效中止、中断和延长的规定。存续期间届满，撤销权、解除权等权利消灭。

上述条文是有关除斥期间的规定。除斥期间，是指权利的存续期间，该期间一旦届满，权利即告消灭。除斥期间一般是一种不变期间，期间经过，实体权利消灭，当事人之间的法律关系就会发生变化。

根据《民法总则》的规定，除斥期间和诉讼时效存在如下的区别：（1）适用对象不同。诉讼时效期间主要适用于请求权；除斥期间主要适用于形成权。所谓请求权，是指请求他人为一定行为或不为一定行为的权利，如债权的请求权。所谓形成权是指当事人一方可以依自己的意思表示使法律关系发生变动的权利，如追认权、撤销权、抵销权等。（2）起算点不同。诉讼时效期间通常自权利人知道或者应当知道权利受到损害以及义务人之日起计算；除斥期间通常自权利人知道或者应当知道权利产生之日起计算。（3）诉讼时效期间是可变期间，可以中止、中断、延长；除斥期间为不变期间，不能中止、中断或延长。（4）期间届满的法律效果不同。诉讼时效期间届满并不使没有得到及时行使的权利本身消灭；除斥期间届满使权利本身消灭。（5）诉讼时效期间届满，允许义务人抛弃诉讼时效利益；除斥期间届满，权利消灭，不存在抛弃相应利益的问题。

第二章 我们的家庭

——婚姻家庭法与继承法

学习目标

了解婚姻家庭法的特征、婚姻家庭法的基本原则、亲属的种类和亲等、继承法的基本原则。

熟悉结婚的条件和结婚的程序、父母子女间的权利和义务。

掌握夫妻人身权和夫妻财产权、协议离婚和诉讼离婚;法定继承、遗嘱继承和遗赠。

第一节 婚姻家庭法

一、婚姻家庭法的概念和特点

1. 婚姻家庭法的概念

婚姻,是为当时社会制度所确认的,男女两性结合为配偶的社会关系。家庭,是以婚姻、血缘和共同经济为纽带,由一定范围的亲属组成的生活团体。婚姻家庭法是调整婚姻家庭成员之间的人身关系和财产关系的法律规范的总称。

2. 婚姻家庭法的特点

(1) 婚姻家庭法具有特定的调整对象。婚姻家庭法虽属于民法部门,但与其他民法规范比较,又具有特定的调整对象:首先,从调整对象的范围来看,婚姻家庭法既调整婚姻关系,又调整家庭关系;其次,从调整对象的性质来看,既有婚姻家庭方面的人身关系,又有婚姻家庭方面的财产关系。其中人身关系居主导地位,财产关系以人身关系为前提,没有特定的人身关系就不发生相应的财产关系,人身关系的变动导致财产关系的变动。婚姻家庭领域的财产关系往往具有“单务无偿”的特点,不具有“双务有偿性”,不适用等价有偿的原则。

(2) 婚姻家庭法的主体具有单一性和身份性。所谓单一性,是指在婚姻家庭法律关系中,主体只能是自然人。所谓身份性,是指婚姻家庭法律关系的主体是具有特定亲属身份的公民,是用法定特殊纽带联结起来的自然人。这种“纽带”包括结婚、生育和收养。

(3) 婚姻家庭法的适用范围具有广泛性。婚姻家庭法适用于所有社会成员,每个社会成员都不可避免地与婚姻家庭相联系,每个人从出生到死亡都一直置于两性、血缘关系之中,受到婚姻家庭法的规范,享受着婚姻家庭法上的权利,承担着婚姻家庭法上的义务。

(4) 婚姻家庭法在内容上具有深厚的道德伦理性。婚姻家庭关系既是一种身份关系,又是一种现实的伦理关系。在法律对婚姻家庭关系加以调整的时候,绝对不能忽视它的以伦理组合为中心的基本特征。因此,任何时期的婚姻家庭法总是与当时占据统治地位的道德观念和为社会所承认的道德规范紧密联系在一起。因此。不仅在立法上,要注意充分反映伦理道德的要求,将某些道德准则转变为法律规范,而且在处理具体婚姻家庭问题时,亦要注意既坚持法律标准,又坚持道德标准,发挥道德对法律的补充作用。

(5) 婚姻家庭法中多为强制性规范。保障公民在婚姻家庭方面的合法权益,是维护社会秩序的客观要求,因此婚姻家庭法的多数规范都是当事人必须遵行的强制性规范,不得约定改变,特别是在人身关系方面表现得尤为明显。当然婚姻家庭法中也有少量任意性规范。

二、婚姻家庭法的基本原则

婚姻家庭法的基本原则,既是婚姻家庭法的立法指导思想,又是婚姻家庭法规范的基本精神,也是婚姻家庭法操作、运行的基本准则。它贯穿于婚姻家庭法的始终,集中体现了以婚姻家庭法为主导内容的婚姻家庭制度的本质和特点。《中华人民共和国婚姻法》(简称《婚姻法》)第二条和第三条从正反两个方面对基本原则做了概括,包括以下五项基本原则:

1. 婚姻自由

婚姻自由是指婚姻当事人有权根据法律的规定,自主自愿地决定自己的婚姻问题,不受其他任何人的强制和非法干涉。婚姻自由包括结婚自由和离婚自由。

结婚自由的主要内容是:第一,结婚必须男女双方完全自愿,不容许任何一方对他方进行强迫、欺骗、乘人之危或任何第三者加以包办及非法干涉;第二,结婚必须符合法律规定的条件和程序。

离婚自由的主要内容是:第一,夫妻双方有共同作出离婚决定、达成离婚协议的权利;在夫妻感情确已破裂、婚姻关系无法继续维持时,夫妻任何一方均有提出离婚的权利;第二,行使离婚权利时,必须履行相应法律手续,承担相应法律后果。

为了保障婚姻自由,《婚姻法》规定,禁止包办、买卖婚姻和其他干涉婚姻自由的行为。禁止借婚姻索取财物。

包办婚姻是指婚姻关系以外的第三人(包括父母)违反婚姻自由原则,在完全违背婚姻当事人意愿的情况下,强迫其缔结的婚姻。买卖婚姻是指婚姻关系以外的第三人(包括父母)以索取大量财物为目的,包办、强迫他人缔结的婚姻。其他干涉婚姻自由的行为,例如子女干涉父母再婚、干涉男到女家落户、阻碍或胁迫他人离婚等。

借婚姻索取财物,主要是指在双方基本对结婚自主自愿的情形下,婚姻当事人一方向对方索要一定的财物并以此作为结婚条件的行为。对于生活中,当事人按照习俗给付的彩礼,有关司法解释中指出,当事人请求返还按照习俗给付的彩礼的,如果查明属于以下情形,人民法院应当予以支持:第一,双方未办理结婚登记手续的;第二,双方办理结婚登记手续但确未共同生活的;第三,婚前给付并导致给付人生活困难的。适用上述第二、三项的规定,应以双方离婚为条件。

典型案例

刘先生诉钱小某彩礼纠纷案

刘先生系通过媒人介绍与钱小某相识,二人经过一段时间的交往后便确立了恋爱关系,双方于端午节按照当地农村习俗举办了订婚仪式,后按当地习俗举办了结婚宴席,但刘先生与钱小某未到民政局依法办理结婚登记手续。刘先生及其家人通过媒人先后多次向钱家共计支付约 90 760 元彩礼款,钱家则向刘先生家中添置了部分家具和电器,价值约为 3.2 万元。刘先生与钱小某在刘先生家中居住过一段时间,双方共同育有一子。婚后第三年,钱小某以外出打工为由离家,此后刘先生与钱小某联系较少,刘先生及其家人多次找钱家协商返还彩礼款事宜,均未果,刘先生遂向法院提起诉讼,请求判令钱家返还彩礼 7 万元。

彩礼是以缔结婚姻关系为目的,婚约一方向另一方支付的礼金等贵重物品。最高人民法院《关于适用〈中华人民共和国婚姻法〉若干问题的解释(二)》第 10 条的规定,当事人请求返还按照习俗给付的彩礼的,如果查明属于以下情形,人民法院应当予以支持:(一)双方未办理结婚登记手续的;(二)双方办理结婚登记手续但确未共同生活的;(三)婚前给付并导致给付人生活困难的。本案中,刘先生与钱小某并未依法办理结婚登记手续,故刘先生要求返还彩礼的诉讼请求合法有据。刘先生虽未与钱小某依法办理结婚登记手续,但刘先生与钱小某曾共同居住生活,钱小某也为刘先生家中添置了价值约为 3.2 万元的家具与电器,且双方共同育有一子,刘先生要求返还 7 万元的彩礼款有失公平,结合本案案情,钱家向刘先生返还 4 万元彩礼款较为适宜。

2. 一夫一妻

一夫一妻制是一男一女结为夫妻互为配偶的婚姻形式。按照一夫一妻制,任何人不得同时有两个或两个以上的配偶。该原则的主要内容有:第一,任何人都不得同时有两个或两个以上的配偶;第二,已婚者在其配偶死亡或离婚前不得再行结婚;第三,禁止一切公开的、隐蔽的一夫多妻、一妻多夫的非法行为;第四,对违反一夫一妻制但情节轻微的,要予以批评教育或行政处分;对情节较重者,应给予行政处罚;情节严重构成犯罪的,应受到刑罚制裁。

为了保证一夫一妻制的实施,《婚姻法》规定,禁止重婚。禁止有配偶者与他人同居。

重婚是有配偶者又与他人结婚的违法行为。首先,在民事法律上,重婚是结婚的禁止条件、导致婚姻无效的原因之一。其次，在刑事上，构成重婚罪的将依法追究刑事责任，按照我国刑法的有关规定，有配偶而重婚的，或者明知他人有配偶而与之结婚的，处二年以下有期徒刑或者拘役。明知是现役军人的配偶而与之同居或者结婚的，处三年以下有期徒刑或者拘役。按照有关司法解释，这里的重婚，既包括有配偶者又与他人登记结婚的，也包括虽未登记结婚但确与他人以夫妻关系同居生活的。

有配偶者与他人同居，指在婚姻关系存续期间，配偶一方与第三人建立相对稳定的同居关系。一般说来，“同居”有别于重婚之处在于双方并不以夫妻互待。

3. 男女平等

男女平等原则的核心内容是指男女两性在婚姻关系和家庭关系的各个方面都平等地享有权利，平等地承担义务。该原则的主要内容有：第一，在婚姻关系方面，男女双方平等享有结婚自由权利和离婚的权利，并遵守法律规定的义务，夫妻在家庭中地位平等；第二，在父母子女关系方面，婚姻家庭法关于父母子女间权利义务的规定既适用于男性，也适用于女性；第三，在其他家庭成员方面，如兄弟姐妹、祖父母与外祖父母、孙子女与外孙子女的权利义务都是平等的。

4. 保护妇女、儿童和老人的合法权益

保护妇女合法权益是对男女平等原则的必要补充，尊老爱幼是中华民族的传统美德。我国制定了专门的《中华人民共和国妇女权益保障法》《中华人民共和国未成年人保护法》和《中华人民共和国老年人权益保障法》，对保障妇女、儿童和老人的政治权利、人身权利以及文化教育、劳动、财产和婚姻家庭权益做了全面的规定。婚姻法中的保护妇女、儿童和老人合法权益原则，重点在于对他们在婚姻家庭生活中的人身和财产方面的权益加以特别的保护。

为了保证这一原则的实施，《婚姻法》规定，禁止家庭暴力，禁止家庭成员间的虐待和遗弃。

按照最高人民法院的司法解释，家庭暴力是指行为人以殴打、捆绑、残害、强行限制人身自由或者其他手段，给其家庭成员的身体、精神等方面造成一定伤害后果的行为。家庭暴力包括夫妻之间、父母子女之间、祖父母（外祖父母）与孙子女（外孙子女）之间以及兄弟姐妹之间的暴力行为。虽然不排除女性对男性的暴力，但主要的受害者是妇女、儿童和老人。

虐待，是指以作为或不作为的形式，对家庭成员歧视、折磨、摧残，使其在精神上、肉体上遭受损害的违法行为，如打骂、恐吓、冻饿、患病不予治疗、限制人身自由等。上述家庭暴力的各种表现，如果是“持续性、经常性”的，即构成虐待。遗弃，是指家庭成员中负有赡养、扶养、抚养义务的一方，对需要赡养、扶养和抚养的另一方，不履行其应尽义务的违法行为。如父母不抚养未成年子女，成年子女不赡养无劳动能力或生活困难的父母，配偶不履行扶养对方的义务等。

《婚姻法》将“实施家庭暴力”“虐待和遗弃家庭成员”作为人民法院判决离婚的法定理由。此外，《婚姻法》还规定，实施家庭暴力、虐待或遗弃家庭成员，受害人有权提出请求，居民委员会、村民委员会以及所在单位应当予以劝阻、调解。对正在实施的家庭暴力，受害人有权提出请求，居民委员会、村民委员会应当予以劝阻；公安机关应当予以制止。实施家庭暴力或虐待家庭成员，受害人提出请求的，公安机关应当依照治安管理处罚的法律规定予以行政处罚。对遗弃家庭成员，受害人提出请求的，人民法院应当依法作出支付扶养费、抚养费、赡养费的判决。对实施家庭暴力或虐待、遗弃家庭成员构成犯罪的，依法追究刑事责任。受害人可以依照刑事诉讼法的有关规定，向人民法院自诉；公安机关应当依法侦查，人民检察院应当依法提起公诉。

5. 计划生育

由于人口的繁衍直接关系到社会的生存和发展，人口的增长速度和综合素质与可持续发展有着密不可分的关系，因而，《婚姻法》中规定了计划生育原则。所谓计划生育，是指有计划地控制管理全社会人口的发展。计划生育的内容，包括有计划地调整人口增长速度，提高或降低人口增长率，提高人口的素质，调整人口的结构和地域分布等。我国《婚姻法》规定夫妻双方都有实行计划生育的义务。夫妻双方都有生育和不生育的自由，任何一方不得对他方进行强制。在达成生育的合意时，夫妻双方还要遵守法律的规定，特别是要坚决抛弃重男轻女的旧观念，严格禁止歧视、虐待生育女婴的妇女和不育妇女，禁止歧视、虐待、遗弃女婴。

6. 夫妻互相忠实、互相尊重，家庭成员间敬老爱幼、互相帮助

夫妻互相忠实、互相尊重，意味着在夫妻关系平等的基础上双方都享有独立的完整的人身权利，要求当事人在夫妻共同生活中不仅要严格恪守一夫一妻原则，而且应当充分意识到彼此的合法夫妻身份和各自独立的人格，不从事任何伤害对方尊严、感情和正当利益的行为，不得欺骗、侮辱、歧视、遗弃配偶，不得为第三人的利益而损害配偶的利益。在思想感情上应当互相体贴，互相谅解；在生活、工作上要互相帮助，互相照顾；在赡养扶助老人、抚养教育子女等方面要共同关心，通力合作；在家庭理财、家务管理等方面要互相协商，一方不得将自己的意见强加于对方。

家庭成员间敬老爱幼、互相帮助，这意味着不仅要切实保护儿童和老人的合法权益，而且要在家庭生活的各个方面，给予老人充分的尊敬，给予未成年人以诚挚的关爱。它同时要求正确处理家庭成员间的关系，不仅不能侵害其他家庭成员的法律权利，而且应当互相关心，互相帮助，同舟共济，和睦相处。家庭成员之间的互相帮助，是来自其他方面的帮助不能替代的。

三、亲属关系

1. 亲属的概念和特征

法律意义上的亲属是由婚姻、血缘和法律拟制而形成的、具有权利义务内容的特定主体之间的社会关系。

法律意义上的亲属有如下特征：(1) 亲属不仅是一种社会关系，而且是一种法律关系。该种法律关系兼具身份和财产双重属性。其中，身份性是亲属关系的前提和基础，而财产性则是身份性的结果。(2) 构成亲属关系产生原因的法律事实主要有三种:一是缔结婚姻的法律行为;二是自然人的出生;三是收养等法律拟制行为。

2. 亲属的种类

在现代法律制度中,亲属可以分为三类:

(1) 配偶。配偶即夫妻。男女因结婚而互为配偶。配偶关系即夫妻关系。配偶在亲属关系中居于重要的核心地位,它是血亲关系的源泉和姻亲关系的中介。

(2) 血亲。血亲指具有血缘联系的亲属。血亲又可分为自然血亲和拟制血亲:① 自然血亲。指出自同一祖先,因出生而自然形成的具有血缘联系的亲属。如亲生的父母与子女、同胞的兄弟姐妹、祖孙、伯叔与侄子女、舅姨与外甥子女等。不分父系、母系,无论是婚生或非婚生,也无论是全血缘(同父同母)的或半血缘(同父异母、同母异父)的,都属自然血亲的范围。② 拟制血亲。指本无自然血亲应具有的血缘关系,而由法律确认其与自然血亲具有同等权利义务的亲属。现行《婚姻法》确认的拟制血亲有两类:一是养父母与养子女以及养子女与养父母的其他近亲属;二是在事实上形成了抚养教育关系的继父母与继子女。

(3) 姻亲。姻亲,指以婚姻为中介而产生的亲属,但配偶除外。姻亲可分为三类:① 血亲的配偶,即己身血亲的配偶,如儿媳、女婿、姐夫、姑父、伯母等。己身长辈直系血亲的配偶是己身的血亲而非姻亲。② 配偶的血亲,即己身配偶的血亲,如公婆、岳父母、夫的兄弟姐妹、妻的兄弟姐妹等。己身配偶的晚辈直系血亲,是己身的血亲而非姻亲。③ 配偶的血亲的配偶,指己身与配偶的血亲的配偶,如妯娌、连襟等。我国《婚姻法》对姻亲未规定法律上有权利义务。

3. 亲系与亲等

(1) 亲系。亲系是以血缘和婚姻联系为基础的亲属系统。亲系可以从不同角度进行划分,现代各国立法,一般只有直系亲和旁系亲的划分。

① 直系亲。又分为直系血亲和直系姻亲。第一,直系血亲。这是指彼此之间有直接血缘联系的亲属。包括己身所从出和从己身所出的两部分血亲。己身所从出的血亲,即是生育己身的各代血亲,如父母、祖父母、外祖父母、曾祖父母、外曾祖父母、高祖父母和外高祖父母等;从己身所出的血亲,即是己身生育的后代,如子女、孙子女、外孙子女、曾孙子女、外曾孙子女、玄孙子女和外玄孙子女等。直系血亲除自然直系血亲外,还包括法律拟制的直系血亲,如养父母与养子女、养祖父母与养孙子女,有扶养关系的继父母与继子女都是直系血亲。第二,直系姻亲。包括己身晚辈直系血亲的配偶和配偶的长辈直系血亲。前者如儿媳、女婿、孙媳、孙女婿、养儿媳、养女婿等;后者如公婆、岳父母等。在无扶养关系的继父母继子女关系中,继父或继母和继子或继女亦互为直系姻亲。

② 旁系亲。又分为旁系血亲和旁系姻亲。第一,旁系血亲。这是指彼此之间具有间接血缘联系的亲属。即除直系血亲外,与己身同出一源的血亲。如兄弟姐妹、侄子女、伯、叔、姑、舅、姨、堂兄弟姐妹、表兄弟姐妹等。第二,旁系姻亲。包括旁系血亲的配偶、配偶的旁系血亲和配偶的旁系血亲的配偶三类。旁系血亲的配偶,如兄嫂、弟媳、侄媳、侄女

婿、伯(叔)母、姑父、姨父、舅母等。配偶的旁系血亲,如妻的兄弟姐妹和伯叔姑、夫的兄弟姐妹和伯叔姑等。配偶的旁系血亲的配偶,如妯娌、连襟、夫的伯(叔)母和妻的伯(叔)母等。

(2) 亲等。亲等是计算亲属关系亲疏远近的基本单位。亲等数小的,表示亲属关系亲近,亲等数大的,表成亲属关系疏远。"代"是我国法律规定的计算亲属关系亲疏远近的单位。代即指世辈,以一辈为一代。计算亲属的代数分为直系血亲和旁系血亲:

① 直系血亲的计算。从己身开始,己身为一代,往上或往下数。如从己身往上数至父母为二代,至祖父母、外父母为三代,往下数,子女为二代,孙子女、外孙子女为三代。

② 旁系血亲的计算。首先找出同源直系血亲,按直系血亲的计算法,从己身往上数至同源直系血亲,记下代数;再从同源直系血亲往下数至要计算的旁系血亲,记下代数。如果两边的代数相同,即以此数确定其代数。如果两边的代数不向,则取代数大的一边来确定代数。

四、结婚

1. 结婚的概念和特征

结婚,亦称婚姻的成立,是指男女双方按照法律规定的条件和程序,确立夫妻关系的法律行为。

结婚具有以下三个特征:(1) 结婚是双方行为。结婚行为的主体是男女两性。(2) 结婚是法律行为。当事人必须遵守法律规定的条件和程序。(3) 结婚是身份行为。男女双方因结婚形成了互为配偶的夫妻身份,结婚行为的法律后果是确立夫妻关系。

2. 结婚的条件

结婚的条件,即结婚的实质要件,包括结婚的必备条件和结婚的禁止条件。

(1) 结婚的必备条件。

① 男女双方完全自愿。《婚姻法》第五条规定,结婚必须男女双方完全自愿,不许任何一方对他方加以强迫或任何第三者加以干涉。"男女双方完全自愿"具有三层法律要求:一是要求双方自愿而不是一方愿意;二是要求男女双方本人自愿而不是父母或第三者愿意;三是要求双方完全自愿而不是勉强同意。

② 必须达到法定的结婚年龄。法定婚龄,是指法律规定的准予结婚的最低年龄。《婚姻法》第六条规定,结婚年龄,男不得早于二十二周岁,女不得早于二十周岁。晚婚晚育应予鼓励。

法定婚龄的确定取决于自然因素和社会因素。自然因素是指人的生理和心理的发育规律。社会因素是指一定的生产方式以及与之相适应的政治、经济、文化、人口状况、道德、宗教、民族习惯等社会条件。我国现行法定婚龄是以婚姻的自然属性为基础,以我国的社会经济发展和人口状况等为依据而制定的。法定婚龄是男女双方结婚必须达到的年龄,具有强制性,但基于民族、宗教、风俗习惯的原因,根据《婚姻法》第五十条规定的精神,民族自治地方可以根据本民族的实际情况,对法定婚龄作变通的规定。

结婚年龄的高低直接影响到人口的增长数量，所以，《婚姻法》在规定法定婚龄的同时，还规定了晚婚晚育。所谓晚婚是指男二十五周岁、女二十三周岁以上结婚；晚育是指已婚女子在二十四岁以后生育第一胎。

③ 必须符合一夫一妻制。一夫一妻是我国《婚姻法》的基本原则之一。其基本要求是在同一时期里一个丈夫只能有一个妻子，一个妻子只能有一个丈夫。有配偶者在婚姻关系终止前不得结婚，无配偶者也不得与有配偶者结婚。结婚双方必须遵守这一原则，否则将构成重婚，并须承担相应的法律责任。

（2）结婚的禁止条件。

结婚的禁止条件，是指当事人结婚时不得具有法律规定的禁止结婚的婚姻障碍。《婚姻法》规定的结婚禁止条件包括禁止结婚的亲属和禁止结婚的疾病两项。

① 禁止结婚的亲属。根据《婚姻法》第七条的规定，直系血亲和三代以内的旁系血亲禁止结婚。禁止直系血亲结婚，是各国立法的通例。对旁系血亲的禁婚范围，按照《婚姻法》的世代计算方法，凡出自同一祖父母、外祖父母的血亲，除直系血亲外，都是三代以内的旁系血亲，禁止通婚，三代以内旁系血亲包括：兄弟姐妹，含同父同母的全血缘的兄弟姐妹、同父异母或同母异父的半血缘的兄弟姐妹；伯、叔、姑与侄、侄女，舅、姨与外甥、外甥女；堂兄弟姐妹、表兄弟姐妹。

《婚姻法》规定，养父母和养子女、继父或继母和受其抚养教育的继子女之间的权利和义务，适用婚姻法对父母子女关系的有关规定。因此，《婚姻法》对直系血亲缔结婚姻的禁止，也应适用于养父母子女之间和有扶养关系的继父母子女之间，无论这种拟制直系血亲关系是否解除，从伦理要求和法律精神上看，都应属于禁止结婚的范围。至于拟制旁系血亲间的通婚，只要没有血缘上的禁忌，在解除拟制关系后法律应予准许。

《婚姻法》没有禁止姻亲结婚的规定，直系姻亲虽无直系血亲的法律地位，但由于直系姻亲通婚有悖伦理，所以尽管法律没有明文禁止，但基于伦理上的要求，也应予以限制为宜。旁系姻亲，包括异父异母的兄弟姐妹，只要他们相互之间没有禁止结婚的血缘关系，则应准予结婚。

② 禁止结婚的疾病。根据《婚姻法》第七条的规定，患有医学上认为不应当结婚的疾病禁止结婚。《婚姻法》对禁止结婚的疾病、没有作具体的列举，而仅做了上述概括性的规定。当代各国立法上规定的禁止结婚的疾病，一般可分为两类：第一类是精神方面的疾病，包括特定的精神病、痴呆症等。患有这一类疾病的人通常是无民事行为能力人或限制民事行为能力人，不具有行使和承担夫妻间权利和义务的能力，并且有将精神上的疾病遗传给后代的可能。第二类是身体方面的疾病，主要是指足以危害对方和后代健康的重大不治的传染性疾病或遗传性疾病。

3. 结婚的程序

结婚的程序，又称结婚的形式要件，是法律规定的缔结婚姻所必须履行的法定程序。我国法律规定结婚实行登记制，即结婚登记是结婚必须履行的法定程序。《婚姻法》第八条规定，要求结婚的男女双方必须亲自到婚姻登记机关进行结婚登记。符合本法规定的，予以登记，发给结婚证。取得结婚证，即确立夫妻关系。未办理结婚登记的，应当补办登记。男女在登记结婚并取得结婚证后，无论是否同居生活，无论是否举行结婚仪式，都具有法律上的夫妻身份关系，其婚姻受到国家的承认和法律的保护。如一方或双方反悔，须按离婚程序解除婚姻关系。反之，如果男女双方仅举行结婚仪式或同居生活，但没有办理结婚登记的，则其婚姻不具有法律效力。

(1) 结婚登记的机关。

根据《中华人民共和国婚姻登记条例》(简称《婚姻登记条例》)第二条的规定，内地居民办理婚姻登记的机关是县级人民政府民政部门或者乡(镇)人民政府。同时规定，省、自治区、直辖市人民政府可以按照便民原则确定农村居民办理婚姻登记的具体机关。

在管辖问题上，该条例规定，男女双方应当共同到一方当事人常住户口所在地的婚姻登记机关办理结婚登记，排除了经常居住地的婚姻登记机关。

另外，《中华人民共和国婚姻登记条例》规定，中华人民共和国驻外使(领)馆可以依照该条例的有关规定，为男女双方均居住于驻在国的中国公民办理婚姻登记。

(2) 结婚登记的程序。

① 申请。内地居民结婚，男女双方应当共同到婚姻登记机关提出结婚申请。申请时，当事人应当出具下列证件和证明材料：第一，本人的户口簿、身份证；第二，本人无配偶以及与对方当事人没有直系血亲或三代以内旁系血亲关系的签字声明。

② 审查。婚姻登记机关应当依法对当事人的结婚申请进行审核和查证。除查验当事人提交的证件和证明是否齐全、是否符合规定外，还应对当事人是否符合法律规定的结婚条件进行审核。审查中，可就需要了解的情况向当事人提出询问，必要时也可以进行调查。审查是结婚登记程序的中心环节。

③ 登记。婚姻登记机关对当事人的结婚申请进行审查后，符合结婚条件的，应当当场予以登记，发给结婚证。对于办理结婚登记的当事人有违反结婚实质要件情形的，婚姻登记机关不予登记，并应当向当事人说明理由。当事人认为符合结婚登记条件而婚姻登记机关不予登记的，可以依照行政复议法的规定申请复议；对复议决定不服的，可以依照行政诉讼法提起行政诉讼。

4. 无效婚姻和可撤销婚姻

(1) 无效婚姻。

无效婚姻，是指男女两性的结合因违反了法律规定的结婚要件而不具有法律效力的婚姻。《婚姻法》第十条规定，有下列情形之一的，婚姻无效：第一，重婚的；第二，有禁止结婚的亲属关系的；第三，婚前患有医学上认为不应当结婚的疾病，婚后尚未治愈的；第四，未到法定婚龄的。

① 无效婚姻的主管机关。宣告婚姻无效的主管机关是人民法院。根据最高人民法院的司法解释，人民法院主管的宣告婚姻无效案件包括两类，一类是单独申请宣告婚姻无效的案件，另一类是在审理离婚案件时发现的婚姻无效事件。

② 无效婚姻的请求权。第一，请求权人的范围。根据最高人民法院的司法解释，有权向人民法院就已办理结婚登记的婚姻申请宣告婚姻无效的主体，包括婚姻当事人和利害关系人。利害关系人包括：以重婚为由申请宣告婚姻无效的，为当事人的近亲属及基层

组织;以未到法定婚龄为由申请宣告婚姻无效的,为未达法定婚龄者的近亲属;以有禁止结婚的亲属关系为由申请宣告婚姻无效的,为当事人的近亲属;以婚前患有医学上认为不应当结婚的疾病,婚后尚未治愈为由申请宣告婚姻无效的,为与患病者共同生活的近亲属。第二,请求权的行使期限。根据最高人民法院的司法解释,当事人向人民法院申请宣告婚姻无效的,申请时,法定的无效婚姻情形已经消失的,人民法院不予支持。这些情形包括:重婚的,重婚者的合法配偶死亡或双方离婚;未到法定婚龄的,婚姻双方均达法定婚龄;有禁止结婚的拟制血亲关系的,依法解除拟制关系;婚前患有医学上认为不应当结婚的疾病的,婚后治愈的。

③ 无效婚姻的审判规则。第一,不适用调解。人民法院审理宣告婚姻无效案件,对婚姻效力的审理不适用调解,应当依法作出判决。但涉及财产分割和子女抚养的,可以调解。第二,不允许撤诉。人民法院审理宣告婚姻无效案件,如果经审查确属无效婚姻,而原告申请撤诉的,不予准许。显然,如果允许撤诉,就会变相承认违法婚姻的合法性存在。第三,不允许上诉。一审人民法院一旦作出有关婚姻效力的判决即发生法律效力,不允许上诉。但对财产分割和子女抚养问题的判决不服的,当事人可以上诉。

典型案例

无效婚姻案

马某(男)是齐某(女)的姨表兄,二人均已达到法定婚龄,但是隐瞒了禁止结婚的亲属关系,于元旦登记结婚。当年10月,齐某生育一女,患有先天性心脏疾病。由于收入有限,而给女儿治病需要大笔费用,二人为家庭财务问题常发生分歧,以至于分室而眠,感情急剧恶化。次年5月,马某以近亲结婚为由,向人民法院诉请宣告婚姻无效,并认为这样处理不是离婚,以后和他人结婚可以不算再婚;而齐某则同时向法院提起离婚诉讼,认为本来就是登记结婚,只有按照离婚程序办理,才能保证自己和女儿的合法权益。这就出现了同一案件两个诉求的问题。人民法院到底应该如何对待?

《最高人民法院的司法解释(二)》对此做了规范。其第7条规定,"人民法院就同一婚姻关系分别受理了离婚和申请宣告婚姻无效案件的,对于离婚案件的审理,应当待申请宣告婚姻无效案件作出判决后进行。前款所指的婚姻关系被宣告无效后,涉及财产分割和子女抚养的,应当继续审理"。这就是说,在上述案例中,应当首先审理婚姻无效之诉,查明双方确属法律所禁止的禁婚亲,应当按照相关程序作出判决,宣告马某和齐某的婚姻无效。然后继续审理财产分割和子女抚养问题,包括其女儿的医疗费分担问题,单独作出判决。对这一判决,当事人如果不服,可以提起上诉。这样处理,齐某就可以不必担心自己和女儿的合法权益得不到有力保护了。

(2) 可撤销婚姻。

可撤销婚姻,是指已成立的婚姻关系,因欠缺婚姻合意,受胁迫的一方当事人可向婚姻登记机关或人民法院申请撤销的婚姻。《婚姻法》第十一条规定,因胁迫结婚的,受胁迫的一方可以向婚姻登记机关或人民法院请求撤销该婚姻。受胁迫的一方撤销婚姻的请求，应当自结婚登记之日起一年内提出。被非法限制人身自由的当事人请求撤销婚姻的，应当自恢复人身自由之日起一年内提出。根据最高人民法院的司法解释，胁迫是指行为人以给另一方当事人或者其近亲属的生命、身体健康、名誉、财产等方面造成损害为要挟，迫使另一方当事人违背真实意愿结婚的情况。

① 可撤销婚姻的主管机关。撤销婚姻的主管机关既包括人民法院，也包括婚姻登记机关。这意味着，可撤销婚姻既可依行政程序由婚姻登记机关予以撤销，也可依诉讼程序由人民法院予以撤销，选择适用何种程序可由受胁迫方自行决定。但如果涉及子女抚养、财产及债务问题的，只能经由诉讼程序处理。

② 可撤销婚姻的请求权。第一，请求权人的范围。因受胁迫而请求撤销婚姻的，只能是受胁迫一方的婚姻关系当事人本人。是否行使撤销请求权，由受胁迫的当事人自行决定。可撤销的婚姻在依法撤销之前，现存的婚姻关系具有法律效力。第二，请求权的行使期限。受胁迫的一方撤销婚姻的请求，应当自结婚登记之日起一年内提出。被非法限制人身自由的当事人请求撤销婚姻的，应当自恢复人身自由之日起一年内提出。这一年诉讼时效是绝对时效，不适用诉讼时效中止、中断或者延长的规定。

③ 可撤销婚姻的审判规则。婚姻登记管理机关接到申请后应当依法审查，情况属实的，宣布撤销婚姻登记并收回结婚证。受胁迫的当事人向人民法院起诉的，人民法院应当依法立案审理。查明确系因胁迫而结婚的，应依法作出撤销婚姻关系的判决。人民法院根据当事人的申请，依法撤销婚姻的，应当收缴双方的结婚证书并将生效的判决书寄送当地婚姻登记管理机关。婚姻登记机关收到人民法院撤销婚姻的判决书副本后，应当将该判决书副本收入当事人的婚姻登记档案。这一规定对宣告婚姻无效的案件是同样适用的。

典型案例

胁迫结婚案

李混子系某市无业游民，对年轻漂亮的市医院严护士产生好感，为达到目的，串通两个朋友在严护士晚上回家的路上纠缠严护士，而李混子伪装恰好路过，上演了一出英雄救美的假戏。严护士误认为李混子是一个可以托付终身的人，于是两人正式建立了恋爱关系。不久，严护士就发现李混子整天以招摇撞骗、赌博和流氓殴斗为生，因而想与李混子分手。李混子此时凶相毕露，告诉严护士，自己为严护士花了许多钱，除非拿出20万元，否则就必须与自己结婚，要不“我就废了你”。还警告严护士，如果对自己有异心，小心全家人的性命。当年5月，严护士违心地嫁给了李混子，9月，李混子因犯抢劫罪被判刑5年，严护士遂向当地人民法院起诉，请求撤销与李混子的婚姻关系。

本案具有“胁迫”的主要特征，具备法律规定的撤销婚姻的要件。第一，行为人李混子是婚姻关系中的一方当事人。符合法律关于胁迫行为主体的要求。第二，行为人为了达到与对方结婚的目的，在主观上有胁迫的故意。本案李混子以无理索要巨额财产和杀害对方亲属为要挟，迫使严护士与自己结婚，显然属于故意胁迫而绝非一时口误。第三，行为人实施的胁迫行为，足以达到让被胁迫者产生恐惧而违背意愿与之结婚。在本案中，从李混子的一贯表现看，严护士完全相信他会实施胁迫行为而非虚言恫吓。第四，行为人的胁迫行为具有违法性。如果男方对女方说“你不与我结婚，这块手表就不送给你”，这里，男方的言行仅仅是取消赠与的表示，并不构成非法胁迫行为；而本案中，李混子扬言对方不付出 20 万元就要“废”掉她，“小心全家性命”，显然具有违法性。第五，产生了结婚的事实结果。即受胁迫方因行为人的胁迫行为而不得不违背自己的意愿，按照胁迫者的要求，同意结婚。如果没有发生结婚的实际后果，自然谈不到撤销婚姻。本案也符合这一要求。第六，在法定期间内提出请求。本案严护士在婚后 4 个月向人民法院提起撤销婚姻之诉，没有超过法定的一年诉讼时效。因此，人民法院应当依法撤销李、严二人的婚姻关系。

(3) 无效婚姻和可撤销婚姻的法律后果。

《婚姻法》第十二条规定，无效或被撤销的婚姻，自始无效。当事人不具有夫妻的权利和义务。同居期间所得的财产，由当事人协议处理；协议不成时，由人民法院根据照顾无过错方的原则判决。对重婚导致的婚姻无效的财产处理，不得侵害合法婚姻当事人的财产权益。当事人所生的子女，适用本法有关父母子女的规定。据此，无效婚姻和可撤销婚姻的法律后果包括：

① 对当事人的法律后果。第一，人身关系方面。婚姻关系被确认为无效或被撤销后，双方当事人仅属于同居关系，彼此不是合法配偶，因此不具有法律所规定的夫妻之间的权利和义务。第二，财产关系方面。无效或被撤销婚姻的当事人，不适用《婚姻法》有关夫妻财产制的规定，不存在依法分割夫妻共同财产的问题，当事人同居期间所得的财产，除有证据证明为当事人一方所有的以外，按共同共有处理。当事人不适用《婚姻法》有关给付扶养费的规定，如因同居期间的生活费负担等问题发生争议，应根据具体情况妥善处理，一方对在同居期间已支付的费用，终止同居关系时要求另一方返还的，一般应不予支持。当事人不能以配偶的身份互为第一顺序的法定继承人。

② 对子女的法律后果。当事人如果在同居期间生有子女，其婚姻关系被确认为无效或者撤销，不影响父母子女之间的法律关系。父母对未成年子女仍有抚养和教育的权利义务；一方抚养子女的，另一方应负担必要的生活费和教育费，直至子女能独立生活为止；不直接抚养子女的一方有探望子女的权利；子女成年后，则有赡养扶助父母的义务；父母与子女之间也有相互继承遗产的权利。

五、夫妻关系

1. 夫妻的法律地位

《婚姻法》第十三条规定，夫妻在家庭中地位平等。结婚产生的直接法律后果即是在当事人之间产生夫妻间的权利和义务，包括人身关系上的权利义务和财产关系上的权利义务。夫妻在家庭中地位平等意味着，夫妻在人身关系和财产关系两个方面的权利和义务都是一律平等的。法律不允许夫妻任何一方只享受权利而不尽义务，或者只尽义务而不享受权利。夫妻在家庭中地位平等，既是确定夫妻间权利和义务的原则，也是处理夫妻间权利和义务纠纷的基本依据。对于夫妻间的权利和义务纠纷，《婚姻法》有具体规定的，应按具体规定处理；无具体规定的，则应按夫妻在家庭中地位平等原则的精神予以处理。

2. 夫妻的人身关系

夫妻的人身关系体现在夫妻人身权上，夫妻人身权又称配偶身份权，是指夫妻之间在配偶身份状态下相互享有和承担的权利义务的统称。根据婚姻法的规定，配偶身份权包括：

（1）夫妻都有各用自己姓名的权利。此规定并不禁止夫妻就姓名问题另作约定，即只要夫妻双方自愿达成一致的协议，夫妻既可以各用自己的姓，也可以妻随夫姓或夫随妻姓。夫妻享有平等的姓名权还意味着，子女可以随父姓、也可以随母姓。

典型案例

子女“无姓”案

张某和李某生育了一对双胞胎，一男一女，他们经过商量，将儿子取名“前程”，给女儿取名“远大”，合起来就是“前程远大”。他们表示在这两个名字之前不再冠姓，从而体现一种新的命名风格。用这两个名字申报户籍登记时，遭到了户籍管理人员的质疑，问他们“两个孩子到底姓什么”？那么，是否允许“无姓有名”的情况存在呢？

《婚姻法》第二十二条规定：“子女可以随父姓，可以随母姓”。这里的“可以”，显然是一种选择性规范，将确定姓氏的权利交给了父母。对这一规定，在理解和执行上须明确这样三点：第一，法律条文虽规定子女的姓氏可在父姓和母姓之中选择，但并不妨碍放弃父母的姓氏，而使用第三姓，或者索性不冠姓。实际生活中子女冠以第三姓的情形屡见不鲜。尽管从习惯讲人们往往都有姓氏，但是完全放弃姓氏也不为法律所禁止。所以，张某和李某的做法只是违背通常的习惯，而不违背法律规定，自然应予准许。第二，子女出生后，使用什么姓氏应由父母协商确定；未成年子女的姓氏也可以由父母协商变更。如果张某和李某经过协商，决定给“前程”和“远大”冠姓，自然也为法律所允许，唯子女有辨别能力的应征得其本人同意。第三，子女成年之后，有权依法决定保留还是变更原有姓氏，包括父母在内的其他人不得非法干涉。“前程”和“远大”成年后，有权决定保留父母所取的名字，也有权决定重新冠姓。

（2）夫妻双方都有参加生产、工作、学习和社会活动的自由。一方参加生产、工作、学习和社会活动的，另一方不得对他方加以限制或干涉。一方在行使该项权利时，还必须同时履行法律规定的自己对婚姻家庭承担的义务，不得滥用权利损害对方和家庭的利益。

(3) 夫妻双方有平等的婚姻住所决定权。登记结婚后，对于婚后夫妻共同生活的住所的选择，应由夫妻双方自愿约定，一方不得对另一方强迫，第三人也不得干涉。夫妻双方既可以约定女方成为男方家庭的成员，也可以约定男方成为女方家庭的成员，还可以约定不加入任何一方原来的家庭，另组新家庭。对于结婚时的约定，婚后也可以通过协商加以变更。

(4) 夫妻双方都有实行计划生育的义务。实行计划生育是夫妻的法定义务，也是夫妻双方的职责，同时也是一项法定权利。

(5) 夫妻之间有相互继承遗产的权利。在婚姻关系依法有效缔结之后，合法有效终止之前，配偶一方死亡，另一方享有继承权。配偶继承权带有人身权和财产权双重属性。《中华人民共和国继承法》作为专门调整继承关系的法律规范，对配偶继承权的实际运作做了全面具体的规定。

(6) 夫妻之间有相互扶养的权利和义务。夫妻之间扶养的权利和义务，既包括经济上相互供养，也包括生活上相互扶助，因而，夫妻的扶养权也带有人身权和财产权双重属性。该项权利义务从婚姻合法成立之时起产生，至婚姻合法终止时消灭，在婚姻关系有效存续的整个过程中，无论婚姻的实际情势如何，对夫妻双方都具有法律拘束力。因此，当一方不履行扶养义务时，需要扶养的一方，有要求对方付给扶养费、承担扶养责任的权利。

3. 夫妻的财产关系

夫妻的财产关系体现在夫妻财产制中，夫妻财产制又称婚姻财产制，是指规定夫妻财产关系的法律制度，其内容包括夫妻婚前财产和婚后所得财产的归属、管理、使用、收益、处分，以及家庭生活费用的负担，夫妻的对外财产责任，婚姻终止时夫妻财产的清算和分割等问题。我国婚姻法对夫妻财产制作了三个方面的规定：

(1) 约定财产制。

《婚姻法》第十九条规定，夫妻可以约定婚姻关系存续期间所得的财产以及婚前财产归各自所有、共同所有或部分各自所有、部分共同所有。约定应当采用书面形式。没有约定或约定不明确的。适用法定夫妻财产制中关于夫妻共同财产和一方个人财产的规定。夫妻对婚姻关系存续期间所得的财产以及婚前财产的约定，对双方具有约束力。

约定必须夫妻双方完全自愿，必须经过双方平等协商，排除任何强制因素。如果一方以胁迫、欺诈手段或者乘人之危，使另一方作出违反自己真实意愿的表示，则作出非真实意思表示的一方有权依法请求撤销该项夫妻财产约定。约定的内容必须合法。这种约定不得超出夫妻个人和共同财产的范围；不得损害国家、集体或他人的利益；不得借夫妻财产约定不履行抚养子女和赡养老人等法定义务，不得借夫妻财产约定逃避国家税收以及其他债务等。夫妻财产约定可以变更或者撤销。这里的变更，是指通过协商，在法律允许的约定财产制范围内对原有约定加以修改。这里的撤销，是指双方一致同意不再履行原来的财产约定而采用法定财产制。在变更或者撤销时，同样应当遵循夫妻财产约定的法律规定。

典型案例

约定夫妻财产制下的债务清偿案

丁某(男),某建筑工程公司工程师,徐某(女),某厂工人。二人登记结婚后,由于双方收入相差很大,故而订立书面约定,每人将每月收入中的 1 000 元共 2 000 元作为双方的共同财产,由徐某支配,负责日常的家用,婚前个人财产和婚后的其他个人所得归属个人,个人所负债务由个人负责。婚后第二年 4 月,丁某向赵某借款 10 万元炒股票,约定 2 年为期,按银行贷款计息,但未对赵某说明夫妻约定财产制的内容。由于操作不当,股票亏损。赵某见到丁某,表示约定偿还借款期限已到,要求偿还所借 10 万元及利息,丁某说自己没钱,但是徐某购买的福利彩票中了一等奖,获得税后奖金 15 万元,可以找她。赵某找到徐某,徐某以与丁某有夫妻财产约定为由拒绝。于是,赵某将丁某和徐某诉到法院,要求他们清偿债务。

本案中,丁某和徐某对婚姻财产约定符合法律规定的条件,对双方具有约束力,徐某购买彩票中奖所得就是其个人所有财产。《婚姻法》第十九条第三款规定:"夫妻对婚姻关系存续期间所得的财产约定归各自所有的,夫或妻一方对外所负的债务,第三人知道该约定的,以夫或妻一方所有的财产清偿。"《最高人民法院关于适用〈中华人民共和国婚姻法〉若干问题的解释(一)》第十八条规定:"婚姻法第十九条所称的'第三人知道该约定的',夫妻一方对此负有举证责任"。由于丁某向赵某借款时没有说明与徐某的约定,徐某自然也不能提供赵某知道她与丁某约定的证据,这一约定不能对抗善意第三人,所以徐某对这笔债务应当承担连带的清偿责任。但是这并不意味对婚姻财产约定无效,在清偿对外债务后,配偶中的非债务人一方有权要求债务人一方履行婚姻财产约定,返还代为清偿的债务。因此,徐某可以在清偿对赵某的债务后向丁某索偿,按照夫妻财产约定,丁某有向徐某偿还这笔款项的义务。

(2) 共同财产制。

《婚姻法》第十七条规定,夫妻在婚姻关系存续期间所得的下列财产,归夫妻共同所有:① 工资、奖金;② 生产、经营的收益;③ 知识产权的收益;④ 继承或赠与所得的财产,但本法第十八条第三项规定的除外;⑤ 其他应当归共同所有的财产。夫妻对共同所有的财产,有平等的处理权。

所谓"其他应当归共同所有的财产",根据最高人民法院的司法解释,包括一方以个人财产投资取得的收益;男女双方实际取得或者应当取得的住房补贴、住房公积金;男女双方实际取得或者应当取得的养老保险金、破产安置补偿费。此外,在离婚时,对个人财产还是夫妻共同财产难以确定的,主张权利的一方有责任举证;当事人举不出有力证据,人民法院又无法查实的,按夫妻共同财产处理。

所谓"夫妻对共同所有的财产,有平等的处理权",根据最高人民法院的司法解释,应当理解为:第一,夫或妻在处理夫妻共同财产上的权利是平等的。因日常生活需要而处理夫妻共同财产的，任何一方均有权决定。第二，夫或妻非因日常生活需要对夫妻共同财产作出重要处理决定，夫妻双方应当平等协商，取得一致意见。他人有理由相信其为夫妻双方共同意思表示的，另一方不得以不同意或不知道为由对抗善意第三人。但是，如果一方和第三人恶意串通，损害另一方的合法财产权益，行为人和恶意第三人则应承担相应的法律责任。

夫妻双方在对其共有财产享有权利的同时，还须承担相应的义务。一方面，双方在共同生活中的消费，包括应该依法支付的抚养教育费和赡养费用，都应以共同财产负担。另一方面，对于因共同财产的管理、经营活动给第三人造成的损害，双方应承担连带责任。

(3) 个人财产制。

《婚姻法》第十八条规定，有下列情形之一的，为夫妻一方的财产：① 一方的婚前财产；② 一方因身体受到伤害获得的医疗费、残疾人生活补助费等费用；③ 遗嘱或赠与合同中确定只归夫或妻一方的财产；④ 一方专用的生活用品；⑤ 其他应当归一方的财产。根据最高人民法院的司法解释，上述规定的为夫妻一方所有的财产，不因婚姻关系的延续而转化为夫妻共同财产，但当事人另有约定的除外。

典型案例

父母出资购房纠纷案

在现实生活中，经常会发生由父母出资，协助子女购房的情况，那么在子女与他人缔结婚姻关系时，房屋的权属如何确定呢？这一问题上产生纠纷并不罕见。较为常见的是下述两种情况：

案例一：周某(男)与吕某(女)登记结婚5年后，周某的父母给周某买了一套100平方米的房子，房屋产权证上写的是周某一人的名字。购房后第二年，双方因家庭琐事闹得不可开胶，导致感情破裂，吕某要求离婚，并认为房子属于婚后取得的财产，应该属于夫妻共同财产，所以要求分割房子。而周某坚决不同意，称该房子属于父母出资购买的，属于我个人财产，吕某无权分割房子。

案例二：陈某(男)与薛某(女)登记结婚后第四年，陈某与北京某房地产开发有限责任公司签订《商品房买卖合同》，购买位于北京市丰台区的204号房屋(以下简称204号房屋)204号房屋的首付款18万元由陈某父母出资，剩余房款以陈某的名义按揭贷款，陈某、薛某共同偿还贷款24万余元，尚欠贷款37万元未还。此外，204号房屋的装修款10万元由薛某之母出资。购买房屋后第九年，陈某起诉至北京市丰台区人民法院要求离婚，提出生育子女由其抚养并依法分割夫妻共同财产，薛某当庭表示同意离婚。但双方对204号房屋是否为共同财产产生争议，陈某称因首付款为其父母出资，并登记在其个人名下，故204号房屋应为其个人财产，不同意作为共同财产予以分割。薛某则主张，因后续贷款为双方共同偿还，且借款合同中写明其为共有人，故要求将204号房屋作为共同财产依法进行分割。

《最高人民法院关于适用〈中华人民共和国婚姻法〉若干问题的解释(三)》第七条第一款规定，婚后由一方父母出资为子女购买的不动产，产权登记在出资人子女名下的，可按照《婚姻法》第十八条第(三)项的规定，视为只对自己子女一方的赠与，该不动产应认定为夫妻一方的个人财产。据此，案例一中的房产归属不难判断。较为复杂的是案例二中的情况，即婚后由一方父母部分出资为子女购买的不动产，产权登记在出资人子女名下，但由夫妻双方共同偿还贷款。这种情况中，是否为父母赠与一方子女并不能直接通过不动产的产权登记主体进行简单判断，除非父母明确表示赠与一方，否则该房无论登记在夫妻任何一方名下，都应认定为夫妻共同财产，予以公平分割。因而，离婚时出资人子女一方主张依据《婚姻法》司法解释(三)第七条第一款的规定将该不动产认定为其个人财产的，是不予支持的。

六、亲子关系和其他家庭成员关系

1. 亲子关系的概念

亲子关系中的"亲"指父母，"子"指子女，亲子关系即是指父母子女关系。亲子关系是家庭关系的重要组成部分，亲子关系的法律内容是父母子女间的权利义务关系。

2. 亲子关系的种类

(1) 婚生的父母子女关系。所谓婚生子女，一般是指在婚姻关系存续期间所生的子女。实践中，丈夫如否认子女为婚生子女，可向人民法院提起确认之诉。诉讼中丈夫负有举证责任，必须证明在其妻受胎期间，双方没有同居的事实，或能够证明其没有生育能力等。必要时人民法院也可委托有关机构进行亲子鉴定。如果否认婚生子女的主张成立，丈夫可免除对该子女的抚养义务。

(2) 非婚生的父母子女关系。非婚生子女，是指没有婚姻关系的男女所生的子女，生育子女的男女，是非婚生子女的生父母。非婚生子女包括：未婚男女所生子女，已婚男女与第三人所生子女，无效婚姻和被撤销婚姻当事人所生子女等。我国《婚姻法》第二十五条规定，非婚生子女享有与婚生子女同等的权利，任何人不得加以危害和歧视。不直接抚养非婚生子女的生父或生母，应当负担子女的生活费和教育费，直至子女能独立生活为止。我国的非婚生子女与婚生子女的法律地位是完全相同的，法律规定的父母子女间的权利和义务，同样适用于父母与非婚生子女。

(3) 养父母子女关系。养父母和养子女是因收养关系的成立而形成的法律拟制的父母子女。收养，是指公民依照法律规定的条件和程序，将他人的子女作为自己的子女领养，从而使原无父母子女关系的当事人产生法律拟制的父母子女关系的民事法律行为。养父母和养子女间的权利和义务，适用法律对父母子女关系的规定。养子女和生父母间的权利和义务，因收养关系的成立而消除。

(4) 继父母子女关系。继父母是指子女的生父或生母的再婚配偶，继子女是指夫与前妻或妻与前夫所生的子女。继父母子女关系可分为三种情形：第一，父或母再婚时，继子女已成年并已独立生活；第二，父或母再婚后，未成年的或未独立生活的继子女未与继父母共同生活；第三，父或母再婚后，未成年的或未独立生活的继子女与继父母长期共同生活并受继父或继母的抚养教育。根据《婚姻法》第二十七条规定，只有在一起共同生活形成了抚养教育关系的继父母子女间，才具有法律上的拟制血亲关系，发生生父母子女间的权利和义务；没有形成抚养教育关系的继父母子女间仅为姻亲关系，不发生亲子间的权利和义务。

在处理继父母子女关系时，应当注意以下几个问题：① 如果继子女与继父或继母由于长期共同生活而形成了扶养关系，那么，继父或继母与生母或生父的婚姻因一方死亡或离婚而终止后，继父或继母与继子女间已经形成的扶养关系并未消失。有负担能力的继子女，对曾经长期抚育过他们的年老体弱、生活困难的继父或继母应履行赡养扶助的义务。② 有扶养关系的继父母子女，在继父母死亡后，继子女有继承继父母遗产的权利，享有与婚生子女相同的应继份；在继子女死亡后，继父母有继承继子女遗产的权利，享有与生父母相同的应继份。继子女继承了继父母遗产的，不影响其继承生父母的遗产。继父母继承了继子女遗产的，不影响其继承生子女的遗产。③ 依据《收养法》的规定，继父或者继母经继子女的生父母同意，可以收养继子女。经收养后，便变继父母子女关系为养父母子女关系，变双重的权利义务关系为单一的权利义务关系。

典型案例

养父母离婚后的养子女抚养纠纷案

胡大某与妻子陈女士合法收养一名弃婴，取名胡小某(后改名为陈小某)，并一直和陈女士的父母亲共同生活，由陈女士每月付给一定的抚养费。胡大某与陈女士因感情不和协议离婚，双方协议陈小某由陈女士抚养。同年12月，陈女士与唐阿某结婚，陈小某仍同其外祖父外祖母共同生活，陈女士每月付生活费。其后，陈女士因患重病死亡，陈小某的生活费从此断绝来源。为此，陈小某的外祖父陈老某多次向陈小某的养父胡大某及继父唐阿某要求每人每月支付陈小某抚养费。胡大某称其与陈女士离婚后，对陈小某已无收养关系，且陈小某一直在其外祖父处生活，她的抚养费一直由养母陈女士支付，因此拒绝承担对陈小某的抚养义务。陈小某的继父唐阿某也以与其母结婚时间较短、未形成抚养关系为由，不愿承担抚育陈小某的义务。因陈小某尚且年幼，又无生活来源，其外祖父陈老某作为法定代理人向当地人民法院起诉，要求胡大某和唐阿某给付抚养费。

本案涉及养父母对养子女及继父母对继子女的扶养义务问题。首先，就养父母子女关系而言，收养关系的确立形成了法律拟制血亲。《婚姻法》第二十六条第一款规定，养父母和养子女间的权利和义务，适用本法对父母子女关系的有关规定。《婚姻法》第三十六条第一款和第二款规定，父母与子女间的关系，不因父母离婚而消除。离婚后，子女无论由父或母直接抚养，仍是父母双方的子女。离婚后，父母对于子女仍有抚养和教育的权利和义务。因此，养父母离婚后，不与养子女共同生活的一方仍然负有抚养义务。在本案中，胡大某与陈女士共同收养了陈小某，因此形成了他与陈小某的养父女关系，同时也就承担了对陈小某的抚养义务。这种抚养关系不因他与陈女士离婚这一事实而改变，也不能因为他一直未支付陈小某的抚养费而否定他在以后支付此项费用的义务。《中华人民共和国收养法》第二十六条第一款规定，收养人在被收养人成年以前，不得解除收养关系，但收养人、送养人双方协议解除的除外，养子女年满十周岁以上的，应当征得本人同意。诉讼发生时，养女陈小某尚未成年，也没有送养人提出收养关系的解除，只能根据《婚姻法》第三十六条规定，确认二人之间养父女关系的存续，也就因此确定了胡大某对陈小某抚养义务的存续。所以，胡大某应当按有关规定支付陈小某的抚养费至陈小某成年或具有独立生活能力为止。其次，就继父母子女的关系而言，只有在"继子女与继父母长期共同生活，由继父或继母对继子女进行抚养教育"这种情况下，由于双方之间存在抚养教育的事实，才形成一种拟制血亲关系，从而产生抚养的权利义务内容。本案中，唐阿某与陈小某养母陈女士的结婚时间很短，在此期间，陈小某一直生活在其外祖父家，生活费由陈女士支付，因此，唐阿某与陈小某间只是一种姻亲关系，并未形成抚养教育关系，也就不存在拟制的父母对子女的抚养义务，当陈女士死亡后，陈小某与唐阿某的继父女关系也自动解除，没有义务承担抚养教育责任。

3. 我国法律规定的父母子女间的权利和义务

《婚姻法》关于父母子女间权利和义务的规定，不仅适用于父母与婚生子女之间，同时也适用于父母与非婚生子女之间、养父母与养子女之间以及有扶养关系的继父母与继子女之间。主要包括以下几项：

(1) 父母对子女有抚养教育的权利和义务。

① 父母对子女有抚养的义务。抚养，是指父母在经济上对子女的供养和在生活上对子女的照料。父母对未成年子女的抚养是无条件的，父母对成年子女的抚养是有条件的，即父母仅对不能独立生活的成年子女，根据需要和可能承担必要的抚养义务。"不能独立生活的子女"，是指尚在校接受高中及其以下学历教育，或者丧失或未完全丧失劳动能力等非因主观原因而无法维持正常生活的成年子女。《婚姻法》第二十一条规定，父母不履行抚养义务时，未成年的或不能独立生活的子女，有要求父母付给抚养费的权利。"抚养费"包括子女生活费、教育费、医疗费等费用。

② 父母对子女有教育的义务。教育，是指父母在思想品德上对子女的关怀和培养。父母应当以健康的思想、品行和适当的方法教育未成年子女，引导未成年子女进行有益身心健康的活动。

父母对子女的抚养教育义务，始于子女出生。父母以任何手段危害子女生命和健康的行为都是违法的。《婚姻法》规定，禁止溺婴、弃婴和其他残害婴儿的行为。《未成年人保护法》规定，不得歧视女性未成年人或有残疾的未成年人。此外，对子女的抚养教育是父母双方的共同义务和共同责任。夫妻双方不论采用何种财产制度，都应当共同履行抚养教育子女的义务。

(2) 父母对子女有保护和教育的权利和义务。

《婚姻法》第二十三条规定，父母有保护和教育未成年子女的权利和义务。在未成年子女对国家、集体或他人造成损害时，父母有承担民事责任的义务。所谓保护，是指父母应保护未成年子女的人身安全和合法权益，防止和排除来自自然界的损害以及他人的非法侵害。所谓教育，是指父母按照法律和道德规范的要求对未成年子女进行家庭教育。法律要求父母对未成年子女进行保护和教育，一方面是为了保障子女的健康和安全；另一方面则是为了防止未成年子女损害他人和社会的利益，防止未成年子女沾染恶习或从事违反社会公共生活规则和违法犯罪的行为。

根据这一权利义务的规定，父母是未成年子女的法定监护人和法定代理人，当未成年子女的人身或财产权益遭受他人侵害时，父母有以法定代理人的身份提起诉讼，请求停止侵害、排除妨碍、赔偿损失等权利。当未成年子女在他人诱使下脱离家庭时，父母有要求归还子女的权利；发生拐骗子女行为时，父母有请求司法机关追究拐骗者刑事责任的权利。在未成年子女对国家、集体或他人造成损害时，父母有承担民事责任的义务。

典型案例

成年在校就读子女的抚养费纠纷案

臧某，20岁，某大学在读大学生，其母早逝，由其父每月支付其生活费。臧某考入大学这一年10月，臧父结识某单位丧偶勤杂女工秦某，逐渐建立了感情，准备结婚。听到父亲准备再婚的消息，臧某表示反对，在当年寒假返乡期间与其父发生激烈争执，父子关系恶化。当年3月，臧父写信给臧某，说明自己决心再婚，今后不再为臧某提供生活费用。6月初，臧某向臧父住所地人民法院提起诉讼，认为自己尚在求学期间，没有独立生活能力，请求法院判定其父履行抚养教育义务，继续支付生活费。

《婚姻法》第二十条第一款规定，父母对子女有抚养教育的义务；第二款规定，父母不履行抚养义务时，未成年或不能独立生活的子女，有要求父母付给抚养费的权利。其中，第二款是对第一款父母义务设定的期限与条件。按照这一规定，父母对子女的抚养义务是有条件的，一是子女未成年，二是虽已成年但不能独立生活。前者是履行期限，后者是期限届满后继续履行抚养义务的条件。从本案的情况看，20岁的臧某虽然已经超过了成年年龄，但是尚在校就读，没有固定收入，是否属于不能独立生活？其母亲已经去世，其父是否仍然应当承担提供生活费的义务？根据最高人民法院《关于适用〈中华人民共和国婚姻法〉若干问题的解释（一）》第二十条规定，婚姻法第二十一条规定的“不能独立生活的子女”，是指尚在校接受高中及其以下学历教育，或者因丧失或未完全丧失劳动能力等非主观原因而无法维持正常生活的成年子女。这个司法解释关于“不能独立生活的子女”的界定体现了两个特点：第一，将“在校就读的”限定在“接受高中及其以下学历教育”的范围之内，排除了接受高等教育的成年子女。这样规定的理由，主要在于随着我国教育改革的深入发展，在高等学校就读的青年可以通过从事勤工俭学活动取得一定收入，也可以向银行申请助学贷款，不必完全依赖父母供养。第二，规定其他接受父母供养的成年子女必须是出于“非主观原因”，强调成年子女必须自强、自立。显然，最高人民法院的这一司法解释更加合理，更加符合现阶段婚姻家庭关系的实际，既有利于减轻父母一方的负担，也有利于提高有关青年的独立意识，锻炼他们的生活自理能力。按照这个解释，臧某在高等学校学习而非接受高中及其以下学历教育，显然已经不再享有向其父索要生活费的请求权。当然，上述司法解释仅仅适用于人民法院审理发生抚养争执的案件。尽管子女已经成年，在接受高中以上教育或者生活确有需要时，父母自愿提供经济帮助或者双方达成了解决问题的其他协议，法律是不加禁止的。

(3) 子女对父母有赡养扶助的义务。

《婚姻法》第二十一条规定，子女对父母有赡养扶助的义务。子女不履行赡养义务时，无劳动能力的或生活困难的父母，有要求子女付给赡养费的权利。其中，赡养是指子女对父母的供养，即在物质上和经济上为父母提供必要的生活条件；扶助是指子女对父母在精神上和生活上的关心、帮助和照料。由于我国目前社会福利事业相对不足，国家和社会对老年人的物质帮助，还不能取代家庭的赡养老人职能，我国现阶段赡养老人仍然主要依靠家庭。

赡养扶助的义务主体是有独立生活能力的成年子女。子女对父母的赡养是法定的义务，不得附加任何条件，赡养人不得以放弃继承权或者其他理由，拒绝履行赡养义务。赡养人有能力赡养而拒绝赡养，情节严重，构成遗弃罪的，应当依法承担刑事责任。

典型案例

扶养约定纠纷案

王大山和王小山是兄弟，均已过不惑之年。二人就赡养父母一事请来舅父作为见证人，达成“赡养协议”：其父由王大山负责生养死葬，其母则由王小山承担同样义务。之后，兄弟两个分别将父亲和母亲接回家中居住。达成协议后第二年6月，其父因患肺癌不幸去世。达成协议后第三年5月，其母被诊断为胃癌，医疗费用花费甚多。王小山要求哥哥承担一部分医疗费。王大山以有“赡养协议”在先，并已履行了自己对父亲的赡养义务为由，拒绝再承担母亲的医疗费。王小山无奈，为了保障母亲的治病费用，代理母亲向法院起诉，要求法院判令王大山承担一部分医疗费。

本案涉及扶养义务约定的性质和法律效力问题。根据《婚姻法》第二十一条第一款、第三款的规定，“子女对父母有赡养扶助的义务”，“子女不履行赡养义务时，无劳动能力的或生活困难的父母，有要求子女付给赡养费的权利”。这种赡养义务应一直持续到父母死亡为止。被扶养人的权利受国家法律保护，其权利受到侵害时依法享有诉权；凡是承担扶养义务的人都不得拒绝履行义务，否则应权利人的请求，国家将强制其履行。同时，扶养的权利范围也由法律明确规定，当事人无权改变权利义务的性质和范围，只能就履行义务的具体方式进行约定。本案中，王大山和王小山之间达成的“赡养协议”，在双方对各自赡养的父母都能充分承担赡养义务，且不违背父母意志时，可以视作对赡养的具体方式的约定，法律无须干涉。然而在其中一方无法按照协议履行赡养义务时，这种约定构成了与法定义务的冲突，实质上是使一方免除了应予履行的部分赡养义务，因而是无效的。所以当其母住院治疗，而王小山无力独立承担时，王大山仍应履行法定扶养义务，承担其母的部分赡养费。

(4) 父母子女之间有相互继承遗产的权利。《婚姻法》规定，父母和子女有相互继承遗产的权利。依据我国继承法，子女和父母均为第一顺序的法定继承人，相互享有继承权。

(5) 子女应当尊重父母的婚姻权利，不得干涉父母的再婚自由。《婚姻法》第三十条规定，子女应当尊重父母的婚姻权利，不得干涉父母再婚以及婚后的生活。子女对父母的赡养义务，不因父母的婚姻关系变化而终止。

4. 其他家庭成员关系

(1) 祖孙关系。祖父母、外祖父母与孙子女、外孙子女是除父母子女之外的最近直系血亲。依照《婚姻法》规定，有负担能力的祖父母、外祖父母，对于父母已经死亡或父母无力抚养的未成年的孙子女、外孙子女，有抚养的义务。有负担能力的孙子女、外孙子女，对于子女已经死亡或子女无力赡养的祖父母、外祖父母，有赡养的义务。

(2) 兄弟姐妹关系。兄弟姐妹是最近的旁系血亲。依照我国《婚姻法》规定，有负担能力的兄、姐，对于父母已经死亡或父母无力抚养的未成年的弟、妹，有扶养的义务。由兄、姐扶养长大的有负担能力的弟、妹，对于缺乏劳动能力又缺乏生活来源的兄、姐，有扶养的义务。

七、离婚

1. 离婚的概念

婚姻在一定情况下会终止。婚姻终止是指合法有效的婚姻关系因发生一定的法律事实而归于消灭。婚姻关系终止的原因有两种：一是配偶一方的死亡；二是夫妻双方离婚。

夫妻一方死亡的，夫妻双方的婚姻关系自然终止，无须办理任何终止婚姻关系的法律手续。生存的一方如果再婚，不发生重婚的问题。

离婚是夫妻双方生存期间依照法定的条件和程序解除婚姻关系的法律行为。离婚以男女双方具有合法夫妻身份为前提，它必须由当事人亲自所为，即必须由夫妻双方或一方亲自提出、必须由夫妻双方亲自参与、离婚的后果须由夫妻双方亲自承受。离婚和结婚一样，要具备一定的法律要件，履行一定的法律程序，才能发生法律效力。离婚是具有重要法律意义的行为，它将导致夫妻关系的解除，从而会引起一系列的法律后果，既关系到双方当事人的利益，也会影响到子女的利益及社会的利益。

2. 登记离婚

(1) 登记离婚的概念。

登记离婚是指夫妻双方在自愿的前提下，就离婚及其相关问题达成协议，婚姻登记机关经过认可，解除双方婚姻关系的离婚制度。《婚姻法》第三十一条规定，男女双方自愿离婚的，准予离婚。双方必须到婚姻登记机关申请离婚。婚姻登记机关查明双方确实是自愿并对子女和财产问题已有适当处理时，发给离婚证。

（2）登记离婚的条件。

① 当事人双方须有合法的婚姻关系。只有办理过结婚登记的婚姻关系的当事人，才能够通过行政登记程序办理登记离婚。

② 当事人双方须为完全民事行为能力人。《婚姻登记条例》第十二条规定，当事人属于无民事行为能力人或者限制民事行为能力人的，婚姻登记机关不予受理。对于夫妻一方为无行为能力人或限制行为能力人的离婚，应依诉讼程序，并由其法定代理人代理诉讼。

③ 当事人双方须有离婚的合意。即要求双方对离婚的意愿必须是真实、自愿的，而不是虚假的、误解的或者受人胁迫的、欺诈的。如婚姻登记机关查明有这些情况存在，将依法不予办理离婚登记。不过，在登记离婚之后，一般不允许当事人以意思表示不真实为由进行反悔，主张离婚无效。这是由人身关系不可逆转的性质决定的。

④ 当事人双方必须对子女的抚养教育作出恰当、合理的安排。协议离婚时双方应对子女由何方抚养、抚养费的负担及给付期限、给付方式等达成一致的协议。

⑤ 当事人双方必须对财产问题作出适当的处理。登记离婚时对夫妻共同财产的分割、债务的清偿以及一方生活确有困难需要另一方给予适当经济帮助等问题都必须达成一致的协议。

（3）登记离婚的程序。

① 申请。《婚姻登记条例》规定，内地居民自愿离婚的，男女双方应当共同到一方当事人常住户口所在地的婚姻登记机关办理离婚登记。办理离婚登记的内地居民应当出具下列证件和证明材料：第一，本人的户口簿、身份证；第二，本人的结婚证；第三，双方当事人共同签署的离婚协议书。此外，《婚姻登记条例》还规定，办理离婚登记的当事人有下列情形之一的，婚姻登记机关不予受理：第一，未达成离婚协议的；第二，属于无民事行为能力人或者限制民事行为能力人的；第三，其结婚登记不是在中国内地办理的。

② 审查。婚姻登记机关在受理离婚申请后，对当事人提供的证明材料和离婚申请进行审查。审查的实质内容是当事人是否符合登记离婚的条件，其中最重要的是主体适格和协议内容适当两个问题。婚姻登记机关不必审查离婚的原因和当事人的感情状况，也没有做调解工作的义务。在审查的时候，为保证当事人离婚协议书的真实性，必要时婚姻登记机关可共同或分别对当事人进行询问。

③ 登记。婚姻登记机关经过审查后，对符合《婚姻法》和《婚姻登记条例》规定的离婚申请，应准予离婚。《婚姻登记条例》第十三条规定，当事人确属自愿离婚，并已对子女抚养、财产、债务等问题达成一致处理意见的，应当当场予以登记，发给离婚证。当事人从取得离婚证时起解除夫妻关系。离婚证和人民法院的离婚判决书、离婚调解书具有同等的法律效力，是证明婚姻关系已经解除的证件。对不符合《婚姻法》和《婚姻登记条例》规定

的，婚姻登记机关不予登记，并向当事人讲清理由。

(4) 登记离婚后纠纷的处理。

离婚协议中关于财产分割的条款或者当事人因离婚就财产分割达成的协议，对男女双方具有法律约束力，当事人应当遵守。但当事人因履行上述财产分割协议发生纠纷提起诉讼的，人民法院应当受理。男女双方协议离婚后一年内就财产分割问题反悔，请求变更或者撤销财产分割协议的，人民法院应当受理。人民法院审理后，未发现订立财产分割协议时存在欺诈、胁迫等情形的，应当依法驳回当事人的诉讼请求。但须注意，人民法院的处理并不是指向离婚登记，而是当事人对离婚后果产生的纠纷。

3. 诉讼离婚

(1) 诉讼离婚的概念。

诉讼离婚是指夫妻双方对待离婚或离婚后子女抚养或财产清算等问题不能达成协议，由一方向人民法院提起诉讼，经人民法院审理、调解或判决的一种离婚制度。《婚姻法》第三十二条规定，男女一方要求离婚的，可由有关部门进行调解或直接向人民法院提出离婚诉讼。

(2) 离婚诉讼中的调解。

在人民法院审理离婚案件的过程中，调解一般是必经的诉讼程序。它是指在人民法院审判人员的主持下，由双方当事人自愿协商，达成协议，解决纠纷。但也存在着无从或者是不宜调解的特殊情况，这类情况主要有三种：第一种是当事人一方或者双方没有民事行为能力或者没有完全的民事行为能力；第二种是涉外离婚案件；第三种是一方当事人确实无法到庭的。

离婚诉讼调解有三种结果：一是双方达成和好的协议，由原告撤诉，将调解协议记录在卷。二是双方达成离婚协议，人民法院审判人员要按调解协议内容制作离婚调解书，调解书与判决书的法律效力相同，双方领取了离婚调解书，夫妻关系即告解除。三是协议不成，调解无效，由人民法院依法作出判决。

(3) 离婚诉讼中的判决。

《婚姻法》第三十二条规定了判决离婚的法定条件，即人民法院审理离婚案件，应当进行调解；如感情确已破裂，调解无效，应准予离婚。为了便于司法操作，该条法律还规定，有下列情形之一，调解无效的，应准予离婚：① 重婚或有配偶者与他人同居的；② 实施家庭暴力或虐待、遗弃家庭成员的；③ 有赌博、吸毒等恶习屡教不改的；④ 因感情不和分居满两年的；⑤ 其他导致夫妻感情破裂的情形。针对因失踪而导致的离婚纠纷，该条法律还特别规定，一方被宣告失踪，另一方提出离婚诉讼的，应准予离婚。

(4) 诉讼离婚的特别规定。

① 在离婚问题上对现役军人予以特殊保护。

《婚姻法》第三十三条规定，现役军人的配偶要求离婚，须得军人同意，但军人一方有重大过错的除外。这条规定是对非军人一方行使离婚请求权的一定程度的限制，但同时又规定了在军人有重大过错时可不受此限制。按照最高人民法院的有关司法解释，该条所说的"军人一方有重大过错"包括：重婚或有配偶者与他人同居的；实施家庭暴力或虐待、遗弃家庭成员的；有赌博、吸毒等恶习屡教不改的；军人有其他重大过错导致夫妻感情破裂的。

现役军人的范围是指正在人民解放军或人民武装警察部队服役，具有军籍的人员。退伍、复员、转业的军人以及军事单位中不具有军籍的职工不属于现役军人的范围。现役军人的配偶是指非军人一方，这意味着，现役军人配偶要求离婚是指非军人一方向军人一方提出的离婚，如果双方都是现役军人或军人一方向非军人一方提出离婚，则应按婚姻法中的一般规定处理。

② 在离婚问题上对女方予以特殊保护。

《婚姻法》第三十四条规定，女方在怀孕期间、分娩后一年内或终止妊娠后六个月内，男方不得提出离婚。女方提出离婚的，或人民法院认为确有必要受理男方离婚请求的，则不受限制。

理解上述法条应注意以下几个问题：第一，该条规定不是对男方离婚请求权的否定和剥夺，只是推迟了男方提出离婚的时间，并不涉及准离与不准离的实体性问题。在上述期限届满后，男方仍可依法行使其离婚请求权，在符合法定条件时也能获准离婚。第二，女方在此期间提出离婚的，不受本条限制。因为，本条规定的目的在于保护妇女、儿童的利益。女方在此期间提出离婚，往往都是出于某种紧迫的原因，而且本人对离婚及其后果已有思想准备，如不及时受理，可能更加不利于对女方、婴儿的保护。同时，该规定只适用于一方要求离婚。若在此期间，男女双方自愿登记离婚，法律不予禁止。第三，人民法院认为确有必要受理男方离婚请求的，也不受本条规定限制。根据审判实践的经验，主要指两种情况：一是双方确实存在不能继续共同生活的重大而急迫的事由，例如一方对他方有危及人身安全的可能等；二是女方怀孕系因与他人通奸所致，女方也不否认或经查明属实，夫妻感情确已破裂的。当然，鉴于实际生活比较复杂，在处理具体问题时，是否确有必要受理男方的离婚请求，应由人民法院具体问题具体分析，根据实际情况决定。

4. 离婚的法律后果

(1) 离婚后的父母子女关系。

① 离婚不消除父母子女关系。《婚姻法》第三十六条规定，父母与子女间的关系，不因父母离婚而消除。离婚后，子女无论由父或母直接抚养，仍是父母双方的子女。养父母与养子女间的身份关系及其权利义务关系，也不因养父母离婚而消除。离婚后，已形成事实上的抚养教育关系的继父母和继子女，如继子女未成年并随生父或生母生活的，该继子女与继父母的关系，可视为自然解除；在已成年的情况下，继父母与继子女已经形成的身份关系和权利义务关系不因离婚而自然解除，但可经一方或双方提出后依法解除。

② 离婚后子女的抚养归属。第一，2 周岁以下的子女随母方生活为原则，但如果母方有下列情形之一，则随父方生活：患有久治不愈的传染性疾病或其他严重疾病，子女不宜与其共同生活；有抚养条件不尽抚养义务，而父方要求子女随其生活；因其他原因，子女确无法随母方生活。若父母双方协议 2 周岁以下子女随父方生活，并对子女健康成长无不利影响，可随父方生活。第二，2 周岁以上未成年子女，不再直接以随母生活为原则，当

父母双方均要求抚养时,以下情形将作为优先考虑因素:已做绝育手术或因其他原因丧失生育能力;子女随其生活时间较长,改变生活环境对子女健康成长明显不利;无其他子女,而另一方有其他子女;子女随其生活,对子女成长有利,而另一方患有久治不愈的传染性疾病或其他严重疾病,或者有其他不利于子女身心健康的情形,不宜与子女共同生活。另外,若父方与母方抚养子女的条件基本相同,双方均要求子女与其共同生活,但子女单独随祖父母或外祖父母共同生活多年,且祖父母或外祖父母要求并且有能力帮助子女照顾孙子女或外孙子女,可作为子女随父或母生活的优先条件予以考虑。第三,10 周岁以上未成年人的抚养,若父母双方发生争执的,应考虑该子女的意见。第四,若父母双方协议轮流抚养子女,且该抚养是有利于保护子女利益的,则可轮流抚养。第五,父母双方经协商可变更抚养关系,出现以下法定事由时,一方可提起变更请求:与子女共同生活的一方因患严重疾病或因伤残无力继续抚养子女;与子女共同生活的一方不尽抚养义务或有虐待子女行为,或其与子女共同生活对子女身心健康确有不利影响;10 周岁以上未成年子女,愿随另一方生活,该方又有抚养能力;有其他正当理由需要变更。

③ 离婚后子女抚育费的负担。《婚姻法》第三十七条规定,离婚后,一方抚养的子女,另一方应负担必要的生活费和教育费的一部或全部,负担费用的多少和期限的长短,由双方协议;协议不成时,由人民法院判决。关于子女生活费和教育费的协议或判决,不妨碍子女在必要时向父母任何一方提出超过协议或判决原定数额的合理要求。抚育费应定期给付,有条件者亦可一次性给付。抚育费一般应由不负责实际抚养子女的一方承担,但经约定也可由抚养方全额承担。抚育费一般至子女 18 周岁为止,但有两项例外:一是期限缩短的例外,即 16 周岁以上不满 18 周岁,以其劳动收入为主要生活来源,并能维持当地一般生活水平的,父母可停止给付抚育费。二是期限延长的例外,即尚未独立生活的成年子女有特殊情形且父母又有给付能力的,仍应负担必要的抚育费。特殊情形包括:丧失劳动能力或虽未完全丧失劳动能力,但其收入不足以维持生活的;尚在校就读的;确无独立生活能力和条件的。

④ 离婚后不直接抚养子女的父或母的探望权。《婚姻法》第三十八条规定,离婚后,不直接抚养子女的父或母,有探望子女的权利,另一方有协助的义务。行使探望权利的方式、时间由当事人协议;协议不成时,由人民法院判决。父或母探望子女,不利于子女身心健康的,由人民法院依法中止探望的权利;中止的事由消失后,应当恢复探望的权利。根据最高人民法院的司法解释,有权提起请求的人包括未成年子女、直接抚养子女的父或母及其他对未成年子女负担抚养、教育义务的法定监护人。

典型案例

刘小某抚养费纠纷案

刘小某与刘大某系父女关系,刘小某之母徐女士与刘大某原系夫妻关系,后双方经民政局登记离婚,并就子女问题达成协议:“孩子归女方抚养,男方每月承担抚养费伍佰元整，到孩子完成学业止。”第二年，双方就增加抚养费问题产生争执，后经海淀区人民法院审理，判决刘大某每月给付刘小某 700 元，至刘小某年满 18 周岁时止。其后，刘大某一直按月将 700 元的抚养费向前妻银行卡进行转账支付。在刘小某上小学三年级时，随着近年的物价上涨以及刘小某的升学、生活、医疗等各方面的开支在不断增长，刘大某每月支付 700 元的抚养费已经远远不够刘小某的消费开支。鉴于刘大某有稳定的工作和较高的经济收入，徐女士要求刘大某向刘小某每月支付抚养费 3 000 元，但刘大某不同意，双方就抚养费问题再次诉至法院。

法院审理后认为，父母对子女负有抚养和教育的义务。徐女士与刘大某离婚后，虽然刘小某由徐女士抚养，刘大某也支付了一定的抚养费。但依法律规定，关于子女生活费等的判决，不妨碍子女在必要时向父母任何一方提出超过原定数额的合理要求。刘小某父母的离婚判决书中确定的抚养费标准，距今已经 6 年，考虑到通货膨胀等因素，刘小某所需的生活、学习费用不断增加、原定 700 元标准已不够完全支付其正常花销。因此，刘小某向法院提起诉讼，要求刘大某增加扶养费，请求合理，法院予以支持。刘小某提交的收入证明与刘大某自述的全年收入没有较大差距，故法院可以认定刘大某近一年年收入将近 20 万。本案中，抚养费的具体数额由法院将结合刘大某收入状况以及刘小某所处城市消费水平等情况综合判定。综上所述，依照《中华人民共和国婚姻法》第三十六条、三十七条之规定，判决：刘大某每月支付刘小某抚养费人民币 2 500 元，至刘小某 18 周岁时止。

(2) 离婚终止了当事人之间的夫妻身份。

终止的时间，登记离婚的，从取得离婚证开始；调解离婚的，从当事人双方签收离婚调解书开始；判决离婚的，从判决书生效时开始。

(3) 因夫妻身份而确定的权利义务关系随之消灭。

共同生活的权利义务解除，相互扶养的权利义务终止，法定继承人的资格丧失，双方均有再婚的自由。

(4) 分割夫妻共同财产。

《婚姻法》第三十九条规定，离婚时，夫妻的共同财产由双方协议处理；协议不成时，由人民法院根据财产的具体情况，照顾子女和女方权益的原则判决。夫或妻在家庭土地承包经营中享有的权益等，应当依法予以保护。妨害夫妻共同财产分割应当承担相应的民事责任。我国《婚姻法》规定，离婚时，一方隐藏、转移、变卖、毁损夫妻共同财产，或伪造债务企图侵占另一方财产的，分割夫妻共同财产时，对隐藏、转移、变卖、毁损夫妻共同财产或伪造债务的一方，可以少分或不分。离婚后，另一方发现有上述行为的，可以向人民法院提起诉讼，请求再次分割夫妻共同财产。

典型案例

离婚时隐匿夫妻共同财产案

陈先生与魏女士于2000 年登记结婚，次年生有一子。因夫妻感情日益恶化，长期分居，双方于2007年11月经协商一致办理了离婚登记手续，约定儿子由魏女士抚养，并对夫妻共同财产进行了分割。2011年12月3日，魏女士得知，陈先生于2006年11月以10万元购买一栋房屋，在办理离婚手续时并没有告知魏女士，遂于2012年1月向人民法院起诉，要求重新分割这部分财产。陈先生辩称：当初离婚时，双方已经就夫妻共同财产进行了分割，现在已经4年多，诉讼时效已过，魏女士再来请求分割财产，没有法律依据，请求法院依法驳回魏女士的诉讼请求。

本案涉及离婚时已经对共同财产进行了分割，其后发现一方有隐匿财产行为的，另一方对该隐匿财产的请求分割权及该请求分割权的时效。

根据《婚姻法》第四十七条的规定，离婚时，一方隐藏、转移、变卖、毁损夫妻共同财产，或伪造债务企图侵占另一方财产的，分割夫妻共同财产时，对隐藏、转移、变卖、毁损夫妻共同财产或伪造债务的一方，可以少分或不分。离婚后，另一方发现有上述行为的，可以向人民法院提起诉讼，请求再次分割夫妻共同财产。在本案中，陈先生在夫妻关系存续期间，用10万元人民币购买房屋一栋，理应是夫妻共同财产，而在双方离婚时并未告知魏女士，显然属于隐匿共同财产的行为，因而，魏女士在得知后，根据法律规定自然有权提起诉讼要求再次分割夫妻共同财产。

关于该权利行使的诉讼时效，《最高人民法院关于适用〈中华人民共和国婚姻法〉若干问题的解释(一)》第三十一条进行了明文规定，当事人依据婚姻法第47条的规定向人民法院提起诉讼，请求再次分割夫妻共同财产的诉讼时效为两年，从当事人发现之次日起计算。具体到本案而言，诉讼时效的起算期间应该从魏女士发现陈先生隐匿财产的次日开始计算，也就是从2011年12月4日开始计算，直至2013年12月4日，因而魏女士在2012年1月提起诉讼，诉讼时效尚未经过，对其请求权法院应当予以支持。需要指出的是，2017年10月生效的《中华人民共和国民法总则》第一百八十八条规定，向人民法院请求保护民事权利的诉讼时效期间为三年。法律另有规定的，依照其规定。由于上述2年诉讼时效期间本就是参考《民法通则》普通诉讼时效期间进行的立法，故而在民法总则对普通诉讼时效期间修改后，应与《民法总则》规定的普通诉讼时效期间保持一致，即提高为3年。不过，这需要立法机关对法律加以修订，提升到3年，或者在司法实务中进行法律解释，由法官根据新法解释为3年诉讼时效期间。

(5) 夫妻对外债务的清偿。

《婚姻法》第四十一条规定，离婚时，原为夫妻共同生活所负的债务，应当共同偿还。共同财产不足清偿的，或财产归各自所有的，由双方协议清偿；协议不成时，由人民法院判决。基于上述规定，有关夫妻对外债务的清偿问题包括以下两个方面的内容：

首先，夫妻对外债务的判断标准。夫妻对外债务分为夫妻共同债务和夫妻个人债务两类，其中，夫妻共同债务是指夫妻一方或双方在婚姻关系存续期间，为维持婚姻家庭共同生活所负的债务；夫妻个人债务是指夫妻一方婚前或婚后以个人名义所负的与夫妻共同生活无关的债务。

如何判定夫妻共同债务？根据有关的司法解释，夫妻为共同生活或为履行抚养、赡养义务等所负债务，应认定为夫妻共同债务，离婚时应当以夫妻共同财产清偿。具体来讲，第一，夫妻双方共同签字或者夫妻一方事后追认等共同意思表示所负的债务，应当认定为夫妻共同债务。第二，夫妻一方在婚姻关系存续期间以个人名义为家庭日常生活需要所负的债务，债权人以属于夫妻共同债务为由主张权利的，人民法院应予支持。第三，夫妻一方在婚姻关系存续期间以个人名义超出家庭日常生活需要所负的债务，债权人以属于夫妻共同债务为由主张权利的，人民法院不予支持，但债权人能够证明该债务用于夫妻共同生活、共同生产经营或者基于夫妻双方共同意思表示的除外。此外，一方婚前所负个人债务，但债权人能够证明所负债务用于婚后家庭共同生活的，属于夫妻共同债务。

如何判定夫妻个人债务？根据有关的法律和司法解释，下列债务属于个人债务：第一，夫妻对婚姻关系存续期间所得的财产约定归各自所有的，夫或妻一方对外所负的债务，第三人知道该约定的，属于个人债务；第二，夫妻一方以个人名义所负债务，并且夫妻一方能够证明债权人与债务人明确约定为个人债务的，属于个人债务；第三，夫妻双方约定由个人负担的债务，但以逃避债务为目的的除外；第四，一方未经对方同意，擅自资助与其没有抚养义务的亲朋所负的债务；第五，一方未经对方同意，独自筹资从事经营活动，其收入确未用于共同生活所负的债务；第六，法规规定的其他应由个人承担的债务。

其次，夫妻对外债务的清偿规则。夫妻对外债务的清偿规则有：① 夫妻共同债务，应由共同财产清偿。共同财产不足以清偿债务时，由当事人双方互谅互让，协议确定清偿责任；协议不成时，由人民法院判决。人民法院的判决应以双方的经济状况、生活条件和保护妇女权益的原则等为依据，既要保护债权人的利益，又要考虑当事人的负担能力。② 当事人的离婚协议或者人民法院的判决书、裁定书、调解书已经对夫妻财产分割问题作出处理的，债权人仍有权就夫妻共同债务向男女双方主张权利。一方就共同债务承担连带清偿责任后，基于离婚协议或者人民法院的法律文书向另一方主张追偿的，人民法院应当支持。③ 在婚姻因夫或妻一方死亡而自然终止时，生存一方应当对婚姻关系存续期间的共同债务承担连带清偿责任。④ 个人债务应由本人负责清偿，他方既不负连带的责任，也不能从共同财产中扣除财产用于清偿。他方自愿帮助清偿的，法律不予以禁止。

(6) 离婚时的经济补偿。

《婚姻法》第四十条规定，夫妻书面约定婚姻关系存续期间所得的财产归各自所有，一方因抚育子女、照料老人、协助另一方工作等付出较多义务的，离婚时有权向另一方请求补偿，另一方应当予以补偿。

(7) 离婚时的损害赔偿。

《婚姻法》第四十六条规定，有下列情形之一，导致离婚的，无过错方有权请求损害赔偿：① 重婚的；② 有配偶者与他人同居的；③ 实施家庭暴力的；④ 虐待、遗弃家庭成员的。对于离婚损害赔偿制度需要明确以下几点：第一，离婚损害赔偿仅仅发生在夫妻双方离婚之时。因此，在婚姻关系存续期间，当事人不起诉离婚而单独依据该条规定提起损害赔偿请求的，人民法院不予受理；虽起诉离婚，但人民法院判决不准离婚的案件，对于当事人提出的损害赔偿请求，不予支持。若当事人在婚姻登记机关办理离婚登记手续后，以《婚姻法》第四十六条规定为由向人民法院提出损害赔偿请求的，人民法院则应当受理，但当事人在协议离婚时已经明确表示放弃该项请求，或者在办理离婚登记手续一年后提出的，不予支持。第二，离婚损害赔偿的归责原则是过错原则，所谓过错包括该条规定的四种形式。第三，只有无过错方才享有损害赔偿请求权，如双方都有法条所指的重大过错的，适用“过错相抵”原则，都不能要求损害赔偿。第四，离婚损害赔偿的内容，在性质上既可能包括精神损害赔偿，也可能包括物质损害赔偿。凡是涉及精神损害赔偿的，根据最高人民法院《关于确定民事侵权精神损害赔偿责任若干问题的解释》，参照以下因素确定赔偿数额：侵权行为人的过错程度；侵害的手段、行为方式等具体情节；侵权行为所造成的后果；侵权行为人承担责任的经济能力；当地平均生活水平。

典型案例

过错离婚赔偿纠纷案

程阿男与余阿女登记结婚后，因婆媳矛盾，余阿女婚后第六年初独自去广东一带打工。其间，程阿男与女青年夏某相识，并以夫妻关系生活在一起。余阿女得知此事后，以程阿男犯重婚罪向当地人民法院起诉。人民法院以重婚罪判处程阿男有期徒刑 6 个月，缓刑 1 年。缓刑期满后，程阿男向某人民法院提起民事诉讼，要求法院解除其与余阿女的婚姻关系，受理案件后，人民法院告知余阿女其有权请求程阿男进行损害赔偿，而余阿女则坚决表示不离婚，也没有提出损害赔偿请求。后经过审理，人民法院判决程阿男与余阿女离婚，平均分割家庭财产。余阿女不服，向中级人民法院提起上诉，并依据《婚姻法》第 46 条提起损害赔偿。二审人民法院受理后，对余阿女提出的损害赔偿的请求在余阿女与程阿男之间进行了调解，但因双方认识差距太大，没有达成一致，因而告知余阿女可在离婚后一年内另行起诉。并判决维持原判，驳回上诉。

本案提出的问题是，在离婚过错赔偿中，无过错一方如何依据《婚姻法》第四十六条提起损害赔偿请求？对于这一个问题，《最高人民法院关于适用〈中华人民共和国婚姻法〉若干问题的解释（一）》第三十条作了详细的规定，人民法院受理离婚案件时，应当将婚姻法第四十六条等规定中当事人的有关权利义务，书面告知当事人。在适用《婚姻法》第四十六条时，应当区分以下不同情况：（一）符合婚姻法第四十六条规定的无过错方作为原告基于该条规定向人民法院提起损害赔偿请求的，必须在离婚诉讼的同时提出。（二）符合婚姻法第四十六条规定的无过错方作为被告的离婚诉讼案件，如果被告不同意离婚也不基于该条规定提起损害赔偿请求的，可以在离婚后一年内就此单独提起诉讼。（三）无过错方作为被告的离婚诉讼案件，一审时被告未基于婚姻法第四十六条规定提出损害赔偿请求，二审期间提出的，人民法院应当进行调解，调解不成的，告知当事人在离婚后一年内另行起诉。上述规定具有以下特点：第一，法律为人民法院设定了书面告知义务，以防止因不知道法律对其有利的规定，而没有及时依法请求进行保护；第二，对于损害赔偿请求的提出时间而言，法律是按照无过错方在诉讼中所处的地位不同而区别对待的，即区分无过错方是原告还是被告，若无过错方作为原告的，损害赔偿请求应当与离婚诉讼同时提出；若无过错方作为被告，此时，如果在一审、二审中均因不同意离婚而未提出赔偿请求，或者在一审中因不同意离婚而未提出赔偿请求，则允许其事后再提，当事人在离婚后1年内提起诉讼，如果同意离婚但诉讼中没有提及的，由于进行过告知，所以可以视为他对权利行使的一种放弃，以后也不予支持。

(8) 离婚时对生活困难一方的帮助。

《婚姻法》第四十二条规定，离婚时，如一方生活困难，另一方应从其住房等个人财产中给予适当帮助。具体办法由双方协议；协议不成时，由人民法院判决。离婚时的生活帮助是有条件的，一是要求被帮助的一方生活确有困难，二是提供帮助的一方须有经济负担能力。生活帮助一般是从住房等个人财产中帮助，这种帮助是用来解决离婚时的生活困难的，因此一般是临时的而不是长期的，而且一般是一次性的。

第二节　继承法

一、继承法概述

继承，是指将公民死亡时遗留的个人合法财产依法转移给他人承受的民事法律制度。死亡公民遗留的个人合法财产是遗产，遗留财产的死者是被继承人，以继承方式取得被继承人遗产的人是继承人。继承人依照法律的直接规定或者被继承人所立的合法遗嘱享有的继承被继承人遗产的权利就是继承权。

继承法是调整因自然人的死亡而发生的继承关系的法律规范的总称。一般说来，我国继承法的基本原则主要包括保护公民合法财产继承权的原则，继承权平等原则，养老育幼、互助互济原则，互谅互让、团结和睦原则和权利义务相一致的原则等。

二、遗赠抚养协议

1. 遗赠抚养协议的概念

遗赠扶养协议，是指扶养人承担自然人生养死葬义务，该自然人将自己的合法财产指定在其死后转移给扶养人所有的协议。遗赠扶养协议的受扶养人只能是自然人；扶养人可以是自然人，也可以是集体所有制组织，但不能是对受扶养人有法定扶养义务的法定继承人。遗赠扶养协议必须采用书面形式。

2. 遗赠抚养协议的效力

(1) 遗赠扶养协议的效力优于遗嘱继承和法定继承。

继承开始后，如果被继承人生前与他人或集体组织订有遗赠扶养协议的，必须先按该协议的内容处理遗产；没有此种协议的，才可分别适用遗嘱继承或法定继承方式分割遗产。

(2) 违反遗赠扶养协议应承担违约责任。

遗赠扶养协议一经签订，双方必须严格遵守，一旦违反遗赠扶养协议的约定，就要承担相应的违约责任。主要包括两个方面:① 如果扶养人无正当理由不履行其扶养义务,导致协议解除的,不能再享受接受遗赠的权利,其曾经支付的供养费用一般不予补偿;受扶养人未解除协议的,对不尽扶养义务或者以非法手段谋夺遗赠人财产的扶养人,经遗赠人的亲属或者有关单位的请求人民法院可以剥夺扶养人的受遗赠权;对不认真履行扶养义务,致使受扶养人经常处于生活缺乏照料状况的扶养人,人民法院也可以酌情对扶养人受遗赠的财产数额予以限制。② 如果遗赠人无正当理由不履行其义务,导致协议解除的,则其本人或其继承人应当偿还扶养人或集体组织已支付的扶养费用。这意味着,受扶养人对在遗赠扶养协议中指定遗赠给扶养人的财产,在其生前可以占有、使用、收益,但不得处分,因为受扶养人擅自处分财产,会致使扶养人无法实现受遗赠权利。

典型案例

招子书约纠纷案

1991年1月,何阿大与米老头、米老太夫妇签订了一份《招子书约》。根据该《招子书约》,何阿大受招为米老头、米老太之子,并照顾米老头、米老太的生活起居,米氏夫妇在死亡后的遗产由何阿大继承。《招子书约》签订后,何阿大履行了部分扶养义务,但何阿大认为米老头、米老太心胸狭窄,经常指责其各种不是,且常常恶言恶语伤害何阿大。根据《招子书约》之约定,何阿大对二人尽义务来日方长,现在已经矛盾日增,以后必将难以相处。为了双方今后生活和维护何阿大自身的人格尊严,何阿大请求人民法院解除双方之间的协议,准许其取回在米氏夫妇家中属其所有的家具、松木等财物。米老头、米老太称其二人招何阿大为子,并非为了传宗接代,而是为了老有所养。何阿大是完全自愿的,并非为被迫。《招子书约》中约定的何阿大的义务与权利是相当的,二人对何阿大的要求是不过分的,何阿大也基本上予以履行。何阿大系具有完全民事行为能力的成年人,不应反复无常,视协议为儿戏。基于上述理由,米老头、米老太不同意与何阿大解除协议。若何阿大坚持非解除不可,则要求何阿大供给米老头、米老太本年度全年的口粮。

上述案例中,何阿大与米老头、米老太所订立的协议,被称为《招子书约》,结合案件发生地点(农村)与时间(20世纪90年代),可以推定米氏夫妇签订《招子书约》的初衷就是想与何阿大之间建立父母与儿子的亲情关系,但是该书约中的招子条款与遗赠扶养协议条款之间存在着一定的冲突。如果《招子书约》中的招子条款是有效的,那么何阿大与米氏夫妇之间形成的就是拟制的父母子女关系,同时双方之间形成的是法定的权利义务关系,何阿大应对二人履行法定的赡养义务,此义务不以米氏夫妇必须履行财产转移义务为前提。何阿大在负有法定赡养义务的同时,还具有了法定的继承权利。可见,如果《招子书约》中的招子条款是有效的,那么遗赠扶养协议的相关条款则必然无效。反之,《招子书约》中有关的遗赠扶养协议条款是有效的,那么由于遗赠扶养协议的扶养人必须是与被扶养人无法定扶养、继承关系的公民,而书约中的招子条款确定了何阿大与米老头、米老太之间的法定扶养、继承关系,因此这一招子条款必然无效。综上,招子条款与遗赠扶养协议条款二者只能存其一，不可同时成立。对于本案中招子条款的效力不能简单地予以否定，应该根据当事人的真实意思表示，协议签订时的社会观念以及协议的内容，对照相关的法律进行分析。《招子书约》签订于20世纪90年代，当时我国立继、立嗣的旧的宗法观念依然存在，若此行为属于宗法观念的行为，我们应该予以否定。若是符合收养法规定的收养条件的，就应确定当事人之间的收养关系。结合收养法规定可以知道，被收养人应该是14周岁以下的未成年人，而本案中何阿大是成年人，所以不符合收养条件。综上所述，招子行为不符合法定条件，所以是无效行为。何阿大与米氏夫妇之间的《招子书约》只能根据遗赠扶养协议的相关法律来进行分析。根据《中华人民共和国继承法》第31条，何阿大与米老头、米老太之间不存在法定的赡养、继承关系，同时何阿大具有相应的扶养能力，符合成为扶养人的条件，同时根据案件事实，米老头米老太无子女照顾，可以成为受扶养人，且双方意思表示真实，所以可认定他们之间签订的《招子书约》为遗赠扶养协议。

遗赠扶养协议一经签订，不得随意解除。但考虑到何阿大坚持要求解除遗赠扶养协议，如若不予支持，强行继续维持遗赠扶养关系则更不利于何阿大正常履行扶养协议。所以，法院判决，解除何阿大与米老头、米老太之间的遗赠扶养协议，但是何阿大无权要求米氏夫妇偿还已经支付的扶养费用。同时因为何阿大解除协议的行为影响到了米氏夫妇的近期生活，所以法院要求何阿大对协议解除后米氏夫妇的近期生活作适当安排。何阿大取回在米氏夫妇家中属其所有的家具、松木等财物。

典型案例

遗赠扶养协议下遗赠的财产追索案

刘女士、王先生为夫妻关系。杨一、杨二、杨三、杨四系兄弟姐妹关系，均为被继承人杨老伯的婚生子女。被继承人杨老伯原系天津市河东区饮食公司集体第三基层店的退休干部，月退休金320元。杨老伯与其妻子经法院调解离婚后，搬出独自居住生活，逐渐与其子女疏远。为照顾自己的生活，杨老伯雇刘女士为其保姆，3个月后，杨老伯认刘女士为干女儿，双方关系较为融洽。不久之后，杨老伯与刘女士、王先生签订遗赠扶养协议，约定：刘女士、王先生负责照顾杨老伯生活、医疗、丧葬等事项，杨老伯之财产在其去世后全部赠与二人；二人不得虐待遗赠人，遗赠人不得违约。该遗赠扶养协议经天津市河东区公证处公证。杨老伯在同年将其住房换置与刘女士、王先生同楼毗邻而居，由二人对杨老伯的生活进行照料。协议签订当年年底，刘女士因刑事犯罪被判处有期徒刑2年，服刑期间杨老伯曾多次前往探望。由于王先生与杨老伯相处不睦，杨老伯又将其住房换置他处平房独居生活，但杨老伯未告知刘女士。搬家的第二年，杨老伯因交通事故死亡，交通管理部门通知杨一、杨二、杨三、杨四处理交通事故。经与事故责任单位协商，一次性给付赔偿金结案。四人不顾他人提示杨老伯与他人订立遗赠扶养协议一事，将杨老伯部分遗产变卖处理，并将杨老伯身后遗留物存折、现金及事故责任单位所支付的赔偿金予以占有。刘女士、王先生因向四人索要遗赠的财产不成，向天津市河东区人民法院提起诉讼，要求追索遗赠遗产及赔偿金。杨一、杨二、杨三、杨四称:"杨老伯系我们亲生之父,我们不知生父生前与刘女士、王先生订有遗赠扶养协议,故生父意外死亡,我们料理丧事,处理、占有其遗产理所当然。事故责任单位一次性给付的赔偿金,是对我们的赔偿,不属遗产范围。"

法院经审理认为:刘女士、王先生发扬敬老、养老的传统精神,与杨老伯签订遗赠扶养协议,并履行了一定的扶养义务,应享有受遗赠的权利,对此应予保护。杨一、杨二、杨三、杨四均系杨老伯的亲生子女,理应对杨老伯尽法定的赡养义务,但四人对杨老伯与刘女士、王先生签订遗赠扶养协议一事,时间长达2年之久,却全然不知,对此本院予以当庭批评教育。杨老伯死亡后,四人擅自变卖占有其全部遗产和事故责任单位一次性给付的赔偿金,侵犯了刘女士、王先生受遗赠的权利,应承担返还的民事责任。至于事故责任单位一次性给付的赔偿金,除合理的丧葬费用及四人料理丧事的误工损失外,其余为死亡补偿金,它系对受害人杨老伯之赡养人或扶养人的经济补偿和精神慰藉,刘女士、王先生作为遗赠人杨老伯的扶养人,亦应按其对遗赠人所尽扶养义务给予补偿。遗赠人杨老伯其余遗产和死亡补偿金,由其法定继承人继受。遂判决杨一、杨二、杨三、杨四将受遗赠财产和死亡补偿费用部分返还刘女士、王先生。

三、遗嘱继承和遗赠

1. 遗嘱继承和遗赠概述

(1) 遗嘱继承和遗赠的概念。

遗嘱继承,是指依照被继承人生前所立合法有效遗嘱的指定取得被继承人遗产的一种财产继承方式。遗赠,是指自然人通过遗嘱的方式将其个人财产的一部或全部赠给法定继承人之外的个人或社会组织的民事行为。

(2) 遗嘱继承和遗赠的区别。

① 受遗赠人与遗嘱继承人的主体范围不同。受遗赠人可以是法定继承人以外的任何自然人,也可以是国家或者集体,但不能是法定继承人范围之内的人;遗嘱继承人只能是法定继承人范围之内的人,而不能是法定继承人以外的人,也不能是国家或者集体。

② 受遗赠权与遗嘱继承权的客体范围不同。受遗赠权的客体只能是遗产中的财产权利,而不能是财产义务;遗嘱继承权的客体是遗产,既包括财产权利也包括财产义务。因此,受遗赠人与遗嘱继承人承担的义务也就不同。受遗赠人不承受遗产中的债务,而遗嘱继承人不仅享有取得遗产的权利,也负有承担被继承人债务的义务。

③ 受遗赠权与遗嘱继承权的行使方式不同。受遗赠人接受遗赠的,须于法定期间内作出接受的明示的意思表示。《中华人民共和国继承法》(简称《继承法》)第二十五条规定,受遗赠人应当在知道受遗赠后两个月内,作出接受或者放弃受遗赠的表示。到期没有表示的,视为放弃受遗赠。遗嘱继承人接受继承的,无须作出明示的意思表示。自继承开始后遗产分割前,遗嘱继承人未表示放弃继承的,视为接受继承。

④ 受遗赠人与遗嘱继承人取得遗产的方式不同。受遗赠人不能直接参与遗产的分配,而是从遗嘱执行人处取得受遗赠的财产;而遗嘱继承人可直接参与遗产分配而取得遗产。

2. 遗嘱

遗嘱是遗嘱人生前在法律允许的范围内，按照法律规定的方式处分其个人财产或者处理其他事务，并在其死亡后发生效力的单方法律行为。

(1) 遗嘱的有效要件。

① 遗嘱人必须具有遗嘱能力。依我国现行法律规定，遗嘱人须为完全民事行为能力人。《继承法》规定，无行为能力人或者限制行为能力人所立的遗嘱无效。遗嘱人是否具有遗嘱能力，以遗嘱设立时为准。根据最高人民法院的司法解释，遗嘱人立遗嘱时必须有行为能力。无行为能力人所立的遗嘱，即使其本人后来有了行为能力，仍属无效遗嘱。遗嘱人立遗嘱时有行为能力，后来丧失了行为能力，不影响遗嘱的效力。

② 遗嘱必须表示遗嘱人的真实意思。《继承法》规定，遗嘱必须表示遗嘱人的真实意思，受胁迫、欺骗所立的遗嘱无效。伪造的遗嘱无效。遗嘱被篡改的，篡改的内容无效。

③ 遗嘱的内容必须合法。根据《继承法》的规定，遗嘱内容合法主要指以下几个方面的要求：第一，遗嘱人不得利用遗嘱处分不属于其所有的财产。遗嘱人以遗嘱处分了属于国家、集体或者他人所有的财产，遗嘱的这一部分，应当认定无效。第二，遗嘱须为胎儿保留必要的继承份额。《继承法》第二十八条规定，遗产分割时，应当保留胎儿的继承份额。胎儿出生时是死体的，保留的份额按照法定继承办理。第三，遗嘱内容不得违反社会公共利益和社会公德，遗嘱若损害了社会公共利益或者其内容违反社会公德，其也不能有效。第四，遗嘱不得取消缺乏劳动能力又没有生活来源的继承人的继承权。遗嘱应当为缺乏劳动能力又没有生活来源的继承人保留必要的遗产份额。遗嘱未保留缺乏劳动能力又没有生活来源的继承人的遗产份额，遗产处理时，应当为该继承人留下必要的遗产，所剩余的部分，才可参照遗嘱确定的分配原则处理。继承人是否缺乏劳动能力又没有生活来源，只能按遗嘱生效时该继承人的具体情况认定。

④ 遗嘱的形式必须合法。法律对遗嘱的形式有明确规定，遗嘱人只能按照法律规定的形式制作遗嘱，不按照法律规定的形式设立的遗嘱，不能发生效力。

典型案例

法定继承纠纷案

胡先生与蒋女士系夫妻关系，婚后生育了三个女儿，胡长女、胡次女、胡三女。胡先生父母双亡，蒋女士 93 岁高龄的母亲蒋仇氏尚在。胡先生与蒋女士在婚姻关系存续期间购得房屋三套。胡先生在医院治疗期间，因医疗事故死亡，其后医院支付了一笔赔偿金。胡先生死亡后，蒋女士因患有间歇性精神病，遂与三个女儿签订协议如下：

(1) 胡三女必须继承胡家门户，子女必有姓胡。(2) 胡三女在继承父亲所有遗产的同时，必须监护、扶养好母亲，如母亲在往后生活中对胡三女的扶养不满，胡长女、胡次女有权根据母亲及其他亲属的意见，取消胡三女继承遗产及监护、扶养母亲的相关权利，不再享受平等权益。(3) 母亲所拥有的相关遗产，在母亲百年归终后归胡三女所有。(4) 现在家中所有的现金(父亲死亡补偿费及母亲相关抚恤金、家庭原有资金)由胡长女、胡次女共同监管,用于母亲今后的生活费、医疗费等相关用款。胡三女每年支取存款利息和房屋租金,用于家庭中母亲的生活费、修缮住房。母亲大额费用支出,必须与大姐胡长女、二姐胡次女协调解决。协议签订后,蒋女士的生活主要由胡三女照管。

协议签订1年后,蒋女士去世,胡家三女因继承问题产生纠纷,起诉至法院。

本案中,胡长女、胡次女、胡三女、蒋女士作为被继承人胡先生的法定继承人,自愿将胡先生的遗产全部分给胡三女,但要求胡三女必须继承胡家门户,子女必有姓胡的。根据法律规定,公民享有姓名权,有权决定、使用和依照规定改变自己的姓名,禁止他人干涉、盗用、假冒。此外,法律还规定,公民享有婚姻自主权,禁止买卖、包办婚姻和其他干涉婚姻自由的行为。姓名权、婚姻自主权是作为公民最基本的权利,任何组织、个人都不能干涉。本案中,从协议的内容来看,虽然上述协议双方当事人均签字认可,是当事人的真实意思表示,但协议所附条件侵犯了胡三女的婚姻自由及他人(子女)的姓名权,违反了法律的强制性规定,因而根据法律规定,附条件的民事行为,如果所附的条件是违背法律规定或者不可能发生的,应当认定该民事法律行为无效。此外,该协议签订时,作为蒋女士的继承人之一的蒋仇氏不在场,该协议侵犯了蒋仇氏的合法权益。综上所述,法院判决,对于胡先生因医疗事故死亡获得的赔偿金,由胡长女、胡次女、胡三女和蒋女士平均分配,协议书认定无效后,胡先生和蒋女士的遗产,由各自的法定继承人继承,同时依据法律规定,对被继承人尽了主要扶养义务者与被继承人共同生活的继承人,分配遗产时,可以依法多分。

(2) 遗嘱的形式。

① 公证遗嘱。公证遗嘱,是指遗嘱人设立的经过公证机关办理了公证证明的书面遗嘱。遗嘱人必须本人亲自到其户籍所在地或者住所地的公证机关申请办理公证遗嘱,而不得委托他人办理。公证遗嘱须用书面形式,遗嘱人亲笔书写遗嘱的,要在遗嘱上签名或者盖章,并注明年、月、日;遗嘱人口授遗嘱的,须由公证员作成笔录,经公证员向遗嘱人宣读确认无误后,由公证员和遗嘱人签名盖章,并注明设立遗嘱的地点和年、月、日。公证员对遗嘱经审查认为合法有效的,予以公证,出具《遗嘱公证证明书》。公证员应在《遗嘱公证证明书》上签名盖章并注明公证日期,然后再加盖公证机关印章,公证书由公证机关和遗嘱人分别保存。公证机关及其工作人员对遗嘱人所设立的公证遗嘱负有保守秘密的义务。如果经遗嘱人申请,公证机关还可以为遗嘱人保管其所立公证遗嘱。

② 自书遗嘱。自书遗嘱,是指由遗嘱人亲笔制作的遗嘱。制作自书遗嘱的基本法律要求是:第一,遗嘱人亲笔书写自书遗嘱;第二,遗嘱人应在自书遗嘱上签名,并注明立遗嘱的具体时间。根据最高人民法院的司法解释,公民在遗书中涉及死后个人财产处分的内容,确为死者真实意思表示,有本人签名并注明了年、月、日,又无相反证据的,可按自书遗嘱对待。

③ 代书遗嘱。代书遗嘱,是指由遗嘱人请他人代为书写的书面遗嘱。制作代书遗嘱的基本法律要求是:第一,代书遗嘱须由遗嘱人口授遗嘱内容,由他人代书;第二,在书写

代书遗嘱时，必须有两个以上无利害关系人作为见证人在场见证，并由其中一人代为书写遗嘱；第三，在代书遗嘱上，应当由遗嘱人、见证人、代书人逐一分别签名，并注明年、月、日。

④ 录音遗嘱。录音遗嘱，是指遗嘱人以录音形式制作的遗嘱。制作录音遗嘱的基本法律要求是：第一，录音遗嘱只能由遗嘱人本人主持制作；第二，制作录音遗嘱时必须有两个以上无利害关系人作为见证人在场见证，参加制作录音遗嘱的全过程；第三，录音遗嘱中应当录下遗嘱人亲自口头表达的关于处分其遗产的明确意思表示；第四，录音遗嘱中必须录有遗嘱人、见证人分别亲口录下的各自的姓名和制作录音遗嘱、见证录音遗嘱的年、月、日。录音遗嘱设立后，应将录音遗嘱封存，并由见证人共同签名，注明年、月、日。

⑤ 口头遗嘱。口头遗嘱，是指遗嘱人在紧急情况下以口述方式表达其关于处分遗产的真实意思的遗嘱。制作口头遗嘱的基本法律要求是：第一，遗嘱人只有在危急情况下才得以设立口头遗嘱。“危急情况”，是指遗嘱人处于生命垂危之际或者遇有重大军事行动或严重自然灾害或意外事件，导致其生命发生危险，如果不采取必要形式设立遗嘱便可能丧失立遗嘱能力的情形。第二，制作口头遗嘱，必须有两个以上无利害关系人作为见证人在场见证，由其中一人对口头遗嘱的内容作书面记录，并注明制作口头遗嘱的时间，地点，遗嘱人、见证人和记录人的姓名，由记录人和在场的见证人签名。第三，当危急情况解除后，遗嘱人能够用书面形式或录音形式设立遗嘱的，其所立的口头遗嘱自动失效。

制作代书遗嘱、录音遗嘱和口头遗嘱时，法律要求必须有两个以上的遗嘱见证人在场见证。关于遗嘱见证人的资格，《继承法》第十八条规定了不能作为遗嘱见证人的范围：第一，无行为能力人、限制行为能力人；第二，继承人、受遗赠人；第三，与继承人、受遗赠人有利害关系的人。根据最高人民法院的司法解释，继承人、受遗赠人的债权人、债务人，共同经营的合伙人，也应当视为与继承人、受遗赠人有利害关系，不能作为遗嘱的见证人。

典型案例

妻子自拟代书遗嘱效力纠纷案

陈先生与万女士双方在各自丧偶后再婚，当时双方均已老年，各自膝下有儿女。婚后第 7 年，陈先生被诊断为肺癌。肺癌诊断三年后的一天下午，万女士持一份自己草拟的遗嘱，其内容为“陈先生在与万女士结婚前所购的一套住宅楼由万女士继承”，让所在社区的工作人员重新抄写一份，与社区的两名工作人员一起来到医院，由社区工作人员把遗嘱给陈先生读了一遍，让陈先生在遗嘱上签名。陈先生签名后，万女士又握住陈先生的手在遗嘱上捺了手印。陈先生从宣读遗嘱内容到社区工作人员离开，一直没有开口说话。遗嘱订立 12 天后陈先生病逝，陈先生的子女和万女士为继承房子而诉讼到法院。

本案中万女士与陈先生是各自丧偶之后再婚，双方均已老年，在各自有子女的情况下，万女士为了谋求自己的利益代陈先生书写遗嘱，属于代书遗嘱。首先，根据继承法第 17 条，代书遗嘱应当有两个以上见证人在场见证，由其中一人代书，注明年、月、日，并由代书人、其他见证人和遗嘱人签名。本案中确实有两个完全民事能力见证人在场见证，但是，万女士让社区工作人员抄写自己草拟的遗嘱，而不是由社区工作人员听陈先生的口述代书的遗嘱，万女士的行为不符合法律规定，不能认定社区工作人员在场见证并由其中一个人代书，故而不符合代书遗嘱的形式要件。其次，在本案中，社区工作人员把遗嘱给陈先生读了一遍，让陈先生在遗嘱上签名。陈先生签名后，万女士又握住陈先生的手在遗嘱上捺了手印，陈先生从宣读遗嘱内容到社区工作人员离开，一直没有开口说话。虽然两名见证人员将遗嘱给陈先生读了一遍，陈先生也签字了，可是社区工作人员抄写的遗嘱完全是按万女士的意思草拟的，结合陈先生的身体状况，没有证据充分证明这是陈先生的真实意思表示。因此，虽然万女士找了两个没有利害关系的见证人并到医院将遗嘱念给陈先生听，并抓住陈先生的手捺了手印，在一定程度上看似符合代书遗嘱两个以上完全民事行为能力见证人在场见证的要求，代书遗嘱也确实有两个见证人和陈先生的签名，但是显然在以上几个问题中，万女士的代书行为不符合代书遗嘱的构成要件，所以该代书遗嘱是无效的。

(3) 遗嘱的变更和撤销。

① 遗嘱的变更和撤销的概念。

《继承法》第二十条规定，遗嘱人可以撤销、变更自己所立的遗嘱。所谓遗嘱变更，是指遗嘱人将原立遗嘱的部分内容进行变动、更改的行为。所谓遗嘱撤销，是指遗嘱人将原立遗嘱的全部内容予以取消的行为。

② 遗嘱的变更和撤销的条件。

遗嘱的变更或者撤销只有符合以下条件，才能发生效力，否则遗嘱的变更或者撤销不生效力：

第一，遗嘱的变更、撤销只能由遗嘱人本人亲自进行，其他社会组织或者个人都无权对遗嘱人设立的遗嘱加以变更。

第二，遗嘱人须有遗嘱能力。遗嘱人于变更或者撤销遗嘱时必须有遗嘱能力。遗嘱人在设立遗嘱后丧失行为能力的，于丧失行为能力后对遗嘱的变更、撤销不发生效力，原遗嘱仍有效。

第三，遗嘱的变更、撤销须为遗嘱人的真实意思表示。因受胁迫、欺骗而变更、撤销遗嘱的，不发生变更、撤销的效力。

第四，遗嘱变更、撤销的方式必须合法。遗嘱的变更、撤销可以采用明示方式和推定方式。所谓明示方式，是指遗嘱人以明确的、直接的意思表示变更或撤销原立遗嘱。此时，遗嘱人可以作出变更、撤销原遗嘱的声明，但必须按原立遗嘱的设立方式和程序进行。此外，依照我国《继承法》的规定：自书、代书、录音、口头遗嘱，不得撤销、变更公证遗嘱。所谓推定方式，是指遗嘱人未以明确的意思表示变更、撤销遗嘱，而是根据法律规定，从遗嘱人的行为推定其具有变更、撤销遗嘱的意思。推定遗嘱变更、撤销的，有以下几种情形：首先，遗嘱人立有数份遗嘱，且内容相抵触的，推定变更、撤销遗嘱。根据我国《继承法》的规定，立有数份遗嘱，内容相抵触的，以最后的遗嘱为准；但若立有数份遗嘱的形式不同，其中有公证遗嘱的，则应以最后的公证遗嘱为准。其次，遗嘱人生前的行为与遗嘱内容相抵触的，推定遗嘱变更、撤销。根据最高人民法院的司法解释，遗嘱人生前的行为与遗嘱的意思表示相反，而使遗嘱处分的财产在继承开始前灭失、部分灭失或者所有权转移、部分转移的，遗嘱视为被撤销或部分被撤销。最后，遗嘱人故意销毁遗嘱的，推定遗嘱人撤销原遗嘱。

(4) 遗嘱的执行。

《继承法》第十六条规定，公民可以依照本法规定立遗嘱处分个人财产，并可以指定遗嘱执行人。遗嘱的执行，是指遗嘱人死亡后，由遗嘱继承人或遗嘱指定的其他人真实地、全面地实现遗嘱内容的行为。

执行遗嘱的人为遗嘱执行人。遗嘱执行人应有民事行为能力。无民事行为能力人、限制民事行为能力人不具备成为遗嘱执行人的资格。遗嘱人在遗嘱中指定了遗嘱执行人的，由被指定的遗嘱执行人执行遗嘱。遗嘱中没有指定遗嘱执行人或者被指定的执行人不能执行遗嘱的，应由有能力的继承人为遗嘱执行人；继承人也不能执行遗嘱的，由遗嘱人生前所在单位或者继承开始地点的居民委员会、村民委员会为遗嘱执行人。

遗嘱执行人应全面地、真实地执行遗嘱。继承开始后，遗嘱执行人应首先审查遗嘱是否合法真实，明确遗嘱人的真实意思；其后应当清理和管理遗产；最后应当按照继承法的规定和遗嘱的内容处置遗产。遗嘱执行人执行遗嘱的权利受法律保护，任何人不得非法干涉或者妨碍。遗嘱执行的费用可以从遗产中扣除。遗嘱执行人因过错而给继承人或者受遗赠人造成损害的，应负赔偿责任。遗嘱执行人不能忠实履行职责的，有关人员可以请求法院撤换遗嘱执行人。

四、法定继承

1. 法定继承的概念和适用范围

(1) 法定继承的概念。

法定继承，是指根据法律规定的继承人的范围、继承的先后顺序以及遗产分配原则继承遗产的一种继承方式。

(2) 法定继承的适用范围。

《继承法》规定，法定继承适用于下列情形：① 遗嘱继承人放弃继承或者受遗赠人放弃受遗赠的；② 遗嘱继承人丧失继承权的；③ 遗嘱继承人、受遗赠人先于遗嘱人死亡的；④ 遗嘱无效部分所涉及的遗产；⑤ 遗嘱未处分的遗产；⑥ 没有遗嘱和遗赠扶养协议。

2. 法定继承人的范围及其继承顺序

(1) 法定继承人的范围。

法定继承人的范围是根据继承人与被继承人之间存在的婚姻关系、血缘关系和相互之间的扶养关系而确定的。我国《继承法》确定的法定继承人的范围包括：

① 配偶。以配偶的身份作为法定继承人的，双方须有合法的婚姻关系。与被继承人已办理结婚登记手续，虽未与被继承人同居的，也为配偶，属于法定继承人。1994 年 2 月

1日民政部《婚姻登记管理条例》公布实施以前,男女双方已经符合结婚实质要件但没有办理结婚登记的,按事实婚姻处理,一方死亡,另一方仍为配偶,属于法定继承人。夫妻一方在离婚诉讼过程中或者在法院已作出离婚的判决但判决未发生效力前死亡的,另一方仍为配偶,属于法定继承人。

② 子女。根据《继承法》的规定,作为法定继承人的子女包括婚生子女、非婚生子女、养子女和有抚养关系的继子女。其中,养子女同养父母的关系确立后,无权继承其生父母的遗产;继子女继承继父母的遗产,不影响其继承生父母的遗产。

③ 父母。对子女的遗产有继承权的父母包括生父母、养父母、有抚养关系的继父母。其中,继父母继承了继子女遗产的,不影响其对生子女遗产的继承权。但是,养子女与生父母间的权利和义务,因收养关系的成立而消除。

④ 兄弟姐妹。兄弟姐妹,是最亲近的旁系血亲,根据《继承法》的规定,作为法定继承人的兄弟姐妹包括:同父母的兄弟姐妹、同父异母或同母异父的兄弟姐妹、养兄弟姐妹、有扶养关系的继兄弟姐妹。

⑤ 祖父母与外祖父母。作为法定继承人的祖父母、外祖父母,包括亲祖父母、亲外祖父母、养祖父母、养外祖父母、有扶养关系的继祖父母和有扶养关系的继外祖父母。应当注意的是,《继承法》中并未规定孙子女、外孙子女对其祖父母、外祖父母的遗产享有继承权。

⑥ 对公婆尽了主要赡养义务的丧偶儿媳、对岳父母尽了主要赡养义务的丧偶女婿。对公婆或者岳父母尽了主要赡养义务,不是一般意义上的照料、帮助,包括两种方式:第一,为公婆或者岳父母提供了主要经济生活来源。第二,为公婆或者岳父母的日常生活提供了主要劳务。丧偶儿媳或者丧偶女婿只要以上述任何一种方式尽了主要赡养义务的,就享有以法定继承人的资格继承公婆或者岳父母遗产的权利。

(2) 法定继承人的继承顺序。

法定继承人的继承顺序,又称法定继承人的顺位,是指法律直接规定的法定继承人参加继承的先后次序。

《继承法》规定的继承顺序是:第一顺序为配偶、子女、父母;第二顺序为兄弟姐妹、祖父母、外祖父母。继承开始后,由第一顺序继承人继承,第二顺序继承人不继承。没有第一顺序继承人继承或者第一顺序继承人都放弃、丧失继承权的情况下,由第二顺序继承人继承。丧偶儿媳对公婆、丧偶女婿对岳父母尽了主要赡养义务的,作为第一顺序继承人。

3. 代位继承和转继承

(1) 代位继承。

《继承法》第十一条规定,被继承人的子女先于被继承人死亡的,由被继承人的子女的晚辈直系血亲代位继承。代位继承人一般只能继承他的父亲或者母亲有权继承的遗产份额。据此,代位继承,是指被继承人的子女先于被继承人死亡时,由被继承人子女的晚辈直系血亲代替先死亡的长辈直系血亲继承被继承人遗产的一项法定继承制度。在代位继承关系中,先于被继承人死亡的子女称为被代位继承人,代替被代位继承人取得遗产的晚辈直系血亲称为代位继承人。

代位继承在成立条件和效力上具有以下特征:① 被代位继承人须先于被继承人死亡。② 被代位继承人须为先死亡的被继承人的子女。这里的子女包括亲生子女、养子女和有扶养关系的继子女。③ 代位继承人须是被继承人的晚辈直系血亲。被继承人的孙子女、外孙子女、曾孙子女、外曾孙子女都可以代位继承,代位继承人不受辈数的限制。这里的直系血亲也包括拟制血亲。④ 被代位继承人没有丧失继承权。若丧失继承权的,则其晚辈直系血亲不得代位继承,但该代位继承人是缺乏劳动能力又没有生活来源的人,或者是对被继承人尽赡养义务较多的,可适当分给遗产。⑤ 代位继承人作为第一顺序继承人参加继承,一般只能继承被代位人应继承的遗产份额。所以,代位继承人为数人的,原则上由数个代位继承人平分被代位人应继承的份额,而不能由数个代位继承人与其他继承人一同按人分配被继承人的遗产。⑥ 代位继承只适用于法定继承。在遗嘱继承中不发生代位继承。

(2) 转继承。

《最高人民法院关于贯彻执行〈中华人民共和国继承法〉若干问题的意见》第52条规定,继承开始后,继承人没有表示放弃继承,并于遗产分割前死亡的,其继承遗产的权利转移给他的合法继承人。第53条规定,继承开始后,受遗赠人表示接受遗赠,并于遗产分割前死亡的,其接受遗赠的权利转移给他的继承人。据此,转继承是指继承人在继承开始后、遗产分割前死亡,其所应继承的遗产份额转由其继承人继承的一种继承制度。在被继承人死亡后遗产分割前死亡的继承人称为被转继承人,其继承人称转继承人。

转继承在成立条件和效力上具有以下特征:① 继承人于继承开始后,遗产分割前死亡。继承人于继承开始前死亡的会发生代位继承,而不能发生转继承;继承人于遗产分割后死亡的,其已取得遗产的单独所有权,其法定继承人得直接继承其遗产,也不会发生转继承。② 被转继承人可以是被继承人的任一继承人,转继承人也可以是被转继承人死亡时生存的所有法定继承人。③ 死亡的继承人在被继承人死亡后没有丧失继承权。④ 转继承人可以代替被转继承人接受被转继承人实际有权继承的遗产份额。⑤ 转继承可以发生在法定继承中,也可以发生在遗嘱继承中。

4. 法定继承中的遗产分配

(1) 一般情况下继承人应当均等分配遗产。

《继承法》第十三条规定,同一顺序继承人继承遗产的份额,一般应当均等。

(2) 特殊情况下继承人可以不均等分配遗产。

① 对生活有特殊困难的缺乏劳动能力的继承人,在分配遗产时应当予以照顾。"生活有特殊困难",是指继承人因为没有独立的经济收入或其他生活来源,难以维持其起码的物质生活条件。"缺乏劳动能力",是指继承人因尚未成年而不具备劳动能力或因年迈、疾病等原因而部分丧失或全部丧失劳动能力。

② 对被继承人尽了主要扶养义务或者与被继承人共同生活的继承人,在分配遗产时可以多分。"对被继承人尽了主要扶养义务",是指对被继承人负有法定的抚养、扶养和赡养义务的继承人,为被继承人的生活提供了主要的经济来源或者提供了主要的劳务扶助。"与被继承人共同生活",是指继承人与被继承人在日常生活方面处于相互紧密联系状态,

彼此相互关心和照顾。

③ 有扶养能力和扶养条件的继承人，不尽扶养义务，分配遗产时，应当不分或者少分。对被继承人负有法定抚养、扶养和赡养义务的继承人，在具有履行抚养、扶养和赡养义务的条件下，如果拒绝履行上述义务，那么，在分配被继承人遗产时，不应分给这类继承人任何遗产，或者仅分给其极少份额的遗产。

④ 继承人之间协商同意的，也可以不均等分配。同一继承顺序的法定继承人在条件大致相当的情况下，既可以对被继承人的遗产进行均等分配，亦可以经过自愿协商，达成一致协议，对被继承人的遗产不均等分配。

(3) 具备法定条件的法定继承人以外的人酌情分配遗产。

根据我国《继承法》第十四条规定，可以分得适当遗产的人包括以下两种人：① 继承人以外的依靠被继承人扶养的缺乏劳动能力又没有生活来源的人。② 继承人以外的对被继承人扶养较多的人。对于可分给适当遗产的人，分给他们遗产时，按具体情况可多于或者少于继承人应继承的遗产额。

五、遗产的处理

1. 继承的开始

(1) 继承开始的时间。

关于继承开始的时间，《继承法》规定，继承从被继承人死亡时开始。由于公民死亡有两种情况，即生理死亡和宣告死亡，故继承应当从被继承人生理死亡或被宣告死亡时开始。失踪人被宣告死亡的，以法院判决中确定的死亡日期为继承开始的时间。如果发生两个以上互有继承权的人在同一事件中死亡而又难以准确认定其死亡先后时间的，依照最高人民法院的司法解释：相互有继承关系的几个人在同一事件中死亡，如不能确定死亡先后时间的，推定没有继承人的人先死亡。死亡人各自都有继承人的，如几个死亡人辈分不同，推定长辈先死亡；几个死亡人辈分相同，推定同时死亡，彼此不发生继承，由他们各自的继承人分别继承。

(2) 继承开始的地点。

继承开始的地点一般为被继承人生前最后的住所地。被继承人生前的最后住所地与主要遗产所在地不一致的，以主要遗产所在地为继承的地点。遗产为不动产的，以不动产所在地为继承的地点。

(3) 继承开始的通知。

《继承法》第二十三条规定，继承开始后，知道被继承人死亡的继承人应当及时通知其他继承人和遗嘱执行人。继承人中无人知道被继承人死亡或者知道被继承人死亡而不能通知的，由被继承人生前所在单位或者住所地的居民委员会、村民委员会负责通知。

负有通知义务的继承人或者单位应当及时发出继承开始的通知。通知可用口头形式或者书面形式，也可以采取公告的方式。通知中应说明继承开始的时间、继承的地点等有关事项。负有通知义务的继承人或者单位，若故意隐瞒继承开始的事实而不通知，造成继承人损失的，应当承担责任。

2. 遗产

（1）遗产的范围。

《继承法》第三条规定，遗产是公民死亡时遗留的个人合法财产，包括：① 公民的收入；② 公民的房屋、储蓄和生活用品；③ 公民的林木、牲畜和家禽；④ 公民的文物、图书资料；⑤ 法律允许公民所有的生产资料；⑥ 公民的著作权、专利权中的财产权利；⑦ 公民的其他合法财产。公民的其他合法财产主要包括：有价证券、履行标的为财物的债权等。

下列权利义务不能列入遗产：① 与被继承人人身不可分的人身权利。例如姓名权、名誉权、肖像权等。② 与人身有关的和专属性的债权债务。例如，出版、演出合同中作者、表演者完成创作和表演的债务；房屋租赁合同中的承租权；指定了第三人为受益人的人身保险合同中的受益权；被继承人死亡后其亲属应得的抚恤金等。③ 国有资源的使用权。④ 其他依法不能继承的财产。

（2）遗产的保管。

《继承法》第二十四条规定，存有遗产的人，应当妥善保管遗产，任何人不得侵吞或者争抢。人民法院对故意隐匿、侵吞或者争抢遗产的继承人，可以酌情减少其应继承的遗产。根据最高人民法院的司法解释，人民法院在审理继承案件时，如果知道有继承人而无法通知的，分割遗产时，要保留其应继承的遗产并确定遗产的保管人或保管单位。因遗产保管而花费的费用，应从遗产中支付，或者由继承人、受遗赠人在取得遗产时支付。

3. 继承权的接受、放弃、丧失与保护

继承权，是指继承人享有的依照法律规定或者被继承人的遗嘱指定而取得被继承人遗产的权利。继承权的内容包括：接受继承或者放弃继承的权利、保管遗产的权利、参与遗产分配的权利、执行被继承人所立遗嘱的权利、当继承权遭受侵害时请求司法保护的权利等方面。

（1）继承权的接受。

继承的接受是指继承人作出的同意接受遗产的意思表示。继承的接受不能附带任何条件。

继承接受的方式可以是明示的方式，即继承人通过书面或口头形式公开明确表示其接受继承的意思；也可以是默示的方式，即继承人虽然没有公开明确表示其接受继承的意思，但因其没有表示放弃继承，法律上推定其意思是接受继承。《继承法》规定，继承开始后，继承人没有表示放弃继承的，视为接受继承。

无行为能力人的继承权、受遗赠权，由他的法定代理人代为行使。限制行为能力人的继承权、受遗赠权，由他的法定代理人代为行使，或者征得法定代理人同意后行使。法定代理人代理被代理人行使继承权、受遗赠权，不得损害被代理人的利益。法定代理人一般不能代理被代理人放弃继承权、受遗赠权。法定代理人代为行使无民事行为能力人、限制民事行为能力人的继承权、受遗赠权明显损害被代理人利益的，应认定其代理行为无效。

(2) 继承权的放弃。

继承的放弃是指继承人作出的不接受遗产的意思表示。放弃继承只能采用明示的方式。《继承法》规定,继承开始后,继承人放弃继承的,应当在遗产处理前,作出放弃继承的表示。继承人放弃继承应当以书面形式向其他继承人表示。用口头方式表示放弃继承,本人承认,或者有其他充分证据证明的,也应当认定有效。在诉讼中,继承人向人民法院以口头方式表示放弃继承的,要制作笔录,由放弃继承的人签名。遗产处理前或在诉讼进行中,继承人对放弃继承反悔的,由人民法院根据其提出的具体理由,决定是否承认。遗产处理后,继承人对放弃继承反悔的,不予承认。

(3) 继承权的丧失。

继承权丧失,是指继承人因对被继承人或者其他继承人犯有某种罪行或其他严重违法行为,依法应当失去其取得被继承人遗产之资格的法律制度。

根据《继承法》导致继承权丧失的法定原因有:① 故意杀害被继承人的;② 为争夺遗产而杀害其他继承人的;③ 遗弃被继承的,或者虐待被继承人情节严重的;④ 伪造、篡改或者销毁遗嘱,情节严重的。

继承权丧失后,会产生如下效力:① 继承人被依法确认丧失继承权,该继承人在继承开始后已经实际占有的被继承人遗产及其产生的收益,均须无条件地返还给其他继承人或者有权依法取得遗产的其他民事主体。② 继承人在实施了应当丧失继承权的行为时,便自动丧失对被继承人遗产的继承权。如果在遗产继承时,继承人之间因是否丧失继承权发生纠纷,诉讼到人民法院的,由人民法院根据继承法关于继承权丧失的规定,以判决的方式确认某继承人是否丧失继承权。③ 丧失对被继承人遗产的继承权,但并不影响对其他被继承人的遗产所享有的继承权。④ 丧失了继承权的继承人,其晚辈直系血亲不得代位继承该被继承人的遗产。

(4) 继承权的保护。

侵犯继承权的情形主要有以下几种:① 在共同继承时,同一顺序继承人中的一人或数人非法侵吞了另一部分继承人应得的遗产份额;② 第二顺序的继承人非法排斥了第一顺序继承人的继承权;③ 已丧失继承权的人或非继承人没有法律根据取得被继承人的遗产又拒不返还等。

继承人的继承权受到侵害时,继承人可请求法院通过诉讼程序予以保护,以恢复其继承遗产的权利。《继承法》第八条规定,继承权纠纷提起诉讼的期限为二年,自继承人知道或者应当知道其权利被侵犯之日起计算。但是,自继承开始之日起超过二十年的,不得再提起诉讼。

4. 遗产分割(包括共同财产区分)和债务清偿

(1) 遗产分割的原则和方式。

① 遗产分割的原则。第一,互谅互让、协商分割原则。《继承法》第十五条规定,继承人应当本着互谅互让、和睦团结的精神,协商处理继承问题。遗产分割的时间、办法和份额,由继承人协商确定。协商不成的,可以由人民调解委员会调解或者向人民法院提起诉讼。第二,有利于生产和生活原则。遗产分割时,应当从有利于生产和方便生活出发,注

意充分发挥遗产的效用，不损害遗产的价值。人民法院在分割遗产中的房屋、生产资料和特定职业所需要的财产时，应依据有利于发挥其使用效用和继承人的实际需要，兼顾各继承人的利益进行处理。

② 遗产分割的方式。关于遗产的分割方式，若遗嘱中已经指定，则应按遗嘱中指定的方式分割；遗嘱中未指定的，由继承人具体协商；继承人协商不成的，可以通过调解或者诉讼解决。《继承法》第二十九条第二款规定，不宜分割的遗产，可以采取折价、适当补偿或者共有等方法处理。据此，对遗产的分割可根据具体情形采用四种方式：第一，实物分割。当遗产为可分物时，按各继承人应得的遗产份额，对遗产作实际分割，使各继承人取得其应得部分。第二，折价分割，适当补偿。当遗产为不可分物或不宜分割时，可由最需要该遗产的继承人取得，当该遗产的价值超出应得遗产份额的，对多得部分由该继承人作价补偿其他继承人。第三，保留共有。当遗产既不宜实物分割，又无法作价补偿时，由数个继承人共同继承，对该遗产共同享有所有权。第四，变价分割。对不宜进行实物分割和折价、作价的遗产，各继承人也不愿共同继承的，可变卖遗产，按各自应得份额分割价款。

(2) 遗产中夫妻共有财产和家庭共有财产的分割。

① 遗产中夫妻共有财产的分割。《继承法》要求，夫妻在婚姻关系存续期间所得的共同所有的财产，除有约定的以外，如果分割遗产，应当先将共同所有的财产的一半分出为配偶所有，其余的为被继承人的遗产。

② 遗产中家庭共有财产的分割。《继承法》要求，遗产在家庭共有财产之中的，遗产分割时，应当先分出他人的财产，其余的才能作为遗产进行分割。

(3) 保留胎儿继承的份额。《继承法》要求：第一，被继承人死亡时留有胎儿的，在分割遗产时，必须为胎儿保留相应的继承份额，并由其母亲代为保管。第二，没有为胎儿保留遗产份额便将遗产分掉的，胎儿活体出生的，应当按照为胎儿保留的相应份额从其他继承人所继承的遗产中扣回，补偿给该继承人。第三，为胎儿保留的遗产份额，如果胎儿出生后死亡的，由其继承人继承；如果胎儿出生时就是死体的，由被继承人的继承人将这部分遗产依法分割。

(3) 被继承人债务的清偿。

所谓被继承人的债务，是指被继承人生前以个人名义欠下的，完全用于被继承人个人需要或其他依法应当由其本人承担清偿责任的债务。清偿被继承人债务时，应当注意以下问题：

① 对被继承人债务的清偿，以继承人接受继承为条件，放弃继承的，继承人不负清偿责任。但继承人因放弃继承权，致其不能履行法定义务的，放弃继承权的行为无效。

② 继承人对被继承人的遗产债务的清偿只以遗产的实际价值为限，除继承人自愿清偿者外，继承人对于超过遗产实际价值的部分不负清偿责任。

③ 清偿被继承人的债务，应当为需要特殊照顾的继承人保留适当的遗产。继承人中有缺乏劳动能力又没有生活来源的人，即使遗产不足以清偿债务，也应为其保留适当遗产，然后再清偿债务

④ 执行遗赠须于清偿债务后进行，只有在清偿被继承人的债务之后，还有剩余财产

时，遗赠才能得到执行；若遗产不足以清偿债务，则不能执行遗赠。

⑤ 遗产已被分割而未清偿债务时，如有法定继承又有遗嘱继承和遗赠的，首先由法定继承人用其所得遗产清偿债务；不足清偿时，剩余的债务由遗嘱继承人和受遗赠人按比例用所得遗产偿还。如果只有遗嘱继承和遗赠的，由遗嘱继承人和受遗赠人按比例用所得遗产偿还。

5. 无人继承又无人受遗赠的遗产的处理

无人继承又无人受遗赠的遗产包括以下情形的遗产：① 死者无法定继承人，也未立遗嘱指定受遗赠人，生前也未与他人订立遗赠扶养协议；② 被继承人的法定继承人、遗嘱继承人全部放弃继承，受遗赠人全部放弃受遗赠；③ 被继承人的法定继承人、遗嘱继承人全部丧失继承权，受遗赠人全部丧失受遗赠权。

《继承法》第三十二条规定，无人继承又无人受遗赠的遗产，归国家所有；死者生前是集体所有制组织成员的，归所在集体所有制组织所有。同时，取得该遗产的国家或者集体所有制组织也应在取得遗产的实际价值范围内清偿死者生前所欠的债务。若有继承人以外的依靠被继承人扶养的缺乏劳动能力又没有生活来源的人，或者继承人以外的对被继承人扶养较多的人提出取得遗产的请求，人民法院应视情况适当分给遗产。

第三章　我们的工作

——劳动法

学习目标

了解劳动法的概念及适用范围。
熟悉劳动争议处理程序，社会保险法的基本内容。
掌握劳动合同的特征、内容与期限，以及劳动合同的变更和解除。

第一节　劳动法概述

一、劳动法的概念

狭义的劳动法是指国家最高立法机构制定和颁布的全国性、综合性的劳动法律。在我国，于 1994 年 7 月 5 日第八届全国人民代表大会常务委员会第八次会议通过了《中华人民共和国劳动法》(简称《劳动法》)，并于 1995 年 1 月 1 日开始施行。这部法律就是人们通常理解的狭义上的劳动法。广义的劳动法是指调整劳动关系以及与劳动关系密切联系的其他社会关系的法律规范的总称。它除了包括狭义劳动法中的法律规范以外，还包括其他各种规范性文件中有关调整劳动关系以及与劳动关系密切联系的其他关系的法律规范，包括《中华人民共和国工会法》《中华人民共和国职业病防治法》《中华人民共和国就业促进法》《中华人民共和国劳动合同法》《中华人民共和国劳动争议调解仲裁法》《中华人民共和国社会保险法》等。

二、我国劳动法的适用范围

1. 劳动法规定的适用范围

根据《中华人民共和国劳动法》《关于贯彻执行〈中华人民共和国劳动法〉若干问题的意见》，我国劳动法的适用范围主要包括：(1) 在中华人民共和国境内的企业、个体经济组织和与之形成劳动关系的劳动者；(2) 国家机关、事业单位、社会团体实行劳动合同制度的以及按规定应实行劳动合同制度的工勤人员；(3) 实行企业化管理的事业组织的人员；(4) 其他通过劳动合同与国家机关、事业单位、社会团体建立劳动关系的劳动者。

公务员和比照实行公务员制度的事业单位和社会团体的工作人员，以及农村劳动者（乡镇企业职工和进城务工、经商的农民除外）、现役军人、家庭保姆、利用业余时间勤工助学的在校生等不适用劳动法。

2.《劳动合同法》扩大了《劳动法》的适用范围

《劳动法》施行后，出现了一些新的用工主体和用工形式，鉴于这些新情况，其后制定实施的《中华人民共和国劳动合同法》（简称《劳动合同法》）扩大了《劳动法》的适用范围：

（1）我国境内的企业、个体经济组织、民办非企业单位等组织与劳动者建立劳动关系，订立、履行、变更、解除或者终止劳动合同，适用劳动合同法。即在适用范围中增加了民办非企业单位等组织及其劳动者。民办非企业单位是指企业事业单位、社会团体和其他社会力量以及公民个人利用非国有资产举办的，从事非营利性社会服务活动的组织。如民办学校、民办医院、民办养老院等。此外，依法成立的会计师事务所、律师事务所等合伙组织和基金会，也属于劳动合同法的适用范围。

（2）我国的国家机关、事业单位、社会团体和与其建立劳动关系的劳动者，订立、履行、变更、解除或者终止劳动合同，适用劳动合同法。这三类用人单位在适用范围上变动不大，概括地讲，公务员和参照公务员法管理的人员以及事业单位中实行聘用制的工作人员且法律法规另有规定的以外，国家机关、事业单位、社会团体与其他劳动者均应当建立劳动关系，并执行劳动合同法。

3. 非全日制用工和劳务派遣工

除规范正常的劳动合同用工外，劳动合同法还对劳务派遣、非全日制用工作了规定，尽可能地扩大劳动合同法的适用范围。

根据《劳动合同法》的规定，非全日制用工，是指以小时计酬为主，劳动者在同一用人单位一般平均每日工作时间不超过四小时，每周工作时间累计不超过二十四小时的用工形式。

劳务派遣是指劳务派遣单位与被派遣劳动者建立劳动关系，并将劳动者派遣到用工单位，被派遣劳动者在用工单位的指挥、监督下从事劳动的用工形式。派遣单位与被派遣劳动者订立劳动合同并支付工资、社会保险费等待遇，被派遣劳动者向用工单位提供劳动，用工单位向派遣单位就提供的劳动支付劳务费。劳务派遣的最大特点是劳动力雇佣与劳动力使用相分离，被派遣劳动者与派遣机构存在劳动关系，但不在派遣机构劳动；被派遣劳动者在用工单位劳动，但不与用工单位签订劳动合同，不存在劳动关系，从而形成“有关系没劳动，有劳动没关系”的特殊形态。

典型案例

职业运动员和俱乐部受劳动合同法调整吗？

司法实践表明，我国的职业运动员也属于劳动者，其和俱乐部之间是劳动关系，应适用《劳动合同法》。在《劳动合同法》生效之前，我国已经发生了数起职业运动员和俱乐部之间的劳动合同争议，都依据《劳动法》进行了裁判。如 2003 年“马健诉上海东方篮球俱乐部有限公司劳动合同纠纷案”，马健于 2003 年 4 月 29 日向上海市徐汇区劳动争议仲裁委员会申请仲裁，该仲裁委员会以马健的请求事项不属于劳动争议受理范围为由决定不予受理，马健遂起诉至法院，上海市徐汇区法院认为根据东方篮球俱乐部与马健签订的服役合同的内容，马健、东方篮球俱乐部之间具有身份上的隶属关系，故认定双方之间构成劳动关系，应当受到劳动法的调整，并依据《劳动法》作出马健败诉的判决，上海市第一中级人民法院二审维持了原判。又如 2004 年“谢晖状告力帆追薪案”，重庆市江北区劳动争议仲裁委员会于 2004 年 4 月 30 日裁决力帆足球俱乐部向谢晖支付工资、补偿金、滞纳金等共计 400 万元。还有 2005 年“足球运动员申思讨回欠薪案”，申思因和中远足球俱乐部之间的“欠薪”纠纷而于 2005 年 3 月 15 日向上海市劳动争议仲裁委员会申请仲裁，仲裁委于 6 月 16 日裁决支持申思的申诉请求，即原中远足球俱乐部需要向申思支付拖欠的 50 万元薪水。中远足球俱乐部不服，起诉至上海市浦东新区人民法院。2005 年 11 月 18 日，浦东新区人民法院作出维持原裁决结果的判决。

第二节　劳动就业

一、劳动就业的概念和特点

从劳动法的角度看，劳动就业，是指具有劳动权利能力和劳动行为能力并有劳动就业意愿的公民从事有一定劳动报酬或经营收入的社会职业。

劳动就业的特点是：

(1) 劳动者是具有劳动权利能力和劳动行为能力的公民，即在法定劳动年龄内，并且具有劳动能力的公民。关于劳动年龄的上下限，我国规定，男性为 16 至 60 岁，女性为 16 至 55 岁。劳动能力，是公民从事社会劳动应当具备的体力和智力的综合。

(2) 公民在主观上必须有劳动就业意愿。如果公民在主观上不具有劳动就业意愿，即使临时参加社会劳动，也不能算是就业。例如，在校学生的勤工俭学。

(3) 劳动者所从事的社会职业有一定的劳动报酬或经营收入。劳动就业的目的是通过劳动获得一定的劳动报酬或经营收入，因此，公民参加社会义务劳动、刑事罪犯从事改造性质的强制劳动，不属于就业。

(4) 劳动者所从事的社会职业为国家和社会承认。劳动就业要求劳动者必须从事法律允许的有益于社会的社会劳动，这是劳动者的劳动是否得到社会承认和法律保护的客观依据。作为就业对象的职业应具有社会性和合法性，为自己洗衣服不具有社会性，不属于就业；从事犯罪活动不具有合法性，也不属于就业。

二、劳动就业的原则

1. 国家促进就业原则

国家促进就业，是指国家采取各种措施创造就业条件和扩大就业机会。国家促进就业的措施主要有：(1) 国家通过促进经济发展，创造就业条件，扩大就业机会，这是帮助公民实现就业权的最根本的措施。《中华人民共和国就业促进法》(简称《就业促进法》)第四条规定，县级以上人民政府把扩大就业作为经济和社会发展的重要目标，纳入国民经济和社会发展规划，并制定促进就业的中长期规划和年度工作计划。(2) 国家采取措施鼓励企业、事业组织、社会团体在法律、行政法规规定的范围内兴办产业或者拓展经营，增加就业。《就业促进法》第十二条规定，国家鼓励各类企业在法律、法规规定的范围内，通过兴办产业或者拓展经营，增加就业岗位。《就业促进法》第十七条规定，国家鼓励企业增加就业岗位，扶持失业人员和残疾人就业，对相关企业、人员依法给予税收优惠。(3) 支持劳动者自愿组织起来就业和从事个体经营实现就业。《就业促进法》第七条规定，各级人民政府和有关部门应当简化程序，提高效率，为劳动者自主创业、自谋职业提供便利。(4) 建立和完善劳动就业的服务体系。《就业促进法》第十五条规定，县级以上人民政府应当根据就业状况和就业工作目标，在财政预算中安排就业专项资金用于促进就业工作。就业专项资金用于职业介绍、职业培训、公益性岗位、职业技能鉴定、特定就业政策和社会保险等的补贴，小额贷款担保基金和微利项目的小额担保贷款贴息，以及扶持公共就业服务等。

2. 公平就业原则

根据《就业促进法》的规定，(1)各级人民政府创造公平就业的环境，消除就业歧视，制定政策并采取措施对就业困难人员给予扶持和援助。(2) 用人单位招用人员、职业中介机构从事职业中介活动，应当向劳动者提供平等的就业机会和公平的就业条件，不得实施就业歧视。(3) 国家保障妇女享有与男子平等的劳动权利。用人单位招用人员，除国家规定的不适合妇女的工种或者岗位外，不得以性别为由拒绝录用妇女或者提高对妇女的录用标准。用人单位录用女职工，不得在劳动合同中规定限制女职工结婚、生育的内容。(4) 用人单位招用人员，不得以是传染病病原携带者为由拒绝录用。但是，经医学鉴定传染病病原携带者在治愈前或者排除传染嫌疑前，不得从事法律、行政法规和国务院卫生行政部门规定禁止从事的易使传染病扩散的工作。(5) 农村劳动者进城就业享有与城镇劳动者平等的劳动权利，不得对农村劳动者进城就业设置歧视性限制。

3. 相互选择原则

相互选择是指劳动者与用人单位的双向选择权。一方面，劳动者享有选择职业的权利，可以根据自己的意愿自主选择职业，包括对是否从事职业劳动、从事何种职业劳动、何时何地从事职业劳动，以及进入哪个用人单位从事职业劳动等方面的选择权。另一方面，用人单位享有用人自主权，可以根据生产经营需要和单位特点，按照面向社会、公开招用、全面考核、择优录用的原则，选择劳动者。

4. 照顾特殊群体就业原则

对由于生理、健康、文化、历史和社会等原因而在劳动力市场上处于劣势的特殊群体进行就业照顾是人类进步和社会文明程度提高的标志。《劳动法》第十四条规定，残疾人、少数民族人员、退出现役的军人的就业，法律、法规有特别规定的，从其规定。《中华人民共和国残疾人保障法》《中华人民共和国兵役法》等法律法规对残疾人和退役军人的就业作了具体的规定。

《劳动法》第十三条规定，妇女享有与男子平等的就业权利。在录用职工时，除国家规定的不适合妇女的工种或者岗位外，不得以性别为由拒绝录用妇女或者提高对妇女的录用标准。此外，《中华人民共和国妇女权益保障法》《中华人民共和国女职工劳动保护规定》等法规中，也有保障妇女就业的规定。妇女就业保障包括的主要内容有：

（1）国家保障妇女享有与男子平等的劳动权利，妇女就业不因性别不同而受歧视。（2）不得以性别为由拒绝录用女工，不得以性别为由提高对妇女的录用标准。（3）不得安排禁忌从事的劳动。这是由妇女生理特点所决定，禁止安排女职工从事矿山井下、国家规定的第四级体力劳动强度的劳动和其他女职工禁忌从事的劳动。（4）用人单位不得非法辞退女职工。任何单位不得以结婚、怀孕、产假为由，辞退女职工或者单方解除劳动合同。

5. 禁止16周岁以下的未成年人就业的原则

未成年人是指未满18周岁的公民，未满16周岁就业的未成年人称为童工，已满16周岁不满18周岁就业的未成年人称为未成年工。我国对未成年人的就业区分两种情况作不同的规定：（1）禁止未满16周岁的未成年人就业。根据《禁止使用童工规定》，国家机关、社会团体、企业事业单位、民办非企业单位或者个体工商户均不得招用不满16周岁的未成年人；禁止任何单位或者个人为不满16周岁的未成年人介绍就业；禁止不满16周岁的未成年人开业从事个体经营活动；不满16周岁的未成年人的父母或者其他监护人应当保护其身心健康，保障其接受义务教育的权利，不得允许其被用人单位非法招用；文艺、体育单位经未成年人的父母或者其他监护人同意，招用不满16周岁的专业文艺工作者、运动员时，必须依照国家有关规定，同时应当保障其身心健康，保障其接受义务教育的权利。（2）对已满16周岁不满18周岁的未成年人予以特别规定。根据《未成年工特殊保护规定》，未成年工只能从事与其身体的成长发育程度相适应的劳动，且用人单位应对其进行特殊劳动保护。

典型案例

全国首例反就业歧视胜诉判决案

2008年6月23日，在一起涉及就业歧视的劳资纠纷中，北京市朝阳区法院一审判决认定，北京比德创展通讯技术有限公司（以下简称“比德公司”）对“乙肝小三阳”求职者高先生不予录用系就业歧视，依据《劳动法》和劳动和社会保障部《关于维护乙肝表面抗原携带者就业权利的意见》判决比德公司向高先生作出书面赔礼道歉，并赔偿高先生1.7万余元经济损失和2 000元精神损害抚慰金。

26岁的高先生原是上海一家电脑公司的工程师。在顺利通过比德公司的录用测试后，高先生得到公司部门经理答复，可以接收他任职。2007年5月14日，办理了离职手续的高先生来到北京比德公司参加了培训、体检。6月1日，他拿到体检结果，上面显示：乙肝小三阳。6月4日，高先生到公司报到，公司拒绝与其签订劳动合同，人事经理让其回去等消息。高先生后来起诉到清院，要求比德公司赔礼道歉，赔偿经济损失和精神损害抚慰金近8万元。

庭审中，比德公司称拒绝录用高先生不是因为乙肝体检结果，而是他未参加5月16日至5月18日的培训及培训后的测评，培训不合格，不符合上岗要求。法院经调查认为，比德公司要求高先生体检时间为2007年5月30日，而培训是在5月16日。如因培训不合格或其他原因拒绝录用，则公司在培训结束一段时间后还要求高先生入职体检，与常理不符。因此，法院认定"乙肝小三阳"是导致高先生被拒绝录用的原因，而《劳动法》第3条规定劳动者享有平等就业的权利，该公司的行为违反了《劳动法》中关于平等(公平)就业原则的规定，判决支持了高先生的主张。

案件判决后，承办法官在接受记者采访时称，"乙肝歧视案"已在全国各地发生多起，但多以双方和解结案。朝阳法院此次以判决形式支持求职者在全国尚属首次，具有极大的判例效应。这也是《就业促进法》自2008年1月1日实施以来北京市首例诉讼就业歧视胜诉案。该案的突破意义不仅仅在于首次以判决的形式支持了公民反就业歧视的合理主张，更是首次仅仅运用法律的基本原则作出人性化的判决。此外，判决中将精神损害抚慰金从通常的人身、名誉、隐私损害领域延伸到反就业歧视的劳资纠纷中，也是一个具有历史意义的突破。

第三节　劳动合同

一、劳动合同的概念和特征

劳动合同，是指用人单位与劳动者确定劳动关系，明确双方权利和义务的协议。劳动合同具有以下特征：(1) 劳动合同主体具有特定性。合同一方是劳动者，另一方是用人单位。(2) 劳动合同的目的具有双重性。订立劳动合同的目的既是确立劳动者与用人单位之间的劳动关系，又是就劳动关系中双方的权利和义务予以约定。(3) 劳动合同主体之间的关系具有从属性。在劳动关系确立后，劳动者在身份上、组织上、经济上从属于用人单位，遵照用人单位的要求为用人单位劳动、纳入用人单位的经济组织和生产系统之内。劳动者和用人单位的关系的从属性和不平等性，是劳动合同与一般民事合同最显著的区别，正因如此，国家通过专门的立法来保护劳动关系中的弱者——劳动者的权益。(4) 劳动合同的内容具有特定性。劳动合同的内容围绕劳动而展开，这种劳动的报酬和条件均有国家的强制规定，而不是完全由当事人协商约定。

《劳动法》第十六条规定，建立劳动关系应当订立劳动合同。劳动合同具有以下几个方面的作用：(1) 保障劳动者实现劳动权。(2) 维护劳动者和用人单位的合法权益。(3) 保障劳动者和用人单位的双向选择权利。(4) 有利于提高劳动者素质和劳动生产率。(5) 有利于巩固劳动纪律、减少和预防发生劳动争议。

二、劳动合同的订立

1. 劳动合同订立的概念

劳动合同的订立是指劳动者与用人单位之间依法就双方的权利和义务协商一致，确立劳动关系的法律行为。《劳动合同法》第三条规定，订立劳动合同，应当遵循合法、公平、平等自愿、协商一致、诚实信用的原则。为贯彻这一原则，在劳动合同订立时，首先要求用人单位和劳动者履行告知义务，用人单位的告知义务是指用人单位招用劳动者时，应当如实告知劳动者工作内容、工作条件、工作地点、职业危害、安全生产状况、劳动报酬，以及劳动者要求了解的其他情况。劳动者的告知义务是指对于用人单位有权了解的劳动者与劳动合同直接相关的基本情况，劳动者应当如实予以说明。

2. 劳动合同的种类

(1) 按照用工方式，劳动合同可以分为全日制用工劳动合同、非全日制用工劳动合同和劳务派遣用工劳动合同。

① 全日制用工劳动合同。这是指劳动者按照国家法定工作时间，从事全职工作的劳动合同。

② 非全日制用工劳动合同。这是指劳动者按照国家法律规定，从事部分时间工作的劳动合同。我国劳动合同法对非全日制用工劳动合同作了特别的规定：第一，非全日制用工双方当事人可以订立口头协议；第二，从事非全日制用工的劳动者可以与一个或者一个以上用人单位订立劳动合同，但是，后订立的劳动合同不得影响先订立的劳动合同的履行；第三，非全日制用工双方当事人不得约定试用期；第四，非全日制用工双方当事人任何一方都可以随时通知对方终止用工。终止用工，用人单位不向劳动者支付经济补偿；第五，非全日制用工小时计酬标准不得低于用人单位所在地人民政府规定的最低小时工资标准；第六，非全日制用工劳动报酬结算支付周期不得超过 15 日。

③ 劳务派遣用工劳动合同。《劳动合同法》对劳务派遣用工劳动合同作了特别的规定：第一，劳务派遣用工劳动合同的内容，除应当载明一般劳动合同必须具备的条款外，还应当载明被派遣劳动者的用工单位以及派遣期限、工作岗位等情况；第二，劳务派遣单位应当与被派遣劳动者订立二年以上的固定期限劳动合同，按月支付劳动报酬；第三，被派遣劳动者在无工作期间，劳务派遣单位应当按照所在地人民政府规定的最低工资标准，向其按月支付报酬；第四，劳务派遣单位派遣劳动者应当与接受劳务派遣的用工单位订立劳务派遣协议，劳务派遣单位应当将劳务派遣协议的内容告知被派遣劳动者，不得克扣用工单位按照劳务派遣协议支付给被派遣劳动者的劳动报酬，劳务派遣协议双方也不得向被

派遣劳动者收取费用；第五，劳务派遣单位跨地区派遣劳动者的，被派遣劳动者享有的劳动报酬和劳动条件，按照用工单位所在地的标准执行；第六，被派遣劳动者享有与用工单位的劳动者用工同酬的权利；第七，被派遣劳动者有权在劳务派遣单位或用工单位依法参加或者组织工会，维护自身的合法权益。

（2）按照劳动合同期限，劳动合同可以分为固定期限的劳动合同、无固定期限的劳动合同和以完成一定的工作任务为期限的劳动合同三种。

① 固定期限的劳动合同。这是指双方当事人规定合同有效的起止日期的劳动合同。期限一般为三年、五年、十年等。劳动合同期限届满，劳动合同即告终止。

② 无固定期限的劳动合同。这是指用人单位与劳动者不规定合同终止日期的劳动合同，即双方当事人在劳动合同上只规定该合同生效的起始日期，没有规定其终止日期。《劳动合同法》规定了无固定期限劳动合同的订立有三种情况：第一，用人单位与劳动者协商一致订立。第二，劳动者法定单方提出订立。根据《劳动合同法》第十四条第二款的规定，在法定情形下，劳动者提出或者同意续订、订立劳动合同，若劳动者没有提出订立固定期限劳动合同，则应当订立无固定期限劳动合同，这些情形包括：劳动者在该用人单位连续工作满十年的；用人单位初次实行劳动合同制度或者国有企业改制重新订立劳动合同时，劳动者在该用人单位连续工作满十年且距法定退休年龄不足十年的；连续订立二次固定期限劳动合同，且劳动者没有《劳动合同法》第三十九条和第四十条第一项、第二项规定的情形，续订劳动合同的。根据《劳动合同法实施条例》，劳动者法定单方提出订立无固定期限劳动合同的，用人单位应当与其订立无固定期限劳动合同。对劳动合同的内容，双方应当按照合法、公平、平等自愿、协商一致、诚实信用的原则协商确定；对协商不一致的内容，依照《劳动合同法》第十八条的规定执行。第三，视为订立，即用人单位自用工之日起满一年不与劳动者订立书面劳动合同的，视为用人单位与劳动者已订立无固定期限劳动合同。

③ 以完成一定工作任务为期限的劳动合同。是指用人单位与劳动者约定以某项工作的完成为合同期限的劳动合同。在实践中，此种合同主要表现为以完成单项工作任务为期限的劳动合同、以项目承包方式完成承包任务的劳动合同、季节性临时用工合同等。

（3）按照劳动合同的形式，可以分为书面劳动合同和口头劳动合同。

① 书面劳动合同。这是指以法定的书面形式订立的劳动合同。《劳动法》第十九条规定，劳动合同应当以书面形式订立。《劳动合同法》第十条规定，建立劳动关系，应当订立书面劳动合同。书面劳动合同将劳动者与用人单位的权利、义务以文字形式固定下来，是双方存在劳动关系的凭证，书面劳动合同的存在，便于双方履行协议和互相监督检查，一旦发生劳动争议，也能有据可查。因此，它对于减少劳动争议，维护双方当事人的合法权益都有重要作用。对于订立书面劳动合同，《劳动合同法》第十条规定，已建立劳动关系，未同时订立书面劳动合同的，应当自用工之日起一个月内订立书面劳动合同。

② 口头劳动合同。这是指由劳动关系当事人以口头约定的形式产生的劳动合同。《劳动合同法》第六十九条规定，非全日制用工双方当事人可以订立口头协议。这类劳动合同适用于劳动者与用人单位之间的权利、义务可以短时间内履行完毕的劳动关系，由于

其是以口头形式存在的，因而这类劳动合同的履行只能依赖当事人的信誉和相互之间的信任。为了有助于明确双方之间存在的权利、义务关系，避免不必要的争议，应该尽可能地订立书面劳动合同。

典型案例

北京首例无固定期合同解除案

2008 年 7 月，北京市东城区法院宣判京城首例无固定期限劳动合同解雇案，驳回了员工当事人的全部请求。2005 年，这位员工入职日立数据，第二年 10 月与公司签订无固定期限劳动合同，职务是商务经理。公司称她的工作范围包括数据录入，但她在该项工作中经常出错，随后表示停止数据录入工作并多次拒绝参加旨在提高业绩的职业培训。2008 年 3 月，因她拒绝录入工作已 2 个多月，公司不得不另行招人填补空缺，遂以该员工严重违反公司规章制度为由，与其解除劳动合同。该员工先后提起劳动仲裁和诉讼。法院审理认为，劳动者严重违反单位规章制度的，用人单位可以解除劳动合同。日立数据曾多次与该员工沟通，其拒不接受，并擅自停止工作，且不参加公司的培训，其行为已严重违反了单位的规章制度。法院认为，日立数据以该员工违反公司规章制度为由解除劳动合同并无不妥，驳回了该员工的全部请求。

无固定期限劳动合同是双方约定没有确定终止时间的合同，并不是“永久合同”或“铁合同”，只要符合《劳动合同法》第三十九条和第四十条规定情形，即严重违反用人单位的规章制度的；劳动者不能胜任工作，经过培训或者调整工作岗位，仍不能胜任工作的；劳动合同订立时依据的客观情况发生重大变化，致使劳动合同无法履行，经用人单位与劳动者协商，未能就变更劳动合同内容达成协议的等，用人单位可以解除合同。此案的关键并不是员工在数据录入工作中总是出错，而在于公司曾通知她参加职业培训，如果业绩改进将继续履行合同，但是她予以拒绝。

典型案例

企业违法不签订劳动合同，赔偿员工双倍工资案

刘某自 2017 年 12 月起在四川省旺苍县某企业看大门，企业始终未与之签订劳动合同。刘某在《劳动合同法》宣传活动中得知，用人单位不与职工签订劳动合同，要支付双倍的工资，随即向县劳动监察大队投诉。2018 年 7 月，县劳动监察大队组织召开协调会，通过相互协商、让步，当事人双方就劳动合同纠纷问题达成一致意见，该企业在全额支付刘某 6 个月工资的基础上，再一次性支付赔偿工资，即一次支付职工刘某双倍工资28 800 元。

3. 劳动合同的内容

劳动合同的内容是指劳动者与用人单位双方达成的有关劳动的权利和义务。劳动合同的内容具体表现在合同条款中，劳动合同的条款可以分为必备条款和约定条款。

(1) 必备条款。

根据《劳动合同法》第十七条的规定，劳动合同应当具备以下必备条款：① 用人单位的名称、住所和法定代表人或者主要负责人；② 劳动者的姓名、住址和居民身份证或者其他有效身份证件号码；③ 劳动合同期限；④ 工作内容和工作地点；⑤ 工作时间和休息休假；⑥ 劳动报酬；⑦ 社会保险；⑧ 劳动保护、劳动条件和职业危害防护；⑨ 法律、法规规定应当纳入劳动合同的其他事项。用人单位提供的劳动合同文本未载明上述劳动合同必备条款，或者用人单位未将劳动合同文本交付劳动者的，由劳动行政部门责令改正；给劳动者造成损害的，应当承担赔偿责任。

(2) 约定条款。

《劳动合同法》规定，劳动合同除上述必备条款外，用人单位与劳动者还可以约定试用期、服务期、竞业限制、培训、保守秘密、补充保险和福利待遇等其他事项。

(3) 限制约定条款。

这是指用人单位与劳动者可以在劳动合同中约定但同时法律又对其加以一定限制的条款。包括：① 兼职条款。《劳动合同法》并未禁止兼职，但为防止劳动者滥用而加以一定的限制。《劳动合同法》第三十九条规定，劳动者同时与其他用人单位建立劳动关系，对完成本单位的工作任务造成严重影响，或者经用人单位提出，拒不改正的，用人单位可以解除劳动合同。第九十一条规定，用人单位招用与其他用人单位尚未解除或者终止劳动合同的劳动者，给其他用人单位造成损失的，应当承担连带赔偿责任。② 违约金条款。根据《劳动合同法》第二十五条的规定，除了服务期条款和竞业限制条款可以约定由劳动者承担违约金外，用人单位不得与劳动者约定由劳动者承担违约金。不过，《劳动合同法》只是限制劳动者向用人单位支付违约金的情形，而没有限制用人单位向劳动者支付违约金。所以，若双方在劳动合同中约定，用人单位提前解除或者终止劳动合同时向劳动者支付违约金的，用人单位必须按照约定向劳动者支付违约金，法律并不禁止。

(4) 禁止约定条款。

这是指用人单位与劳动者不得在劳动合同中约定的条款。包括：① 歧视条款。歧视条款即约定给予劳动者以歧视待遇的合同条款，我国劳动法立法精神禁止劳动合同中的歧视条款。② 生死条款。生死条款是指劳动合同中规定“合同履行期间，发生死伤病残，公司概不负责”或“工伤概不负责”以及类似内容的条款。生死条款是无效的劳动合同条款，从订立的时候起就没有法律约束力。③ 押金条款。《劳动合同法》第九条规定，用人单位招用劳动者，不得扣押劳动者的居民身份证和其他证件，不得要求劳动者提供担保或者以其他名义向劳动者收取财物。据此，劳动合同中约定劳动者交纳保证金也应是无效的。

4. 试用期

试用期，是指包括在劳动合同期限内的，劳动关系还处于非正式状态，用人单位对劳动者是否合格进行考核，劳动者对用人单位是否适合自己要求进行了解的期限。《劳动合同法》对试用期进行了规范：

(1) 试用期的成立。根据《劳动法》第二十一条和《劳动合同法》第十九条的规定，在试用期内用人单位也要和劳动者订立书面的劳动合同，而且劳动合同所约定的试用期包括在劳动合同期限中。如果，劳动合同仅约定试用期，则试用期不成立，该期限为劳动合同期限。

(2) 试用期的期限。三年以上固定期限和无固定期限的劳动合同，试用期不得超过六个月；劳动合同期限一年以上不满三年的，试用期不得超过二个月；劳动合同期限三个月以上不满一年的，试用期不得超过一个月；劳动合同期限不满三个月或者以完成一定工作任务为期限的劳动合同的，不得约定试用期。

(3) 试用期的次数。根据《劳动合同法》第十九条的规定，同一用人单位与同一劳动者只能约定一次试用期。用人单位招用同一劳动者，无论岗位是否变更，劳动合同是否续签，或者终止一段时间后再次录用的，都不能再次约定试用期。

(4) 试用期的工资。根据《劳动合同法》第二十条规定，劳动者在试用期的工资不得低于本单位相同岗位最低档工资或者劳动合同约定工资的百分之八十，并不得低于用人单位所在地的最低工资标准。

(5) 试用期的违法责任。实践中，由于用人单位的强势地位，使用人单位在约定试用期时处于主动和有利地位。为了保障劳动者的权益，《劳动合同法》第八十三条规定："用人单位违反本法规定与劳动者约定试用期的，由劳动行政部门责令改正；违法约定的试用期已经履行的，由用人单位以劳动者试用期满月工资为标准，按已经履行的超过法定试用期的期间向劳动者支付赔偿金。"

5. 服务期

服务期是用人单位为劳动者提供专项培训费用，对其进行专业技术培训，双方通过协商约定的劳动者为用人单位必须服务的期限。服务期与合同期是不同的。在合同期内，劳动者按照法定的条件和程序提前解除合同是不需要承担法律责任的；但在服务期内，劳动者提前解除服务期协议应承担相应的责任。《劳动合同法》对服务期进行了规范：

(1) 服务期的设定条件。

《劳动合同法》第二十二条规定，用人单位为劳动者提供专项培训费用，对其进行专业技术培训的，可以与该劳动者订立协议，约定服务期。根据该条规定，设定服务期必须具备两个条件：第一，用人单位为劳动者提供的培训费用是专项的；第二，培训的性质必须是专业技术培训。专业技术培训是指为提高劳动者特定技能而提供的培训，上岗前的培训和日常业务培训不属于专业技术培训。按照《劳动合同法实施条例》第十六条的规定，培训费用包括用人单位为了对劳动者进行专业技术培训而支付的有凭证的培训费用、培训期间的差旅费用以及因培训产生的用于该劳动者的其他直接费用。培训费认定依据为有货币支付凭证的培训单据，以及脱产培训期支付的工资和差旅费等。

(2) 服务期的违约责任。

根据《劳动合同法》规定，劳动者违反服务期约定的，应当按照约定向用人单位支付违约金。违约金的数额不得超过用人单位提供的培训费用。用人单位要求劳动者支付的违约金不得超过服务期尚未履行部分所应分摊的培训费用。

（3）服务期与劳动合同期限。

对于服务期的期限超出劳动合同的期限这种情况如何处理，根据《中华人民共和国劳动合同法实施条例》第十七条的规定，劳动合同期满，但是用人单位与劳动者所约定的服务期尚未到期的，劳动合同应当续延至服务期满；双方另有约定的，从其约定。

6. 竞业限制

竞业限制，是指用人单位与知悉商业秘密的劳动者约定在解除或者终止劳动合同后的一定期限内，不得到生产同类产品或者经营同类业务且有竞争关系的其他单位任职，也不得自己生产与原单位有竞争关系的同类产品或者经营同类业务。《劳动合同法》对竞业限制进行了规范：

（1）竞业限制的主体。

竞业限制的主体只能是对用人单位的商业秘密和与知识产权相关的保密事项负有保密义务的劳动者。所谓商业秘密，根据《中华人民共和国反不正当竞争法》的规定，是指不为公众所知悉、具有商业价值并经权利人采取相应保密措施的技术信息和经营信息。所谓与知识产权相关的保密事项，是指尚未依法取得知识产权但与知识产权相关的事项，主要包括非专利技术。根据《劳动合同法》第二十四条规定，竞业限制的人员限于用人单位的高级管理人员、高级技术人员和其他负有保密义务的人员。

（2）竞业限制的范围和期限。

竞业限制的范围、地域、期限由用人单位与劳动者约定，竞业限制的约定不得违反法律、法规的规定。其中对于竞业限制的期限，《劳动合同法》规定最长不得超过二年。

（3）竞业限制的经济补偿。

由于“竞业限制”限制了劳动者的自由选择职业的权利，因此，从公平的角度出发，用人单位应当给予劳动者以补偿。《劳动合同法》第二十三条规定，用人单位可以与劳动者约定在解除或者终止劳动合同后，在竞业限制期限内按月给予劳动者经济补偿。但《劳动合同法》没有进一步规定无经济补偿约定的竞业限制协议是否具有法律效力。

（4）竞业限制的违约责任。

《劳动合同法》第二十三条规定，劳动者违反竞业限制约定的，应当按照约定向用人单位支付违约金。此外，《劳动合同法》第九十条规定，劳动者违反劳动合同中约定的保密义务或者竞业限制，给用人单位造成损失的，应当承担赔偿责任。

典型案例

厨师跳槽被判天价违约金案

吴某与官府菜餐饮发展有限责任公司签订了聘用协议，约定公司聘用吴某为该公司顾问及四川长富集团副总经理，吴某负责“官府菜”的开发研究、菜品创新、厨艺人员的培训及各分店官府菜大厨人员的担保。聘用期限为10年。协议约定,在聘用期限内,公司向吴某提供年薪30万元、一套230平方米的住房和一辆雅阁轿车。吴某向公司承诺,在聘用期内,对菜品开发中的技术保密,未经公司许可,技术资料绝不外传、外泄及传授他人;除不可杭力的因素外,吴某不得在聘用期内无故离职,否则"公司有权追究其违约责任和经济责任,并要求500万元经济损失"

第二年6月底,吴某突然离开了该公司,随后又将住房、轿车交还给了公司。8月,官府菜餐饮发展有限责任公司向四川省成都市劳动争议仲裁委员会提出劳动仲裁申请,要求吴某支付250万元的违约金并办理离职交接手续。12月,仲裁委员会下达了裁决书,认为吴某违反协议约定,在未得到官府菜餐饮发展有限责任公司允许的情况下,未办理任何离职手续就单方面离职,其行为已违反《劳动法》的规定和协议约定,严重损害了官府菜餐饮发展有限责任公司的利益,裁决吴某以现金形式一次性支付违约金250万元。吴某对劳动仲裁委员会的仲裁不服,向成都市青羊区法院提起诉讼,请求法院撤销仲裁委员会作出的裁决,不予支付违约金250万元并不再办理离职交接手续。青羊区法院作出一审判决,吴某于判决发生法律效力之日起5日内到官府菜餐饮发展有限责任公司办理离职交接手续,并在30日内以现金形式一次性支付违约金250万元。案件受理费由吴某负担。由于不服青羊区法院的判决,吴某提起了上诉。成都中院开庭审理,经调查,法院作出判决,维持一审原判。

7. 无效劳动合同

无效劳动合同是指当事人违反法律、法规或违背平等、自愿等原则签订的不具有法律效力的劳动合同。《劳动合同法》对无效劳动合同做了规定:

(1) 无效劳动合同的法定情形。

根据《劳动合同法》第二十六条的规定,下列劳动合同无效或者部分无效:① 以欺诈、胁迫的手段或者乘人之危,使对方在违背真实意思的情况下订立或者变更劳动合同的;② 用人单位免除自己的法定责任、排除劳动者权利的;③ 违反法律、行政法规强制性规定的。此外,如果对劳动合同的无效或者部分无效有争议,则由劳动争议仲裁机构或者人民法院确认。

(2) 无效劳动合同的法律后果。

根据《劳动合同法》的规定,无效劳动合同的法律后果包括:① 支付工资。劳动合同被确认无效,劳动者已付出劳动的,用人单位应当向劳动者支付劳动报酬。劳动报酬的数额,由于所签劳动合同无效,所以不能依据劳动合同中约定的劳动报酬支付,而应参照本单位相同或者相近岗位劳动者的劳动报酬确定。② 赔偿损失。劳动合同被确认无效后,给对方造成损害的,有过错的一方应当承担赔偿责任。用人单位有过错,用人单位承担赔偿责任;劳动者有过错,劳动者承担赔偿责任。

典型案例

公司高管学历造假、劳动合同被判无效案

徐女士持伪造的复旦大学双学士学历与上海张江高科技园区内的一家高科技公司签订劳动合同，约定每月工资9 000元，后增加到13 000元。几年后，公司提出解除劳动合同，与其签署了协议，支付徐女士相当于4个月工资标准的经济补偿金和1个月代通知金共计65 000元。当年8月，徐女士提请劳动争议仲裁，要求公司支付竞业限制补偿金22万余元。9月，公司得知徐女士的学历纯属伪造，遂向劳动争议仲裁委提起反诉，要求徐女士向公司返还经济补偿金和多得的工资，并赔偿公司经济损失。

《劳动法》第十八条规定，下列劳动合同无效：违反法律、行政法规的劳动合同；采取欺诈、威胁等手段订立的劳动合同。无效的劳动合同，从订立的时候起，就没有法律约束力。确认劳动合同部分无效的，如果不影响其余部分的效力，其余部分仍然有效。劳动合同的无效，由劳动争议仲裁委员会或者人民法院确认。《劳动合同法》第二十六、二十七、二十八条有更全面和完善的规定。此案中徐女士伪造学历订立劳动合同，属于《劳动法》第十八条、《劳动合同法》第二十六条规定的采取欺诈的手段订立劳动合同的情形，劳动合同自始无效，但因已付出劳动，徐女士仍能获得相应的劳动报酬。最后，上海市第一中级人民法院就这一学历造假案作出终审判决，徐女士返还公司补偿金及部分多得的工资，并赔偿经济损失，合计7万余元。

三、劳动合同的履行和变更

1. 劳动合同的履行

劳动合同的履行，是指劳动合同的双方当事人依照劳动合同的约定，履行各自义务、完成劳动过程和实现劳动权益的行为。劳动合同的履行包括以下两种情况：

(1) 正常情况下劳动合同的履行。

正常情况下劳动合同的履行是指原签订合同的当事人没有变化的情况下劳动合同的履行。《劳动合同法》对劳动者劳动报酬权、休息休假权、安全卫生权分别做了规定。① 劳动者劳动报酬权的保护。《劳动合同法》第三十条规定，用人单位应当按照劳动合同约定和国家规定，向劳动者及时足额支付劳动报酬。用人单位拖欠或者未足额支付劳动报酬的，劳动者可以依法向当地人民法院申请支付令，人民法院应当依法发出支付令。② 劳动者休息休假权的保护。《劳动合同法》第三十一条规定，用人单位应当严格执行劳动定额标准，不得强迫或者变相强迫劳动者加班。用人单位安排加班的，应当按照国家有关规定向劳动者支付加班费。③ 劳动安全卫生权的保护。《劳动合同法》第三十二条规定，劳动者拒绝用人单位管理人员违章指挥、强令冒险作业的，不视为违反劳动合同。

(2) 特殊情形下劳动合同的履行。

① 用人单位变更名称、法定代表人等时劳动合同的履行。《劳动合同法》第三十三条规定，用人单位变更名称、法定代表人、主要负责人或者投资人等事项，不影响劳动合同的履行。② 用人单位合并或者分立时劳动合同的履行。《劳动合同法》第三十四条规定，用人单位发生合并或者分立等情况，原劳动合同继续有效，劳动合同由承继其权利和义务的用人单位继续履行。

2. 劳动合同的变更

劳动合同的变更，是指依法成立的劳动合同在尚未履行或者未完全履行前，合同双方当事人依据法律的规定或约定，对劳动合同内容进行修改或补充的法律行为。劳动合同依法订立后，当事人双方必须全面履行合同规定的义务，任何一方不得擅自变更劳动合同。但是，在履行合同过程中，如果劳动合同订立时所依据的客观情况发生重大变化，致使原劳动合同无法履行，可以变更合同内容。根据法律规定，变更劳动合同，应当遵循平等自愿、协商一致的原则和合法原则。《劳动合同法》第三十五条规定，用人单位与劳动者协商一致，可以变更劳动合同约定的内容。变更劳动合同，应当采用书面形式。变更后的劳动合同文本由用人单位和劳动者各执一份。

四、劳动合同的解除和终止

1. 劳动合同的解除

劳动合同的解除，是指劳动合同订立后，尚未全部履行完毕前，由于某种原因导致劳动合同一方或者双方提前消灭劳动关系的一种法律行为。劳动合同的解除一般是双方协商解除，但在符合法定条件下，用人单位或者劳动者也可以单方解除。

(1) 双方协商解除劳动合同。

《劳动合同法》第三十六条规定，用人单位与劳动者协商一致，可以解除劳动合同。当事人双方协商解除劳动合同，要符合以下条件：① 双方当事人之间的劳动合同依法成立且生效；② 协商解除是在被解除的劳动合同依法订立生效之后、尚未全部履行之前；③ 双方自愿、平等协商达成一致意见，任何一方当事人不得采取暴力、威胁等手段强制对方同意解除劳动合同；④ 双方均有权提出解除劳动合同。

(2) 用人单位单方解除劳动合同。

① 用人单位随时通知解除劳动合同。该种方式解除劳动合同一般适用于劳动者经试用不符合录用条件，或者劳动者存在其他过错等情形。根据《劳动法》和《劳动合同法》的规定，主要包括以下六种情形：第一，在试用期间被证明不符合录用条件的；第二，严重违反用人单位的规章制度的；第三，严重失职，营私舞弊，给用人单位造成重大损害的；第四，劳动者同时与其他用人单位建立劳动关系，对完成本单位的工作任务造成严重影响，或者经用人单位提出，拒不改正的；第五，以欺诈、胁迫的手段或者乘人之危，使对方在违背真实意思的情况下订立或者变更劳动合同的，使劳动合同无效的；第六，被依法追究刑事责任的。

② 用人单位提前通知解除劳动合同。根据《劳动合同法》第四十条的规定，有下列情

形之一的，用人单位提前三十日以书面形式通知劳动者本人或者额外支付劳动者一个月工资后，可以解除劳动合同：第一，劳动者患病或者非因工负伤，在规定的医疗期满后不能从事原工作，也不能从事由用人单位另行安排的工作的；第二，劳动者不能胜任工作，经过培训或者调整工作岗位，仍不能胜任工作的；第三，劳动合同订立时所依据的客观情况发生重大变化，致使劳动合同无法履行，经用人单位与劳动者协商，未能就变更劳动合同内容达成协议的。

③ 因经济性裁减人员而解除劳动合同。根据《劳动合同法》第四十一条的规定，因经济性裁减人员而解除劳动合同应当符合下列条件：第一，经济性裁员的法定情形。经济性裁员的情形包括：依照企业破产法规定进行重整的；生产经营发生严重困难的；企业转产、重大技术革新或者经营方式调整，经变更劳动合同后，仍需裁减人员的；其他因劳动合同订立时所依据的客观经济情况发生重大变化，致使劳动合同无法履行的。第二，经济性裁员的法定程序。用人单位需要裁减人员二十人以上或者裁减不足二十人但占企业职工总数百分之十以上的，应当提前三十日向工会或者全体职工说明情况。听取工会或者职工的意见后，裁减人员方案经向劳动行政部门报告，可以裁减人员。第三，经济性裁员的优先留用。裁减人员时，应当优先留用下列人员：与本单位订立较长期限的固定期限劳动合同的；与本单位订立无固定期限劳动合同的；家庭无其他就业人员，有需要扶养的老人或者未成年人的。第四，经济性裁员的优先录用。用人单位进行经济性裁减人员，在六个月内重新招用人员的，应当通知被裁减的人员，并在同等条件下优先招用被裁减的人员。

④ 用人单位不得解除劳动合同的情形。根据《劳动合同法》的规定，劳动者有下列情形之一的，用人单位既不能提前通知解除劳动合同，也不能因经济性裁减人员而解除劳动合同：第一，从事接触职业病危害作业的劳动者未进行离岗前职业健康检查，或者疑似职业病病人在诊断或者医学观察期间的；第二，在本单位患职业病或者因工负伤并被确认丧失或者部分丧失劳动能力的；第三，患病或者非因工负伤，在规定的医疗期内的；第四，女职工在孕期、产期、哺乳期的；第五，在本单位连续工作满十五年，且距法定退休年龄不足五年的；第六，法律、行政法规规定的其他情形。

⑤ 用人单位解除劳动合同通知工会的义务。为了发挥工会保护劳动者权益的作用，督促用人单位加强工会的组建与建设，并尊重和重视工会的意见，对用人单位单方面解除合同给予程序限制，《劳动合同法》第四十三条规定，用人单位单方解除劳动合同，应当事先将理由通知工会。用人单位违反法律、行政法规规定或者劳动合同约定的，工会有权要求用人单位纠正。用人单位应当研究工会的意见，并将处理结果书面通知工会。

（3）劳动者单方解除劳动合同。

① 提前通知用人单位解除劳动合同。《劳动合同法》第三十七条规定，劳动者提前三十日以书面形式通知用人单位，可以解除劳动合同。劳动者在试用期内提前三日通知用人单位，可以解除劳动合同。该条款规定意味着劳动者解除劳动合同除程序要求外，没有实质条件的限制。提前通知的目的是给用人单位招收新员工的必要准备时间。

② 随时通知用人单位解除劳动合同。《劳动合同法》第三十八条规定，用人单位有下列情形之一的，劳动者可以随时通知用人单位解除劳动合同：第一，未按照劳动合同约定

提供劳动保护或者劳动条件的；第二，未及时足额支付劳动报酬的；第三，未依法为劳动者缴纳社会保险费的；第四，用人单位的规章制度违反法律、法规的规定，损害劳动者权益的；第五，因本法第二十六条第一款规定的情形致使劳动合同无效的；第六，法律、行政法规规定劳动者可以解除劳动合同的其他情形。如果用人单位限制劳动者的人身自由或者危及劳动者生命健康安全的，劳动者为了自我保护，可以不经通知，立即解除劳动合同。对此《劳动合同法》规定，用人单位以暴力、威胁或者非法限制人身自由的手段强迫劳动者劳动的，或者用人单位违章指挥、强令冒险作业危及劳动者人身安全的，劳动者可以立即解除劳动合同，不需要事先告知用人单位。

2. 劳动合同的终止

劳动合同终止，是指劳动合同因法定情形的出现而终止法律效力。劳动合同终止必须具备法律规定的情形，当事人不得随意终止合同。

(1) 劳动合同终止的情形。

根据《劳动合同法》第四十四条的规定，有下列情形之一的，劳动合同终止：① 劳动合同期满。若劳动合同期满，劳动者仍在原岗位上继续履行原合同，而用人单位既不表示异议，又不与劳动者续签书面合同，视为两者之间形成事实劳动关系，相关处理规定适用前述有关书面劳动合同的规定。② 劳动者开始依法享受基本养老保险待遇的。劳动者达到法定退休年龄，用人单位可以终止劳动合同。③ 劳动者死亡，或者被人民法院宣告死亡或者宣告失踪的。④ 用人单位被依法宣告破产的。⑤ 用人单位被吊销营业执照、责令关闭、撤销或者用人单位决定提前解散的。⑥ 法律、行政法规规定的其他情形。

(2) 劳动合同延期终止的情形。

所谓延期终止，是指由于存在某些特殊情况，劳动合同到期后并不即时终止，须待这些特殊情形消失后，劳动合同才能终止。根据劳动法规定，劳动合同期满，有下列情形之一的，劳动合同应当续延至相应的情形消失时终止：① 具备《劳动合同法》规定的用人单位不得解除劳动合同的情形，但在本单位患职业病或者因工负伤并被确认丧失或者部分丧失劳动能力的，劳动合同的终止按照国家有关工伤保险的规定执行。② 担任专职的工会主席、副主席或者委员的。③ 担任集体合同协商代表的。④ 正处于义务服兵役期间的。

3. 劳动合同解除和终止时的经济补偿金和附随义务

(1) 经济补偿金。

经济补偿金是指在劳动合同解除或终止后，用人单位依法一次性支付给劳动者的经济上的补助。经济补偿金的支付应当遵守下列规定：

① 经济补偿金的适用范围。

用人单位须支付经济补偿金的法定情形有：第一，用人单位向劳动者提出解除劳动合同并与劳动者协商一致解除劳动合同。如果是劳动者主动提出要求解除劳动合同，即劳动者主动要求辞职，双方协商一致解除劳动合同的，用人单位无须支付经济补偿金。第二，用人单位提前通知解除劳动合同。第三，用人单位因经济性裁减人员而解除劳动合同。第四，劳动者随时通知用人单位解除劳动合同。第五，固定期限劳动合同期满终止时，具备下列情形之一的须支付经济补偿金：首先，用人单位同意续订劳动合同，但降低劳动合同约定条件，劳动者不同意续订的；其次，用人单位不同意续订的。第六，用人单位被依法宣告破产导致劳动合同的终止。第七，用人单位被吊销营业执照、责令关闭、撤销或者用人单位决定提前解散导致劳动合同的终止。第八，法律、行政法规规定的其他情形，例如《劳动合同法实施条例》第二十二条规定，以完成一定工作任务为期限的劳动合同因任务完成而终止的，用人单位应当依照劳动合同法的规定向劳动者支付经济补偿。

② 经济补偿金的计算标准。

经济补偿金的计算应当符合下列标准：第一，年限计算标准。经济补偿按劳动者在本单位工作的年限，每满一年支付一个月工资的标准向劳动者支付。六个月以上不满一年的，按一年计算；不满六个月的，向劳动者支付半个月工资的经济补偿。如果劳动者非因本人原因从原用人单位被安排到新用人单位工作的，劳动者在原用人单位的工作年限合并计算为新用人单位的工作年限。原用人单位已经向劳动者支付经济补偿的，新用人单位在依法解除、终止劳动合同计算支付经济补偿的工作年限时，不再计算劳动者在原用人单位的工作年限。第二，对高工资收入者计算的封顶。劳动者月工资高于用人单位所在直辖市、设区的市级人民政府公布的本地区上年度职工月平均工资三倍的，向其支付经济补偿的标准按职工月平均工资三倍的数额支付，向其支付经济补偿的年限最高不超过十二年。第三，工资计算基数。经济补偿金计算中的“月工资”是指劳动者在劳动合同解除或者终止前十二个月的平均工资。根据《劳动合同法实施条例》的规定，经济补偿的月工资按照劳动者应得工资计算，包括计时工资或者计件工资以及奖金、津贴和补贴等货币性收入。劳动者在劳动合同解除或者终止前十二个月的平均工资低于当地最低工资标准的，按照当地最低工资标准计算。劳动者工作不满十二个月的，按照实际工作的月数计算平均工资。

③ 经济补偿金的支付时间。

经济补偿金在劳动者按照双方约定办理工作交接时支付。

④ 经济补偿金的违法责任。

《劳动合同法》针对用人单位不按规定支付经济补偿的现象作了规定，即用人单位逾期不支付经济补偿的，由劳动行政部门责令用人单位按应付金额百分之五十以上百分之一百以下的标准向劳动者加付赔偿金。

（2）附随义务

在劳动合同关系存续期间，用人单位与劳动者应当诚信履行劳动合同的义务，在劳动合同关系结束时以及结束后，双方也应当根据劳动合同的约定或者基于诚实信用原则履行应尽的义务。根据《劳动合同法》的规定，这些义务包括：

① 对从事有职业危害作业的劳动者进行健康检查。《劳动合同法》规定，对于从事有职业危害作业的劳动者在劳动合同解除、终止前未作健康检查的，单位不得解除、终止劳动合同。所以，对于从事有职业危害作业的劳动者在劳动合同解除、终止前进行健康检查是单位应尽的义务，否则，劳动合同解除、终止属于违法。② 办理工作交接。劳动者应当按照双方约定，办理工作交接。如果劳动者不进行工作交接给用人单位造成损失，用人单位可要求赔偿。③ 清理归还用人单位的物品、文件资料和清偿所欠的用人单位债务。

④ 退还劳动者的有关证件。在劳动关系存续期间，单位收取和保管的劳动者的有关证件、证明、证书等物品，用人单位应在劳动合同解除、终止时退还给劳动者，否则，给劳动者造成损失的，应予赔偿。⑤ 薪资结算。在解除、终止劳动合同时，用人单位必须结清劳动者的劳动报酬、经济补偿金。⑥ 出具劳动合同解除、终止证明。解除、终止劳动合同的，用人单位应当出具解除、终止劳动合同证明书，作为劳动者按规定享受失业保险待遇和失业登记、求职登记的凭证。证明应当写明劳动合同期限、解除或者终止劳动合同的日期、工作岗位、在本单位的工作年限。⑦ 转移社会保险关系、档案关系。

五、法律责任

1. 用人单位的法律责任

(1) 不订立书面合同的法律责任。

为防止用人单位不依法与劳动者签订书面劳动合同，根据《劳动合同法》第八十二条和《劳动合同法实施条例》第六条、第七条的规定，用人单位自用工之日起超过一个月不满一年未与劳动者订立书面劳动合同的，应当向劳动者每月支付两倍的工资，并与劳动者补订书面劳动合同；用人单位向劳动者每月支付两倍工资的起算时间为用工之日起满一个月的次日，截止时间为补订书面劳动合同的前一日。劳动者不与用人单位订立书面劳动合同的，用人单位应当书面通知劳动者终止劳动关系，并依法向劳动者支付其实际工作时间的劳动报酬，同时支付经济补偿。用人单位自用工之日起满一年未与劳动者订立书面劳动合同的，自用工之日起满一个月的次日至满一年的前一日应当依法向劳动者每月支付两倍的工资，并视为自用工之日起满一年的当日已经与劳动者订立无固定期限劳动合同，同时应当立即与劳动者补订书面劳动合同。

(2) 劳动合同缺乏必备条款或未交付劳动合同的法律责任。

《劳动合同法》第八十一条规定，用人单位提供的劳动合同文本未载明本法规定的劳动合同必备条款或者用人单位未将劳动合同文本交付劳动者的，由劳动行政部门责令改正；给劳动者造成损害的，应当承担赔偿责任。

(3) 扣押劳动者身份证、违法收取财物的法律责任。

用人单位违反《劳动合同法》的规定，扣押劳动者居民身份证等证件的，由劳动行政部门责令限期退还劳动者本人，并依照有关法律规定给予处罚。用人单位违反《劳动合同法》规定，以担保或者其他名义向劳动者收取财物的，或者劳动者依法解除或者终止劳动合同，用人单位扣押劳动者档案或者其他物品的，由劳动行政部门责令限期退还劳动者本人，并以每人五百元以上两千元以下的标准处以罚款；给劳动者造成损害的，应当承担赔偿责任。

(4) 违法约定试用期的法律责任。

用人单位违反劳动合同法的规定与劳动者约定试用期的，由劳动行政部门责令改正；违法约定的试用期已经履行的，由用人单位以劳动者试用期满月工资为标准，按已经履行的超过法定试用期的期间向劳动者支付赔偿金。

(5) 因用人单位原因导致合同无效的法律责任。

用人单位有下列情形导致劳动合同无效，给劳动者造成损害的，应当承担赔偿责任：

① 以欺诈、胁迫的手段或者乘人之危，使对方在违背真实意思的情况下订立或者变更劳动合同的；② 用人单位免除自己的法定责任、排除劳动者权利的；③ 违反法律、行政法规强制性规定的。

(6) 侵害劳动者人身权益的法律责任。

依据《劳动合同法》第八十八条的规定，用人单位有下列情形之一的，依法给予行政处罚；构成犯罪的，依法追究刑事责任；给劳动者造成损害的，应当承担赔偿责任：① 以暴力、威胁或者非法限制人身自由的手段强迫劳动的；② 违章指挥或者强令冒险作业危及劳动者人身安全的；③ 侮辱、体罚、殴打、非法搜查或者拘禁劳动者的；④ 劳动条件恶劣、环境污染严重，给劳动者身心健康造成严重损害的。

(7) 不具备合法经营资格的用人单位的违法犯罪行为的法律责任。

不具备合法经营资格的用人单位是指该单位没有依照相关的法律规定获得相应的营业执照，不具备相应的经营资格的单位。实践中，一些不具备合法经营资格的单位被依法处理后，往往以自己不具备合法经营资格的行为以及受到处罚、单位被取缔为由，拒绝或者拖延支付劳动者的工资以及对劳动者的损害赔偿。为此，《劳动合同法》第九十三条规定，对不具备合法经营资格的用人单位的违法犯罪行为，依法追究法律责任；劳动者已经付出劳动的，该单位或者其出资人应当依照本法有关规定向劳动者支付劳动报酬、经济补偿、赔偿金；给劳动者造成损害的，应当承担赔偿责任。

(8) 违法解除或者终止劳动合同的法律责任。

用人单位如果违法解除或者终止劳动合同，根据《劳动合同法》第八十七条的规定，应当依照《劳动合同法》规定的经济补偿标准的两倍向劳动者支付赔偿金。

(9) 未依法支付经济补偿的法律责任。

依据《劳动合同法》第八十五条的规定，解除或者终止劳动合同，未依法向劳动者支付经济补偿的，由劳动行政部门责令限期支付；逾期不支付的，责令用人单位按应付金额百分之五十以上百分之一百以下的标准向劳动者加付赔偿金。

(10) 未向劳动者出具解除或者终止劳动合同的书面证明的法律责任。

解除或者终止劳动合同后，用人单位应当出具解除或者终止劳动合同的证明。否则，按照《劳动合同法》第八十九条的规定，由劳动行政部门责令改正；给劳动者造成损害的，应当承担赔偿责任。

2. 劳动者的法律责任

(1) 因劳动者原因导致合同无效的法律责任。

如果是劳动者的原因导致合同无效，并给用人单位造成损害的，劳动者就是有过错方，就应当承担赔偿责任。

(2) 劳动者违反本法规定解除劳动合同，或者违反劳动合同中约定的保密义务或者竞业限制的法律责任。

劳动者如果违反法律规定解除劳动合同，或者违反劳动合同中约定的保密义务或者竞业限制，给用人单位造成损失的，应当承担赔偿责任。

第四节 工作时间与休息休假

一、工作时间

工作时间是指法律规定的劳动者在一昼夜或一周内从事生产或工作的时间，即劳动者每天应工作的时数或每周应工作的天数。劳动者每天应工作的时数叫工作日，每周应工作的天数叫工作周，工作时间以工作日为主要表现形式。

1. 工作时间的种类

(1) 标准工作时间。

我国现行的标准工作时间为每日工作 8 小时，每周工作 40 小时。

(2) 缩短工作时间。

缩短工作时间，是指法律规定在特殊情形下实行的工作时间少于标准工作时间长度的工时制度，即劳动者每天工作的时数少于 8 小时或者每周工作的时数少于 40 小时，主要适用于在特殊条件下从事劳动和有特殊情况的劳动者，主要包括：① 从事矿山、井下、高山、有害有毒、特别繁重或过度紧张等作业的劳动者。根据我国有关劳动法规的规定，从事矿山、井下、严重有毒有害岗位和国家规定第四级体力劳动强度作业的劳动者，每日工作不得超过 6 小时，每周工作时间不得超过 36 小时。② 从事夜班工作的劳动者。夜班工作是指在晚上 22 时至次日 6 时从事劳动，我国有关劳动法规规定，实行“三班制”的企业，夜班工作时间比白班减少 1 小时，并按规定发给夜班津贴；连续生产不容间断的工作，如发电、钢铁冶炼等夜班工作时间可与白班相等，但要给夜班工作的职工增发夜班津贴。对于未成年工、怀孕满 7 个月和哺乳未满 12 个月婴儿的女工禁止安排夜班。③ 哺乳期内的和怀孕的女职工。哺乳未满 12 个月婴儿的女工，每天在工作时间内可以哺乳两次，每次不超过半小时；路途较远的，可将两次哺乳时间合并使用，每次哺乳时间为 1 小时(含人工喂乳)，可提前 1 小时下班。多胞胎生育的，每多哺乳一个婴儿，每次哺乳时间增加 30 分钟。哺乳时间和哺乳往返时间算作工作时间。怀孕 7 个月以上的女职工，在正常工作时间内应安排一定的休息时间。

(3) 不定时工作时间。

不定时工作时间是指每天没有固定工作时间限制的工时制度。根据我国现行的相关法规，因工作性质和工作职责限制，需要实行不定时工作制的，职工平均每周工作时间不得超过 40 小时。根据劳动部《关于企业实行不定时工作制和综合计算工时工作制的审批办法》第四条规定，企业对符合下列条件之一的职工，可以实行不定时工作制：① 企业中的高级管理人员、外勤人员、推销人员、部分值班人员和其他因工作无法按标准工作时间衡量的职工；② 企业中的长途运输人员、出租汽车司机和铁路、港口、仓库的部分装卸人员以及因工作性质特殊，需机动作业的职工；③ 其他因生产特点、工作特殊需要或职责范围的关系，适合实行不定时工作制的职工。企业实行不定时工作制的，应当履行审批手续。

(4) 综合计算工作时间。

综合计算工作时间是指采用以周、月、季或年为周期，集中安排并综合计算工作时间和休息时间的工时制度。根据劳动部《关于企业实行不定时工作制和综合计算工时工作制的审批办法》第五条规定，企业对符合下列条件之一的职工可实行综合计算工时工作制，但其平均日工作时间和平均周工作时间应与法定标准工作时间基本相同：① 交通、铁路、邮电、水运、航空、渔业等行业中因工作性质特殊，需连续作业的职工；② 地质及资源勘探、建筑、制盐、制糖、旅游等受季节和自然条件限制的行业的部分职工；③ 其他适合实行综合计算工时工作制的职工。企业实行综合计算工时工作制的，也应当履行审批手续。

2. 延长工作时间

延长工作时间是指劳动者的工作时数超过法律规定的标准工作时间。对于延长工作时间，劳动法作了严格限制，主要规定有：

(1) 延长工作时间的一般规定。

延长工作时间的一般规定体现在劳动法律对延长工作时间的限制上：① 人员限制。我国立法规定，禁止安排未成年人、怀孕女工和哺乳未满 12 个月婴儿的女职工在正常工作日以外加班加点。② 时间限制。《劳动法》第四十一条规定，用人单位由于生产经营需要，经与工会和劳动者协商后可以延长工作时间，一般每日不得超过一小时；因特殊原因需要延长工作时间的，在保障劳动者身体健康的条件下延长工作时间每日不得超过三小时，但是每月不得超过三十六小时。③ 程序限制。《劳动法》规定，用人单位由于生产需要而安排延长工作时间的，应当事先与工会和劳动者协商。

(2) 延长工作时间的特殊规定。

根据《劳动法》《国务院关于职工工作时间的规定》及其《实施办法》的规定，在下列特殊情形下延长工作时间不受上述时间、程序的限制：① 发生自然灾害、事故或者因其他原因，威胁劳动者生命健康和财产安全，使人民的安全健康和国家财产遭到严重威胁，需要紧急处理的；② 生产设备、交通运输线路、公共设施发生故障，影响生产和公共利益，必须及时抢修的；③ 在法定节日和公休假日内工作不能间断，必须连续生产、运输或营业的；④ 必须利用法定节日或公休假日的停产期间进行设备检修、保养的；⑤ 为了完成国防紧急生产任务，或者完成上级在国家计划外安排的其他紧急生产任务，以及商业、供销企业在旺季完成收购、运输、加工农副产品紧急任务的；⑥ 法律、行政法规规定的其他情形。

(3) 延长工作时间的工资支付。

延长工作时间工资的标准为：① 安排劳动者延长工作时间的，支付不低于工资的150%的工资报酬。② 用人单位在休息日安排劳动者加班工作的，应首先安排补休；不能安排补休的，支付不低于工资的 200%的工资报酬。③ 法定休假日安排劳动者工作的，支付不低于工资的 300%的工资报酬。

典型案例

劳动者自愿加班可否要求用人单位支付加班工资?

李某大学毕业后应聘到一家软件公司工作,与公司签订了1年期的劳动合同。公司实行每日工作8小时、每周工作40小时的标准工时制度,并以此为依据确定和支付李某的工资。李某工作很认真,但由于刚参加工作、对业务不甚熟悉,其他同事能完成的工作他有时不能在8小时内完成,为不影响工作进度,便主动利用下班时间加班完成。一年合同期满时,李某表示不再续签劳动合同,但要求公司支付其在一年内的加班工资,并出示了期间的考勤记录。公司以实行标准工时制度、对加班制度另有规定、李某自愿主动加班并非公司安排为由,拒绝支付加班工资。双方发生争议。

本案的焦点是劳动者主动延长工作时间能否要求支付加班工资。《劳动法》第44条和《工资支付暂行规定》第13条规定,用人单位延长劳动者的工作时间应当支付加班工资,在条文表述上都将用人单位"安排"劳动者延长工作时间作为补休和支付加班工资的前提,对此可以解释为延长工作时间是用人单位的原因造成的。具体到本案,公司实行标准工时制并有相应的加班制度,李某加班是自己不能按时完成工作任务导致的,因此属于自愿加班,并非用人单位的原因造成,也没有办理延长工作时间的履行手续,要求公司支付加班工资缺乏法律依据。

二、休息休假

休息休假又称为休息时间,是劳动者在国家规定的法定工作时间以外自行支配的时间。我国劳动法关于工作时间的立法趋势是不断缩短工时,使劳动者有更多的休息时间,这是社会进步的体现。劳动者的休息休假时间主要有以下几种:

1. 工作日内的休息时间

这是指在一个工作日内给予劳动者用于休息的时间,即午休时间,一般不少于半个小时。

2. 工作日间的休息时间

工作日间的休息时间是指两个邻近工作日之间的间隔时间。我国实行8小时工作制,职工从一个工作日结束到下一个工作日开始前的休息时间一般不应少于15到16小时。

3. 休息日

休息日又称公休假日、每周休息日,是劳动者工作满一个工作周以后的休息时间。目前,我国实行5天工作制,即每周的星期六和星期日为休息日。

4. 法定节日

法定节日是指国家法律统一规定的用以开展纪念、庆祝等活动的休息时间。《全国年节及纪念日放假办法》规定的法定节日主要有:(1) 全体公民放假的节日:① 新年,放假1天(1月1日);② 春节,放假3天(农历除夕、正月初一、初二);③ 清明节,放假1天(农历清明当日);④ 劳动节,放假1天(5月1日);⑤ 端午节,放假1天(农历端午当日);⑥ 中秋节,放假1天(农历中秋当日);⑦ 国庆节,放假3天(10月1日、2日、3日)。(2) 部分公民放假的节日及纪念日:① 国际妇女节(3月8日),妇女放假半天;② 中国青年节(5月4日),14周岁以上的青年放假半天;③ 国际儿童节(6月1日),不满14周岁的少年儿童放假1天;④ 中国人民解放军建军纪念日(8月1日),现役军人放假半天。全体公民放假的假日,如果适逢星期六、星期日,应当在工作日补假。部分公民放假的假日,如果适逢星期六、星期日,则不补假。

5. 年休假

年休假,是指法律规定的劳动者工作满一定的工作年限后,每年享有的保留工作带薪连续休假。国务院制定的《职工带薪年休假条例》规定,机关、团体、企业、事业单位、民办非企业单位、有雇工的个体工商户等单位的职工连续工作1年以上的,享受带薪年休假。单位应当保证职工享受年休假。职工在年休假期间享受与正常工作期间相同的工资收入。

6. 探亲假

探亲假,是指与父母或配偶分居两地的职工,每年享有的与父母或配偶团聚的假期。

7. 其他休息时间

除了上述休息时间外,依相关规定,休息时间还有女职工的产假、职工婚丧假等。

三、法律责任

用人单位违反工作时间的相关法律规定,必须依法承当相应的责任。用人单位违反工时法的法律责任主要有:

1. 强迫延长工时的法律责任

用人单位未与工会和劳动者协商,强迫劳动者延长工作时间的,应给予警告,责令改正,并可按每名劳动者每延长工作时间1小时罚款100元以下的标准处罚。

2. 超过法定时数延长工作时间的法律责任

用人单位在由于生产经营需要而延长工作时间的情况下,一日内延长工作时间3小时以上或一个月内延长工作时间超过36小时,应给予警告,责令限期改正,并可按照每名劳动者每超过工作时间1小时罚款100元以下的标准处罚。

3. 安排法定禁止延长工作时间的人员延长工时的法律责任

用人单位安排处于哺乳未满一周岁的婴儿期间的女职工和怀孕7个月以上的女职工延长工作时间和夜班工作的,应责令改正,并按照每侵害一名女职工权益罚款3 000元以下的标准处罚。

4. 拖欠、拒付加班加点工资或低于法定标准发放加班加点工资的法律责任

加班加点工资标准属于法定标准，用人单位无故拖欠、拒付加班加点工资或无故扣除而低于法定标准发放加班加点工资的，除应责令其在规定的时间内全额支付劳动者加班加点工资报酬，加发相当于加班加点工资报酬25%的经济补偿金外，并可责令其按照相当于支付劳动者加班加点工资报酬、经济补偿总和的1至5倍支付劳动赔偿金。

第五节 工 资

一、工资的概念

工资也称"薪金"、"薪酬"，是指用人单位依据国家有关规定或者劳动合同的约定，以货币形式直接支付给本单位劳动者的劳动报酬，包括计时工资、计件工资、奖金、津贴和补贴、延长工作时间的工资报酬以及特殊情况下支付的工资等。劳动者的全额工资是由其每月所收入的基本工资与辅助工资构成的。

二、工资的形式

1. 基本工资

劳动者基本工资是根据劳动合同约定或国家及企业规章制度规定的工资标准计算的工资。计时工资、计件工资就是基本工资。

(1) 计时工资。计时工资是指按计时工资标准和工作时间支付给个人的劳动报酬，是最基本的工资形式。根据计算工资的时间单位的不同，计时工资可分为月工资制、日工资制和小时工资制。职工全勤，按月工资标准计发工资；职工缺勤或加班加点，按日工资标准或小时工资标准扣发或加发工资。

(2) 计件工资。计件工资是按照劳动者生产合格产品的数量和预先规定的计件工资标准来计算的工资。

2. 辅助工资

劳动者的辅助工资是指除基本工资以外的各种工资，它通常是用人单位对劳动者支出的、超出正常劳动之外的劳动消耗所给予的报酬。

(1) 奖金。奖金是指支付给职工的超额劳动报酬，这是对劳动者做出优异成绩的一种奖励。

(2) 津贴。津贴是为了补偿职工在特殊劳动条件下所付出的额外劳动消耗和生活费用而支付给职工的劳动报酬。例如，矿山井下津贴、科研津贴等。

(3) 补贴。补贴是指为了保证职工工资水平不受物价影响而支付给职工的物价补贴。补贴一般是特定条件下因物价变动影响而支付给劳动者的临时性工资补助，目的是保证劳动者的生活水平不会受到较大的冲击。

(4) 加班加点工资。加班加点工资是指劳动者加班加点后，对其在标准工作时间外的工作支付劳动报酬的一种工资形式。

(5) 特殊情况下的工资。特殊情况下支付的工资包括：根据国家法律、法规和政策规定，因病、工伤、产假、计划生育假、婚丧假、事假、探亲假、定期休假、停工学习、执行国家或社会义务等情况按计时工资标准或计时工资标准的一定比例支付的工资。

典型案例

单位实行计件工资制度时，如何计算加班工资？

陈某在一家小型鞋业公司从事加工工作，公司对该岗位实行计件工资制度，规定职工每做好一件鞋发给工资 25 元。按这一标准，陈某一般每月工资能拿到 1300 元左右，效率高的时候还可以拿到 1600 元左右。交易会期间，公司接到大订单，需要赶制一批鞋，经与工会和劳动者本人协商，安排陈某等人利用休息日加班。后来，公司以陈某每月的工资 1 300 元为基数，折算出其平均小时工资标准，向其支付了加班工资。陈某认为自己在加班期间为了公司的效益拼命赶工，工作效率高，以自己效率最低时的收入 1 300 元为基数计算加班工资不合理，要求公司增加支付加班工资。公司不同意，引发争议。

《劳动法》第四十四条、《工资支付暂行规定》第十三条规定了用人单位安排劳动者延长工作时间的加班工资支付，并区分了标准工时制下、实行计件工资制下以及实行综合计算工时制下的支付问题。要计算加班工资，关键是确定加班情形的类型。本案中，公司按计件工资向陈某支付工资，在计算加班工资时却又以月工资为基数计算加班工资，而且选择陈某效率最低的工资收入为基数，实际上是变相降低了应支付给陈某的加班工资。依据《工资支付暂行规定》第 13 条，实行计件工资的劳动者，在完成计件定额任务后，由用人单位安排在工作日、休息日、法定休假日延长工作时间的，应根据标准工时下支付加班工资的原则，分别按照不低于劳动者法定工作时间计件单价的 150%、200%、300%支付加班工资。故公司应根据李某在加班期间的实际产量，按照计件单价 25 元/件的 200%的标准，向其支付加班工资。

三、最低工资制度

1. 最低工资的概念

最低工资是指劳动者在法定工作时间提供了正常劳动的条件下，由用人单位支付的保障劳动者个人及其家庭成员基本生活需要的最低劳动报酬。正常劳动，是指劳动者按依法签订的劳动合同约定，在法定工作时间或劳动合同约定的工作时间内从事的劳动。

我国劳动法明确规定，国家实行最低工资保障制度。用人单位支付劳动者的工资不得低于当地最低工资标准。

2. 最低工资标准的制定

考虑到我国幅员辽阔、地区经济发展和生活水平存在差异等因素，目前没有实行全国统一的最低工资标准，而是由省、自治区、直辖市人民政府根据各地具体情况来确定最低工资标准，并且省、自治区、直辖市范围内的不同行政区域可以有不同的最低工资标准。

确定最低工资标准应综合考虑以下因素：(1) 劳动者本人及平均赡养人口的最低生活费用；(2) 社会平均工资水平；(3) 劳动生产率；(4) 就业状况；(5) 地区之间经济发展水平的差异。

四、工资的法律保障和违法责任

1. 法律保障

(1) 工资支付的一般规则。

根据《劳动法》及《工资支付暂行规定》，用人单位支付工资必须按照以下方式执行：① 工资应当以法定货币支付，不得以实物及有价证券替代货币支付。② 用人单位应将工资支付给劳动者本人，劳动者本人因故不能领取工资时，可由其亲属或委托他人代领。③ 用人单位必须书面记录支付劳动者工资的数额、时间、领取者的姓名以及签字，并保存两年以上备查。④ 用人单位在支付工资时应向劳动者提供一份其个人的工资清单。⑤ 工资至少每月支付一次，实行周、日、小时工资制的可按周、日、小时支付工资。⑥ 对完成一次性临时劳动或某项具体工作的劳动者，用人单位应按有关协议或合同规定在其完成劳动任务后即支付工资。⑦ 劳动关系双方依法解除或终止劳动合同时，用人单位应在解除或终止劳动合同时一次付清劳动者工资。⑧ 用人单位依法破产时，应当首先支付欠付本单位劳动者的工资。

典型案例

骨灰盒抵顶工资案

据新华社报道，辽宁省盘锦市下岗女工任某到盘锦市安顺殡仪福利厂做兼职会计，因多次索要工资未果，向人民法院提起诉讼。法院经审理判决，厂方一次性给付任某工资2 400元。但是在判决生效后的15天里，任某并没有拿到一分钱，于是她向法院申请执行，结果换来的却是24个骨灰盒。法院的说法是："骨灰盒也是商品，用骨灰盒抵顶工资不违反任何法律规定。"当地人民检察院认为这起案件的执行违背了公德良俗，建议重新执行。

本案例反映出，如果不坚持"工资应当以法定货币形式支付"这一规则，结果会令人啼笑皆非。同样是执行拖欠工资案，下列做法就令人拍手称快，泉州市某基层人民法院依法查封了被执行人某公司的厂房，然后公开拍卖，以拍卖所得清偿了公司拖欠员工的工资。

(2) 禁止克扣和无故拖欠劳动者工资。

所谓"克扣"是指用人单位无正当理由扣减劳动者应得工资，即在劳动者已提供正常劳动的前提下，用人单位按劳动合同规定的标准应当支付给劳动者的全部劳动报酬。《工资支付暂行规定》规定，有下列情况之一，用人单位可以代扣劳动者工资：① 用人单位代扣代缴的个人所得税;② 用人单位代扣代缴的应由劳动者个人负担的各项社会保险费用;③ 法院判决、裁定中要求代扣的抚养费、赡养费;④ 法律、法规规定可以从劳动者工资中扣除的其他费用。

依据劳动法的有关规定,因劳动者本人原因给用人单位造成经济损失的,用人单位可按照劳动合同的约定要求其赔偿经济损失。经济损失的赔偿,可从劳动者本人的工资中扣除,但每月扣除的部分不得超过劳动者当月工资的 20%。若扣除后的剩余工资部分低于当地月最低工资标准,则按最低工资标准支付。

2. 违法责任

(1) 用人单位如果实施了克扣工资、无故拖欠工资、拒付延长工时工资报酬或支付工资低于最低工资标准的,用人单位必须按照劳动者要求或劳动行政部门的责令,全额发给违法未付的工资报酬或最低工资,并按违法未付工资报酬额或最低工资的 25%支付经济补偿金,还可以由劳动行政部门责令加付相当于违法未支付工资报酬额或最低工资额 50%以上 1 倍以下的赔偿金。

(2) 用人单位违反最低工资给付的法律责任。用人单位违反《最低工资规定》第十二条规定,即在劳动者提供正常劳动,用人单位在剔除法定项目后支付给劳动者的劳动报酬若低于当地最低工资标准的,由劳动和社会保障行政部门责令其限期补发所欠劳动者工资,并可责令其按所欠工资的 1 至 5 倍支付劳动者赔偿金。

典型案例

上海首个劳动报酬支付令案

周先生 12 年前,进入上海市一家房地产开发集团公司工作,并且一直担任主管行政的副总经理一职。近两年来,公司一直入不敷出,连员工的工资都很难正常支付,身为公司副总的周先生也未能幸免,一年只领取了两三千元的生活费。2008 年 3 月,已拖欠其工资两年有余的公司,在周先生的要求下写了一份承诺书,承诺公司在 2008 年 4 月 4 日前支付拖欠周先生的工资共计 20 万元。可等了多日,周先生发现公司始终无意支付。4 月 14 日,周先生向徐汇区人民法院提出支付令申请,要求所在工作单位支付其 2005 年 11 月至 2008 年 3 月工资共计 20 万元。

上海市徐汇区人民法院收到周先生的支付令申请书后,立即受理,并开始着手调查。承办法官发现,申请人周先生系该房地产开发集团的管理人员,该公司由于经营不善已濒临倒闭,2008 年 3 月 30 日,周先生所在公司写下一份承诺书,许诺于 4 月 4 日付清所欠周先生工资 20 万元。法院认为,本案是首例涉及《劳动合同法》有关劳动报酬支付令以及 2008 年 4 月 1 日起正式实施的《中华人民共和国民事诉讼法(2007 修正)》的案件,据此劳动者无须经过劳动争议仲裁前置程序,可直接向法院申请支付令。为保护劳动者的合法权益,徐汇区人民法院在受案后第四天即发出支付令,判令公司自收到支付令之日起 15 日内,支付周先生 2005 年 11 月至 2008 年 3 月的工资共计 20 万元及相关诉讼费用。

第六节　社会保险

一、社会保险的概念

社会保险，是指为了确保劳动者的生存和劳动力的再生产，国家和社会对因丧失劳动能力和劳动机会而不能劳动或暂时终止劳动的劳动者，采取的通过给予一定物质帮助，使其至少能维持基本生活需要的制度。社会保险包括养老保险、医疗保险、工伤保险、失业保险和生育保险等项目。

典型案例

劳动者与用人单位约定不办理社会保险案

王某经招聘到某保安公司从事保安工作，公司与王某就待遇等内容协商一致准备签订劳动合同。但是，公司指出，因为要为职工办理社会保险，公司将根据规定每月从王某工资中扣除约150元的社会保险费。王某心想多拿点现钱多好啊，并且自己现在工作也不固定，不知道干多久可能就走了，办了社会保险也不一定能够用得上。因此，王某跟公司协商不办社会保险，公司经过考虑同意了王某的意见，但要求王某就主动要求不办理社会保险的情况与公司签订补充协议。于是双方签订了1年的劳动合同，约定每月工资1 500元，并且在补充协议中明确，经王某要求，公司将不予办理社会保险。

该市劳动保障监察大队在劳动保障检查中，发现该公司未依法为签订劳动合同的职工办理社会保险，遂对其下达限期整改通知，责令该公司为王某及其他情况相同的劳动者办理社会保险登记、申报，补缴社会保险费。该公司认为，公司不为王某办理社会保险是王某主动要求的，并且双方就此事签订了补充意见书，所以拒绝为这些劳动者办理社会保险。劳动保障行政部门依据《社会保险费征缴暂行条例》对该公司直接负责的主管人员进行了行政处罚。

《劳动法》第七十二条规定，用人单位和劳动者必须依法参加社会保险，缴纳社会保险费。《社会保险费征缴暂行条例》规定，缴费单位必须向当地社会保险经办机构办理社会保险登记，参加社会保险。缴费单位、缴费个人应当按时、足额缴纳社会保险费。根据上述规定，强制保险是社会保险的基本原则，当事人双方不得自主协商逃避社会保险义务，因此用人单位应当依法为劳动者办理社会保险登记、缴纳社会保险费用。

二、社会保险的种类

1. 养老保险

养老保险又称为老年保险，是指国家通过立法强制建立养老保险基金，劳动者达到法定的退休年龄并退出劳动岗位时，可以从养老保险基金中领取养老金，以保证其基本生活的一种社会保险制度。养老保险费由用人单位与劳动者按照法定比例共同缴纳。

2. 医疗保险

医疗保险是指保障劳动者及其供养亲属非因工患病或负伤后在医疗上获得物质帮助的一种社会保险制度。医疗保险的保险事故仅限于职业病以外患病和工伤以外负伤。基本医疗保险费由用人单位与劳动者按照法定比例共同缴纳。

3. 工伤保险

工伤保险是指国家和社会为在生产、工作中遭受事故伤害和患职业疾病的劳动者及亲属提供医疗救治、生活保障、经济补偿、医疗和职业康复等物质帮助的一种社会保障制度。《工伤保险条例》规定了用人单位应当按时缴纳工伤保险费，劳动者个人不缴纳工伤保险费。

4. 失业保险

失业是指具有劳动能力并有劳动意愿的劳动者不在有报酬的就业或自营职业中的状态。失业保险是指国家通过立法强制建立社会统筹基金，对因失业而暂时中断生活来源的劳动者在法定期间内提供物质帮助，以维持其基本生活需要的一项社会保险制度。失业保险费由用人单位与劳动者按照法定比例共同缴纳。失业保险金的领取时间是由失业人员失业前所在单位和本人按照规定累计缴费时间决定的，最长不超过 24 个月。

5. 生育保险

生育保险是指妇女劳动者在生育子女、暂时中断劳动时，从国家和社会获得物质帮助的一种社会保险制度。享受生育保险待遇的对象是女职工。生育保险费由用人单位缴纳，劳动者个人不缴纳。生育保险待遇包括产假、生育津贴、生育医疗费、疾病医疗费等。

典型案例

无证驾驶工伤案

小吴是一家公司聘用的职工，某日下午 6 时许，小吴无证驾驶无牌轻便摩托车下班，在湖熟镇某路段与一辆三轮摩托车相撞致伤。交警赶到后对现场进行了勘察，并作出事故认定书，认定三轮摩托车负事故的主要责任，小吴无证驾驶无牌摩托车，负事故的次要责任，并罚款 200 元。事后，单位一直没为小吴向劳动部门申请工伤认定。次年 3 月，小吴向江宁区劳保局申请工伤认定，劳保局于当年 7 月依据《工伤保险条例》第 14 条第 6 项规定，认定小吴为工伤。但小吴所在公司不服，向南京市劳动和社会保障局申请行政复议，市劳保局于当年 8 月作出行政复议决定书，维持了江宁区劳保局作出的工伤认定结论。但公司仍坚持认为劳保局对小吴工伤的认定，事实不清，不符合法律规定，向江宁法院提起诉讼，要求撤销劳保局作出的工伤认定书。最终，法院驳回了该单位的诉讼请求。

依据《工伤保险条例》第十四条第(六)项的规定，在上下班途中，受到非本人主要责任的交通事故或者城市轨道交通、客运轮渡、火车事故伤害的，应当认定为工伤。第十六条规定了不得认定为工伤或者视同工伤的三种情形：故意犯罪、醉酒或者吸毒的、自残或者自杀。由上述规定可见，小吴并不存在不予认定工伤的情形，反而其受伤情形属于应予认定工伤的范围内。故而，上述对小吴工伤的认定于法有据，用人单位应当执行。

典型案例

自杀工伤案

某日凌晨，北京铁路局职工杨某在自己家中久久不能入睡，突然，他起身从厨房拿来菜刀，挥刀砍向熟睡中的妻儿。将妻子和儿子砍伤后，他又举刀自杀，最终割腕而亡。案发后，警方委托精神疾病司法鉴定中心对这起少见的案件进行司法精神医学鉴定。鉴定结论指出，杨某作案时存在严重的抑郁情绪，他的作案动机受情绪障碍的影响，在抑郁情绪影响下发生扩大性自杀。杨某死后不久，他的妻子向海淀区劳动和社会保障局提出申请，认为杨某是在单位施工中因头部受伤造成的外伤性精神病，并最终导致其扩大性自杀的严重后果，要求将杨某的自杀死亡认定为因公死亡。原来，案发前半个月，杨某参加单位组织的更换混凝土轨枕施工过程中，被一根十多公斤重的铁撬棍击中头部，经卫生站诊断为头顶部 3 厘米皮裂伤。12 月 14 日，回到家中休养的杨某曾前往卫生院就诊，没想到当天夜里就发生了杨某砍伤妻儿后自杀的惨剧。但海淀区劳动和社会保障局根据《工伤保险条例》的第十六条第(三)项的规定，认定杨某"自杀"不属于因公死亡。杨妻不服，提起行政复议与行政诉讼。经过二审改判，法院认定杨某自杀属于因公死亡，判决海淀区劳动和社会保障局对此事重新处理。

结合多份司法鉴定，法院二审判决指出，现既无证据证明杨某在头部受伤后还受过其他伤害，也无证据证明杨某受伤前有精神疾病，应认定杨某自杀时的精神状态是由于他的头部受伤引起的，在该精神状态下杨某的自杀行为与他在工作中受到的头部伤害存在因果关系，应认定为工伤。

本案的主审法官认为，尽管《工伤保险条例》第十六条第(三)项规定，"自残或者自杀的"不能认定为工伤或视同工伤，但是，《工伤保险条例》没有对自残或自杀的原因和情形作出明确的规定。从该条的规定可以看出，法律显然是要将不属于"因工作遭受事故伤害"的情形排除在工伤认定范围之外，因此，对"自杀"的通常理解应是：一是在自己自由意志支配下结束自己的生命；二是与工作时间、工作场所、工作原因无关。而因工作遭受事故伤害而直接导致精神疾病，严重影响意志自由并在此精神障碍状态下结束自己生命的情形，应当与《工伤保险条例》中的"自杀"不属于同一性质，根据倾斜保护劳动者的原则，不能简单地以《工伤保险条例》第十六条的规定来论处。在本案中，工伤与死亡之间由精神障碍自杀这一介入行为连接，精神障碍是工伤的直接后果，而精神障碍下的自杀不能归责于行为人。因此，工伤与死亡之间具有法律上的因果关系，杨某的自杀应当认定为工伤。

第七节　劳动争议处理

一、劳动争议的概念及范围

1. 劳动争议的概念

劳动争议又称劳动纠纷，是指劳动关系当事人之间因执行劳动法规、履行劳动合同以及其他劳动问题所发生的劳动权利和义务方面的纠纷。

2. 劳动争议的范围

劳动争议的范围又称劳动争议的受案范围，《中华人民共和国劳动争议调解仲裁法》第二条对劳动争议的受案范围作出统一明确的规定，具体包括：(1) 因确认劳动关系发生的争议；(2) 因订立、履行、变更、解除和终止劳动合同发生的争议；(3) 因除名、辞退和辞职、离职发生的争议；(4) 因工作时间、休息休假、社会保险、福利、培训以及劳动保护发生的争议；(5) 因劳动报酬、工伤医疗费、经济补偿或者赔偿金等发生的争议；(6) 法律、法规规定的其他劳动争议。

二、劳动争议的处理机构

1. 劳动争议调解组织

劳动争议调解由基层群众性组织承担，具体包括三种形式：企业劳动争议调解委员会、依法设立的基层人民调解组织和在乡镇、街道设立的具有劳动争议调解职能的组织，其中，企业劳动争议调解委员会是传统上最主要的劳动争议调解机构。企业劳动争议调解委员会是设立在企业内部的劳动争议处理机构。劳动争议调解委员会由下列人员组成：职工代表、企业代表和企业工会代表。企业劳动争议调解委员会主任由工会成员或者职工、企业双方推举的人员担任。人民调解组织是指人民调解委员会，它是村民委员会和居民委员会下设的调解民间争议的群众性组织，在基层人民政府和基层人民法院指导下进行工作。乡镇、街道劳动争议调解组织是指在企业比较集中的乡镇、街道依法设立的调解劳动争议的区域性或行业性组织。

2. 劳动争议仲裁委员

劳动争议仲裁委员会是依法处理劳动争议的专门机构。县、市、市辖区人民政府设立仲裁委员会，负责处理本辖区内发生的劳动争议。劳动争议仲裁委员会由劳动行政部门代表、工会代表和企业方面代表组成。仲裁委员会主任由劳动行政主管部门的负责人担任。

3. 人民法院

人民法院是行使审判权的审判机关。人民法院也担负着处理劳动争议的任务。劳动争议当事人对仲裁委员会的裁决不服、进行起诉的案件，由人民法院民事审判庭负责受理。

三、劳动争议的处理机制

1. 协商

劳动争议发生后，当事人可以就争议事项进行协商，也可以请工会或者第三方共同与用人单位协商。但协商不是劳动争议处理的必经程序，当事人不愿进行协商或协商不成的，可以申请调解或仲裁。

2. 调解

劳动争议调解，是指调解组织对企业与劳动者之间发生的劳动争议，在查明事实、分清是非、明确责任的基础上，依照国家劳动法律、法规，以及依法制定的企业规章和劳动合同，通过民主协商的方式，推动双方互谅互让、达成协议、消除纷争的一种活动。调解也不是劳动争议处理的必经程序，劳动争议调解以双方当事人自愿为前提。劳动争议调解组织收到调解申请之日起十五日内，没有达成调解协议，视为调解不成，当事人可以依法申请仲裁。

调解虽然不是劳动争议处理的必经程序，但对解决劳动争议起着很大的作用，尤其是对于希望仍在原单位工作的职工，通过调解解决劳动争议当属首选步骤。调解达成协议后，一方当事人在协议约定期限内不履行调解协议的，另一方当事人可以依法申请仲裁。但是，对于因支付拖欠劳动报酬、工伤医疗费、经济补偿或者赔偿金事项达成调解协议，用人单位在协议约定期限内不履行的，劳动者可以持调解协议书依法向人民法院申请支付令。所谓支付令，是人民法院依照民事诉讼法规定的督促程序，根据债权人的申请，向债务人发出的限期履行给付金钱或有价证券的法律文书。债务人在收到支付令之日起15日内不提出异议又不履行支付令的，债权人可直接申请人民法院强制执行。

3. 仲裁

劳动争议仲裁是指以第三者身份出现的劳动争议仲裁委员会，根据劳动争议当事人的申请，依照一定的法律程序，按照劳动法规和政策，对当事人之间的劳动争议，在事实上作出判断，在劳动权利和义务上作出裁决，从而解决劳动争议的一种制度。我国劳动争议仲裁是由国家授权的专门仲裁机关，行使国家仲裁权，对当事人之间的争议依法进行的仲裁。

劳动仲裁是劳动争议处理机制的核心，是处理劳动争议的必经程序，是劳动争议诉讼的法定前置程序，即所谓“先裁后审”。根据《劳动争议调解仲裁法》的规定，只有以下两种情形可以不经过仲裁程序而直接进入法院司法程序：第一，劳动者追索劳动报酬、工伤医疗费、经济补偿金和赔偿金已达成调解协议的，可据此向法院申请支付令；第二，劳动者凭明确的工资欠条追索劳动报酬的可直接向法院起诉。根据最高人民法院《关于审理劳动争议案件适用法律若干问题的解释（二）》第三条规定，劳动者以用人单位的工资欠条为证据直接向人民法院起诉，诉讼请求不涉及劳动关系其他争议的，视为拖欠劳动报酬争议，按照普通民事纠纷受理。不过前提条件是劳动者手头上有确凿的证据——工资欠条。

劳动争议申请仲裁的时效期间为一年。仲裁时效期间从当事人知道或者应当知道其权利被侵害之日起计算。若当事人一方向对方当事人主张权利，或者向有关部门请求权利救济，或者对方当事人同意履行义务，申请仲裁的时效期间则因此而中断，从中断时起，仲裁时效期间重新计算。如果因不可抗力或者有其他正当理由，当事人不能在规定的仲裁时效期间申请仲裁的，仲裁时效还可以中止，从中止时效的原因消除之日起，仲裁时效期间继续计算。此外，对于劳动关系存续期间因拖欠劳动报酬发生争议的，劳动者申请仲裁不受规定的仲裁时效期间的限制，但如果劳动关系终止的，应当自劳动关系终止之日起一年内提出。

仲裁庭裁决劳动争议案件，应当自劳动争议仲裁委员会受理仲裁申请之日起四十五日内结束。案情复杂需要延期的，经劳动争议仲裁委员会主任批准，可以延期并书面通知当事人，但是延长期限不得超过十五日。逾期未作出仲裁裁决的，当事人可以就该劳动争议事项向人民法院提起诉讼。仲裁庭裁决劳动争议案件时，其中一部分事实已经清楚，可以就该部分先行裁决。之所以规定先行裁决，是考虑到大多数劳动争议案件集中于劳动报酬、福利待遇、经济补偿和赔偿等涉及劳动者切身利益的问题，防止有些用人单位利用劳动争议处理的程序故意拖延，因此对涉及劳动者基本生活的事项先行作出裁决，有利于维护劳动者的合法权益和基本生活。

劳动争议由劳动合同履行地或者用人单位所在地的劳动争议仲裁委员会管辖。双方当事人分别向劳动合同履行地和用人单位所在地的劳动争议仲裁委员会申请仲裁的，由劳动合同履行地的劳动争议仲裁委员会管辖。劳动争议仲裁不收费，劳动争议仲裁委员会的经费由财政予以保障。

典型案例

凭“白条”讨回工资案

2008年1月、2月间，刘某、曹某等18名员工分别起诉，他们分别于2007年4月至7月进入上海某广告传播有限公司并与公司签订劳动合同，但该广告传播有限公司经营运转不良，拖欠员工2007年8月至10月的工资，金额从数千元到3万余元不等。他们向法院递交了由该公司于2007年10月30日出具的，一份注明共计拖欠24名员工工资并加盖公章的“白条”。据员工们反映，在2007年9月，公司总裁称公司需要内资转中外合资，所拖欠工资会及时补上，但事实上这一拖欠长达3个月，直到同年10月30日，因公司拖欠物业租金被查封了办公室。这些员工说他们都是打工的，公司有困难可以理解，公司合作伙伴间有矛盾，股东之间有纠纷，但工资应该结清，遂凭“白条”起诉至法院。

法庭上，该广告传播有限公司辩称，公司的运作是由副总经理王某负责，2007年8月公司经营发生了问题，公司已经退租，现准备清算，承认确实存在拖欠员工工资的情况，但对于员工的劳动合同期限及拖欠工资具体金额不清楚，特别是在2007年11月上旬，公司曾在媒体上刊登公告称，公司遗失公章、法人代表章、合同章，声明作废。

审理中，法院曾向长宁区劳动监察大队核实，该广告传播有限公司向各劳动者出具欠条一事属实，当时欠条是员工书写后，交公司财务人员核对，再交由公司负责人看过后盖章，并将欠条交给了员工们。

法院认为，这起拖欠 18 名员工工资案件虽然没有经过劳动仲裁，但该广告传播有限公司在未支付工资情况下出具欠条，承认拖欠员工工资是公司真实意思表示，因该公司遗失公章公告是在出具欠条之后，且公告的公司名称与该公司名称并不相同，双方形成的债权债务关系合法有效，法院遂判决 18 名员工凭"白条"胜诉。

4. 诉讼

劳动争议诉讼，是指劳动争议当事人不服劳动争议仲裁机构的仲裁处理，在规定的期限内向人民法院起诉，人民法院依照法律规定的程序，依法对劳动争议案件进行审理和判决的活动。劳动争议诉讼是处理劳动争议的最终程序，它通过司法程序保证了劳动争议的最终彻底解决。

仲裁裁决后，如对仲裁裁决不服的，应在收到裁决书后 15 日内向人民法院起诉，未经仲裁而直接向人民法院起诉的，人民法院不予受理。收到仲裁裁决后，当事人未在 15 日内起诉的，裁决发生法律效力，当事人应当履行该裁决，否则对方可申请人民法院强制执行；在 15 日内起诉的，仲裁裁决不发生法律效力，人民法院应当对该劳动争议进行全面审理，不受已完成的仲裁的影响。

此外，对于"一裁终局"的案件，劳动者可以自收到仲裁裁决书之日起 15 日内向人民法院提起诉讼，用人单位则不得到法院提起诉讼。"一裁终局"的案件包括：第一，追索劳动报酬、工伤医疗费、经济补偿或者赔偿金，不超过当地月最低工资标准十二个月金额的争议；第二，因执行国家的劳动标准在工作时间、休息休假、社会保险等方面发生的争议。

典型案例

公司解雇员工证据不足败诉案

小吴是某日资公司的员工。该公司的销售人员及售后人员可以使用公司的公共电脑进行工作，公司设定每位员工的邮箱密码为员工姓名的拼音字母。2007 年 5 月 10 日，一封来自小吴邮箱、主题为"严重投诉公司总经理"的电子邮件向公司邮件系统的四百余名用户和几个相关公司、客户的邮箱进行了群发。次日，公司向小吴发出通知，以小吴严重违反公司规定为由，将小吴予以除名。双方为此诉诸法院。

双方在法庭上各执一词。公司认为，小吴为泄私愤所发投诉信已对公司造成了恶劣的影响，公司据此开除小吴是完全有理由的。而小吴却大呼冤枉，声称这封署名邮件并非自己所发，与日方经理存在矛盾并不止自己一人且由于邮箱密码是自己名字的拼音字母，他人完全可以冒用自己名义从邮箱群发邮件。

本案属于解雇纠纷，本案的焦点在于小吴是否实施了群发恶意邮件的严重违纪行为，而对该事实的举证责任应由谁承担至关重要。在劳动争议诉讼中，原则上实行民事诉讼

“谁主张，谁举证”的一般原则，但是在某些类型的案件中，对劳动者提出的请求，由用人单位从反面举证来推翻，俗称“举证责任倒置”。因为用人单位居于管理者的地位，一些重要证据往往由用人单位掌握，劳动者无法接触，基于证据距离的原理此时由用人单位举证更加容易。如果用人单位无法举出证据，或者证明的结果似是而非，则要承担败诉的后果。根据最高人民法院《关于审理劳动争议案件适用法律若干问题的解释(二)》的规定，因用人单位作出开除、除名、辞退、解除劳动合同、减少劳动报酬、计算劳动者工作年限等决定而发生劳动争议的，由用人单位负举证责任。本案中，公司以小吴严重违纪为由作出除名决定，应由公司来负担举证责任，证明小吴确有严重违纪的行为。公司举证的最终结果是群发邮件行为是否为小吴所为无法肯定，此时依法应由用人单位承担不利后果，故上海市第一中级人民法院审理后认为，公司以小吴严重违纪为由作出除名决定，公司应当负担举证责任，诉讼中公司并未举出充分的证据证明这一点，因此判决公司败诉。本案所反映出的重要问题就是，在劳动争议诉讼中，不能实行同普通民事诉讼完全一样的举证责任原则，而应适当地倾斜以保护劳动者的利益，由用人单位承担更重的举证责任。

第四章　我们的安全

——刑法

学习目标

了解刑法的任务和适用范围，犯罪的概念。

熟悉犯罪构成，犯罪的既遂、预备、未遂和中止，刑罚的种类和适用。

掌握刑法的基本原则，正当防卫和紧急避险，共同犯罪的形式和共同犯罪人的种类。

第一节　刑法的任务、基本原则和适用范围

一、刑法的概念和任务

1. 刑法的概念

刑法是规定犯罪、刑事责任和刑罚的法律。具体地说，是掌握政权的阶级即统治阶级，为了维护本阶级政治上的统治和经济上的利益，根据自己的意志，规定哪些行为是犯罪和应负刑事责任，并给犯罪人以何种刑罚处罚的法律。

2. 刑法的任务

《中华人民共和国刑法》(简称《刑法》)第二条规定了刑法的任务：中华人民共和国刑法的任务，是用刑罚同一切犯罪行为做斗争，以保卫国家安全，保卫人民民主专政的政权和社会主义制度，保护国有财产和劳动群众集体所有的财产，保护公民私人所有的财产，保护公民的人身权利、民主权利和其他权利，维护社会秩序、经济秩序，保障社会主义建设事业的顺利进行。

根据《刑法》第二条的规定，我国刑法的任务可以概括为惩罚犯罪和保护人民两个方面。惩罚犯罪是手段，保护人民是目的。保护方面的任务又具体包括以下四个方面：第一，保卫国家安全、人民民主专政政权和社会主义制度；第二，保护社会主义的经济基础；第三，保护公民的各项权利；第四，维护良好的社会秩序。

二、刑法的基本原则

刑法基本原则，是指贯穿全部刑法规范、具有指导和制约全部刑事立法和刑事司法的意义，并体现我国刑事法治基本精神的准则。我国刑法明确规定了刑法的三个基本原则，即罪刑法定原则、罪责刑相适应原则和刑法面前人人平等原则。此外，罪责自负原则、主客观相统一原则、法益保护原则、谦抑主义原则、责任主义原则等，尽管刑法未予明文规定，但符合刑法基本原则的标准，也属于我国刑法的基本原则。

1. 罪刑法定原则

（1）罪刑法定原则的含义。

《刑法》第三条规定，法律明文规定为犯罪行为的，依照法律定罪处刑；法律没有明文规定为犯罪行为的，不得定罪处刑。据此，罪刑法定原则的含义是：什么是犯罪，有哪些犯罪，各种犯罪的构成条件是什么，有哪些刑种，各个刑种如何适用，以及各种具体罪的具体量刑幅度如何等，均由刑法加以规定。对于刑法分则没有明文规定为犯罪的行为，不得定罪处罚。概括起来说，就是“法无明文规定不为罪，法无明文规定不处罚”。

（2）罪刑法定原则的基本内容。

① 成文法主义。这是指规定犯罪及其后果的法律必须是成文的法律，法官只能根据成文法律定罪量刑。其具体要求是：规定犯罪及其后果的法律只能是立法机关制定的法律，故行政机关不能制定刑法；规定犯罪及其后果的法律必须由本国通用的文字表述；习惯法不得作为刑法的渊源；判例也不得作为刑法的渊源。

② 禁止溯及既往。法律是规范现时社会关系和指引主体现时行为的准则，未公布前，人们不可能明了将来的法律规范哪些社会关系，允许或禁止哪些行为，也谈不上按尚未制定的法去办事。因此，一般来说，法只适用于生效后发生的行为和事件，不适用于生效前的行为和事件，不应有溯及既往的效力，这就是禁止溯及既往原则，也称法不溯及既往的原则。禁止溯及既往的目的是为了保障公民自由，所以，禁止溯及既往只是禁止不利于被告人的溯及既往，如果新法有利于被告人，则可以溯及既往适用。

③ 禁止类推解释。所谓类推解释，是指在法律没有明确的文字规定，某一行为或事件不可能为该法条的字面含义所包容的情况下，基于此行为或事件与该法律条文规定基本相似，而以相似性作为该法律条文适用于此行为或事件的依据的解释方法。然而，只要两种现象之间存在相同之处，人们就可以说它们具有相似性，于是，任何行为都可能与刑法规定的行为相似，都有被定罪量刑的危险，因而，应当禁止类推解释。禁止类推解释的目的是为了保障公民自由，因此，只是禁止不利于被告人的类推解释，允许有利于被告人的类推解释。

④ 处罚的明确性。这是指，规定犯罪的法律条文必须清楚明确，使人能确切了解违法行为的内容，准确地确定犯罪行为与非犯罪行为的界限，刑法条文在规定某行为构成犯罪的同时，还必须对该行为规定刑罚后果，并且对刑法后果的规定必须包含有特定的刑法种类和刑罚幅度。

⑤ 处罚的适当性。处罚的适当性要求禁止处罚不当罚的行为，也就是说，刑法只能

将具有处罚根据或者说值得科处刑罚的行为规定为犯罪。

典型案例

破坏村委会选举案

6月11日上午，某村举行村民委员会换届选举大会。村民谭某违反村委会选举法规，在未经选委会同意的情况下，非法接受他人委托，代为投票和填写选票。当谭某手持32张选票到写票室填写选票时，被选举委员会成员发现后予以制止，谭某与之发生争吵，选票被收回，谭某随后走出写票室，大喊“大家都走吧，不选了”，并走出会场。许多不明真相的村民在他的带领下离开了会场，致使选举无法继续进行。同年6月15日，公安机关以涉嫌破坏集会罪对谭某进行立案侦查，并于6月30日执行逮捕，7月19日移送公诉机关审查起诉。人民检察院于同年10月19日作出不起诉的决定，并于同年10月30日对谭某予以释放。

根据《中华人民共和国集会游行示威法》的规定，“集会”，是指该法规定的，须向公安机关申请和得到许可后按许可的目的、方式、时间、地点等方可进行的“聚集于露天公共场所，发表意见、表达意愿的活动”。而根据村民委员会组织法的规定，“村委会选举”是一种与《集会游行示威法》中的“集会”完全不同的法律行为，该种类型的集会是一种无须公安机关批准的、产生村民委员会这个农村村民自治组织的活动；其活动地点并不一定是“露天公共场所”；其法律依据是《中华人民共和国村民委员会组织法》，而不是《集会游行示威法》。因此，从现行刑法对破坏集会罪的规定以及现行《集会游行示威法》，关于集会的规定来看，本案中的“集会”显然不属于破坏集会罪的“集会”，因此，谭某的行为因失去了这个前提而不构成破坏集会罪。此外，现行刑法所规定的“破坏选举罪”的成立需以“选举人大代表和国家机关领导人员”这一特定前提为条件，即破坏选举罪的行为不包含破坏村委会选举的行为，故而，谭某破坏“村委会换届选举”的行为因不符合刑法分则规定的这个特定前提而不能构成破坏选举罪。

破坏村委会选举秩序的行为，不仅在实践中较为普遍，而且有愈演愈烈之势，甚至有人认为每一次村民选举包括贿选在内的破坏选举的行为严重阻碍着《村民委员会组织法》的实施和村委会选举制度的发展，是一种具有严重社会危害性的行为。但在我国现行刑法的全部规范中，既没有“破坏村委会选举罪”的专门规定，也没有关于破坏村委会选举行为的相关规定，也没有将该行为包含在其他刑法规范。罪刑法定原则要求“法无明文规定不为罪，法无明文规定不处罚”，故而谭某的行为既不构成破坏集会罪，也不构成破坏选举罪。

2. 刑法面前人人平等原则

(1) 刑法面前人人平等原则的含义。

《刑法》第四条规定，对任何人犯罪，在适用法律上一律平等。不允许任何人有超越法律的特权。据此，适用刑法人人平等原则的含义是：对任何人犯罪，不论犯罪人的家庭出身、社会地位、职业性质、财产状况、政治面貌、才能业绩如何，都应追究刑事责任，一律平等地适用刑法，依法定罪、量刑和行刑，不允许任何人有超越法律的特权。

(2) 刑法面前人人平等原则的基本内容。

① 定罪上一律平等。任何人犯罪，无论其身份、地位等如何，一律平等对待，适用相同的定罪标准。不能因为被告人地位高、功劳大而使其逍遥法外、不予定罪；也不能因为被告人是普通公民就妄加追究、任意定罪。

② 量刑上一律平等。犯相同的罪且有相同的犯罪情节的，应做到同罪同罚。虽然触犯相同的罪名，但犯罪情节不同，具有法定从重、从轻、减轻或者免除处罚情节的，则应做到区别对待。

③ 行刑上一律平等。在执行刑罚时，对于所有的受刑人平等对待，凡罪行相同、主观恶性相同的，刑罚处也应相同。

典型案例

王阿某故意伤害案

祖某在三亚市崖城镇黄金坡中坡的水井旁玩，王阿某过来找祖某喝酒，祖某说肚子痛不能喝酒，王阿某认为祖某看不起他，于是跑到附近朋友家的厨房里拿了一把菜刀，返回水井旁朝祖某头上连砍数刀，后被旁人拉开。经法医鉴定，祖某的伤势为轻伤。王阿某被抓获后，向侦查机关提供祖某是在贵州省晴隆县实施抢劫后在逃的犯罪嫌疑人的情况，查证属实。一审人民法院基于王阿某无视国家法律，故意持刀伤害他人身体并致被害人轻伤，构成故意伤害罪，应依法处罚。公诉机关指控王阿某犯故意伤害罪的事实清楚，证据确实、充分，指控罪名成立。鉴于王阿某自愿认罪，可酌情从轻处罚。王阿某到案后有揭发他人犯罪的行为，查证属实，有立功表现，可从轻处罚。遂认定王阿某犯故意伤害罪，判处有期徒刑一年六个月。宣判后，王阿某提出上诉称：本人属少数民族，在法律上有同等罪行应予酌情从轻处罚的情节；认罪态度好，如实交代罪行，自愿认罪，应从轻处罚；案发后检举他人犯罪亦查证属实，是立功表现应予从轻减刑处罚。

二审法院认为，原审判决时已充分考虑到王阿某自愿认罪和举报祖某系犯罪嫌疑人并查证属实之情节，在量刑方面作出从轻处罚。但由于王阿某对被害人没有作出任何经济赔偿，故在刑罚幅度内相对给予从轻判处。其关于本人是少数民族在法律上有从轻处罚之规定的上诉理由于法无据。《中华人民共和国刑法》第四条明确规定：对任何人犯罪，在适用法律上一律平等，不允许任何人有超越法律的特权。对王阿某的上述理由及辩解不予采纳。遂裁定驳回上诉，维持原判。

3. 罪责刑相适应原则

(1) 罪责刑相适应原则的含义。

《刑法》第五条规定，刑罚的轻重，应当与犯罪分子所犯罪行和承担的刑事责任相适应。据此，罪责刑相适应原则的含义是：犯多大的罪，就应承担多大的刑事责任，法院也应判处其相应轻重的刑罚，做到重罪重罚，轻罪轻罚，罪刑相称，罚当其罪；在分析罪重罪轻和刑事责任大小时，不仅要看犯罪的客观社会危害性，而且要结合考虑行为人的主观恶性和人身危险性，把握罪行和罪犯各方面因素综合体现的社会危害性程度，从而确定其刑事责任程度，适用相应轻重的刑罚。

（2）罪责刑相适应原则的基本内容。

① 科学严密的刑罚体系。我国刑法总则确定了一个科学的刑罚体系，这一体系由不同的刑罚方法构成。各种刑罚方法相互区别又互相衔接，能够根据犯罪的各种情况灵活地运用，从而为刑事司法实现罪责刑相适应奠定了基础。

② 区别对待的处罚原则。我国刑法总则根据各种行为的社会危害性程度和人身危险性的大小，规定了轻重有别的处罚原则，根据刑罚个别化的要求，规定了一系列刑罚裁量与执行制度。这些原则和制度都是对罪责刑相适应原则的体现。

③ 轻重不同的法定刑幅度。我国刑法分则不仅根据犯罪的性质和危害程度，建立了一个犯罪体系，而且还为各种具体犯罪规定了可以分割、能够伸缩、幅度较大的法定刑。这就使得司法机关可以根据犯罪的性质、罪行的轻重、犯罪人主观恶性的大小，依法判处适当的刑罚。

典型案例

许某盗窃自助提款机案

2006年4月21日晚10时许，许某到广州市天河区一家商业银行的自助提款机上取款，但在取款过程中发现提款机系统出现错误，他本想取款100元，但结果自助提款机出钞1 000元，而银行卡账户里却只被扣除存款1元。于是，许某又连续用自己的借记卡取款54 000元。当晚许某的同伴郭某（另案处理）得知此事后，两人结伙频繁提款，等郭某某回住所拿了自己的借记卡后，许某再次用该银行卡取款16 000元，随后两人离开现场。4月22日凌晨零时许，两人第三次返回作案地点，本次许某取款10万余元。2007年5月22日，携款潜逃1年后，许某在陕西宝鸡落网。2007年11月20日，广州市中级人民法院一审以盗窃罪判处许某无期徒刑，剥夺政治权利终身，并处没收个人全部财产。该案经广东省高级人民法院裁定，于2008年1月9日，发回广州市中级人民法院重新审判。2008年3月31日，本案重审，法院以盗窃罪判处许某有期徒刑5年，并处罚金2万元；同时追缴许某的犯罪所得173 826元，返还受害单位。

本案中，一审判决经媒体报道后，在社会上引发舆论关注，很多观点认为量刑过重，该判决严重违背了我国刑法规定的罪责刑相适应原则。该案发回重审后，在没有修改相关立法和司法解释且与一审定性相同的情况下，通过依法认定和适用酌定量刑情节而作出了符合罪责刑相适应的判决，即判处有期徒刑五年。本案重审基于“许某的盗窃犯意和取款行为与有预谋、有准备的盗窃犯罪相比，主观恶性相对较小”和“许某利用自动柜员机出现异常窃取款项，与采取破坏性手段盗取钱财相比，犯罪情节相对较轻”两方面的情节，作出体现罪责刑相适应的量刑。

三、刑法的适用范围

刑法的适用范围包括刑法的空间效力与刑法的时间效力。

1. 刑法的空间效力

刑法的空间效力是指刑法在什么地域范围内、对什么人有效。刑法的空间效力所要解决的是国家刑事管辖权的范围问题，主要体现在以下四个方面：

（1）我国刑法的属地管辖权。

《刑法》第六条规定了我国刑法的属地管辖权，该条规定：凡在中华人民共和国领域内犯罪的，除法律有特别规定的以外，都适用我国刑法。凡在中华人民共和国船舶或者航空器内犯罪的，也适用我国刑法。犯罪的行为或者结果有一项发生在中华人民共和国领域内的，就认为是在中华人民共和国领域内犯罪。

这里所说的我国“领域”，是指我国国境以内的全部区域，具体包括：领陆，即国境线以内的陆地，包括地下层；领水，即内水和领海及其地下层；领空，即领陆、领水的上空。

这里所说的“法律有特别规定”，主要是指：① 享有外交特权和豁免权的外国人的刑事责任，通过外交途径解决，不受我国刑事管辖。② 民族自治地方不能全部适用《刑法》规定的，可以由自治区或者省级人民代表大会根据当地民族的政治、经济、文化的特点和本法规定的基本原则，制定变通或者补充规定，报请全国人民代表大会常务委员会批准施行。③ 修订的刑法典施行后国家立法机关所制定的特别刑法的特别规定。④ 我国香港特别行政区和澳门特别行政区基本法作出的例外规定。

（2）我国刑法的属人管辖权。

《刑法》第七条规定了我国刑法的属人管辖权，该条规定：中华人民共和国公民在中华人民共和国领域外犯我国刑法规定之罪的，适用我国刑法，但是按本法规定的最高刑为三年以下有期徒刑的，可以不予追究。中华人民共和国国家工作人员和军人在中华人民共和国领域外犯我国刑法规定之罪的，适用我国刑法。

其中，所谓“可以不予追究”，是表明不予追究的一种倾向性，但不是绝对不追究，仍保留有追究的可能性。此外，有关“可以不予追究”的规定不适用于我国的国家工作人员或者军人在我国领域外犯罪的情况，体现了刑法对国家工作人员和军人在域外犯罪的从严要求。此外，《刑法》第十条规定，凡在中华人民共和国领域外犯罪，依照我国刑法应当负刑事责任的，虽然经过外国审判，仍然可以依照我国刑法追究，但是在外国已经受过刑罚处罚的，可以免除或者减轻处罚。

（3）我国刑法的保护管辖权。

《刑法》第八条规定了我国刑法的保护管辖权，该条规定：外国人在中华人民共和国领域外对中华人民共和国国家或者公民犯罪，而按我国刑法规定的最低刑为三年以上有期徒刑的，可以适用我国刑法，但是按照犯罪地的法律不受处罚的除外。

这条规定表明，外国人在我国领域外对我国国家或者公民犯罪，我国刑法行使管辖权，必须具备两个条件：一是这种犯罪按我国刑法规定的最低刑必须是 3 年以上有期徒刑；二是按照犯罪地的法律也应受刑罚处罚。此外，《刑法》第十条对于在国外对我国国家或者公民犯罪的外国人，也是适用的。

(4) 我国刑法的普遍管辖权。

《刑法》第九条规定了我国刑法的普遍管辖权，该条规定：对于中华人民共和国缔结或者参加的国际条约所规定的罪行，中华人民共和国在所承担条约义务的范围内行使刑事管辖权的，适用我国刑法。

这一规定，凡是我国缔结或者参加的国际条约所规定的罪行，不论犯罪分子是中国人还是外国人，也不论其罪行发生在我国领域内还是我国领域外，只要犯罪分子在我国境内被发现，我国就应当在所承担条约义务的范围内，行使刑事管辖权。

2. 刑法的时间效力

刑法的时间效力是指刑法的起止时间以及对其实施前的行为有无溯及力。

现行《中华人民共和国刑法》是 1979 年 7 月 1 日由第五届全国人民代表大会通过，同年 7 月 6 日颁布，1980 年 1 月 1 日起施行；1997 年 3 月 14 日修订颁布，同年 10 月 1 日起施行。

刑法施行以后，对于其生效之前未经审判的行为是否适用，采用了从旧兼从轻的原则。具体来讲：第一，当时的法律不认为是犯罪，而修订后的新刑法认为是犯罪的，适用当时的法律；第二，当时的法律认为是犯罪，但新刑法不认为是犯罪的，只要这种行为未经审判或者判决尚未确定，就应当适用新刑法；第三，当时的法律和新刑法都认为是犯罪，并且按照新刑法的规定应当追诉的，原则上按当时的法律追究刑事责任，但是，如果新刑法比当时的法律处刑较轻的，则适用新刑法；第四，如果依照当时的法律已经作出生效判决，该判决继续有效。

第二节　犯　罪

一、犯罪概念

《刑法》第十三条规定了我国犯罪的概念：一切危害国家主权、领土完整和安全，分裂国家、颠覆人民民主专政的政权和推翻社会主义制度，破坏社会秩序和经济秩序，侵犯国有财产或者劳动群众集体所有的财产，侵犯公民私人所有的财产，侵犯公民的人身权利、民主权利和其他权利，以及其他危害社会的行为，依照法律应当受刑罚处罚的，都是犯罪，但是情节显著轻微危害不大的，不认为是犯罪。

根据《刑法》第十三条的规定，可以看出，犯罪行为有以下三个基本特征：第一，犯罪是危害社会的行为，即具有一定的社会危害性；第二，犯罪是触犯刑律的行为，即具有刑事违法性；第三，犯罪是应受刑罚处罚的行为，即具有应受惩罚性。

二、犯罪构成

1. 犯罪构成概述

犯罪构成,就是依照我国刑法的规定,决定某一具体行为的社会危害性及其程度而为该行为构成犯罪所必需的一切客观和主观要件的有机统一。犯罪构成的要件包括四个方面,即犯罪客体、犯罪客观方面、犯罪主体、犯罪主观方面。根据我国刑法,任何一种犯罪的成立都必须具备四个方面的构成要件。

2. 犯罪客体

犯罪客体,是指我国刑法所保护的而为犯罪行为所侵害的社会关系。

(1) 犯罪客体的分类。

按照犯罪行为侵犯的社会关系的范围,刑法理论将犯罪客体划分为三类:一般客体、同类客体和直接客体。

① 一般客体。这是指一切犯罪共同侵犯的客体,即我国刑法所保护的社会关系的整体。犯罪存在一般客体,说明任何犯罪行为都侵犯了刑法所保护的社会关系的整体,犯罪并不仅仅是犯罪人与被害人之间的矛盾,而是犯罪人与国家、社会、人民利益的冲突。

② 同类客体。犯罪的同类客体,是指某一类犯罪行为所共同侵害的,我国刑法所保护的社会关系的某一部分或某一方面。我国刑法分则正是根据同类客体的原理,将犯罪分为十大类:危害国家安全罪,危害公共安全罪,破坏社会主义市场经济秩序罪,侵犯公民人身权利、民主权利罪,侵犯财产罪,妨害社会管理秩序罪,危害国防利益罪,贪污贿赂罪,渎职罪,军人违反职责罪。

③ 直接客体。犯罪的直接客体,是指某一种犯罪行为所直接侵害而为我国刑法所保护的某种具体的社会关系。例如,故意伤害罪直接侵害的是健康权,盗窃罪侵害的是财产所有权。一种行为之所以被认定为这种犯罪或那种犯罪,归根结底是由犯罪的直接客体决定的。

(2) 犯罪客体与犯罪对象。

犯罪对象是指刑法分则条文规定的犯罪行为所作用的客观存在的具体人或者具体物。

犯罪客体与犯罪对象的联系表现在:犯罪对象的具体物是具体社会关系的物质表现,犯罪对象的具体人是具体社会关系的主体或参加者,犯罪分子的行为就是通过犯罪对象即具体物或者具体人来侵害一定的社会关系。

犯罪客体与犯罪对象的区别表现在:第一,犯罪客体决定犯罪性质,犯罪对象则未必。例如,同样是盗窃汽车零部件,某甲盗窃的是修配厂里处于修理状态的汽车零部件,某乙盗窃的是使用中的汽车零部件,前者可能构成盗窃罪,而后者可能构成破坏交通工具罪。二者的区别就在于前者侵害的犯罪客体是公私财产所有权,后者侵害的犯罪客体是公共安全。第二,犯罪客体是任何犯罪的必要构成要件,而犯罪对象则仅仅是某些犯罪的必要构成要件。例如，盗掘古文化遗址、古墓葬罪，其犯罪对象只能是古文化遗址、古墓葬，否则便不可能构成此罪。而像妨害传染病防治罪、脱逃罪、偷越国（边）境罪以及非法集会、游行、示威罪等，则很难说有什么犯罪对象，但无疑这些犯罪都具有犯罪客体。第三，任何犯罪都会使犯罪客体受到危害，而犯罪对象则不一定受到损害。例如，诈骗犯将他人的计算机骗走，侵犯了他人的财产权利，但作为犯罪对象的计算机本身则未必受到损害。第四，犯罪客体是犯罪分类的基础，犯罪对象则不是。

典型案例

盗窃井盖案

2004 年 11 月 5 日 3 时许，蔡某和肖某经过事先预谋，驾驶电动三轮车行驶至该市一工厂附近，用准备好的工具将工厂附近地面铺设的 5 块井盖撬开，抬上电动车，准备盗走贩卖。就在二人盗窃完成准备离开犯罪现场时，被巡逻至此的公安人员发现，将二人当场抓获。后经过相关部门的价值评估，二人所盗井盖价值人民币 920 元。据公安机关侦查，二人实施盗窃的地点位置特殊，其附近就是工厂工人的自行车存放处，且二人所盗窃井盖下方下水道内水深处可达 1.8 米，无疑对过往行人构成了严重的人身威胁。据此，法院认为，蔡某、肖某二人盗窃井盖的行为严重危害了公共安全，鉴于尚未造成严重后果，最终按以危险方法危害公共安全罪判处蔡某有期徒刑三年三个月，判处肖某有期徒刑三年。

盗窃井盖这种行为时有发生，并且在司法实践中，针对盗窃井盖的行为，也出现了不同的处理结果。之所以会出现不同，原因在于“盗窃井盖”看似是一类行为，但其侵犯的客体并不是完全一致的。因此，处理此类盗窃井盖的行为，应具体分析其侵害的客体是什么：如果盗窃的井盖是公共道路上面的，由于公共道路上面的井盖是道路不可或缺的一部分，它们的丢失足以使交通工具有发生倾覆、毁坏的危险，其侵犯的客体为交通运输安全，因此应该以破坏交通设施罪来进行处罚；如果盗窃的井盖是公共道路以外的其他公共场所的，其侵犯的客体为公共安全，即不特定的多数人的生命、健康和重大公私财产安全，因而应按以危险方法危害公共安全罪定罪处罚；如果盗窃的井盖位于比较隐蔽的场所，即社会公众很少接触到的场所，如封闭的院落、仓库等，这些场所的井盖丢失与否不会对公共安全构成太大的威胁，其侵犯的客体仅为公私财产权，所以，这类行为应该适用盗窃罪来进行处罚。

按照上述标准，在本案中，二人所盗窃井盖的位置决定了这里的井盖不仅仅是一种财产权的体现，更是对公共安全的一种保护，盗窃井盖的行为不但破坏了公共财物财产权，而且破坏了公共安全，虽然尚未造成严重的后果，但已然给公共安全留下了实际的安全隐患，构成对不特定人或者财产的危险状态，法院对蔡某和肖某的定性是正确的。

3. 犯罪客观方面

犯罪客观方面，是指刑法所规定的犯罪活动的客观外在表现。包括危害行为、危害结果，以及行为的时间、地点、方法（手段）。其中，危害行为是一切犯罪在客观方面都必须具备的要件，也是犯罪客观方面唯一的为一切犯罪所必须具备的要件；危害结果是大多数犯罪成立在客观方面必须具备的要件；特定的时间、地点、方法（手段），则是某些犯罪成立而在犯罪客观方面必须具备的要件。

(1) 危害行为。

我国刑法中的危害行为，是指在人的意志支配下实施的危害社会的身体动静。这一定义说明，作为犯罪客观要件的危害行为，具有以下三个基本特征：第一，危害行为在客观上是人的身体动静。若无一定的身体动静，就不可能构成危害行为。故而现代各国刑法普遍反对"思想犯罪"，只以行为作为惩罚的对象。第二，危害行为在主观上是基于行为人的意志支配下的身体动静。因此，诸如人在睡梦中或精神错乱状态下的举动、在不可抗力作用下的举动、在身体受强制情况下的行为等人的无意志和无意识的身体动静，即使客观上造成损害，也不是刑法意义上的危害行为。但是，人在受到精神强制时实施某种损害社会行为的情况，除了符合紧急避险条件的以外，凡是达到触犯刑法程度的，都应当认定为犯罪并追究其刑事责任。第三，危害行为在法律上是对社会有危害的身体动静。

刑法所规定的危害社会行为，可以归纳为两种基本表现形式，即作为与不作为。

① 作为。作为，是指行为人以身体活动实施的违反禁止性规范的危害行为。作为主要有以下几种实施方式：第一，利用自己身体实施的作为；第二，利用物质性工具实施的作为；第三，利用自然力实施的作为；第四，利用动物实施的作为；第五，利用他人实施的作为。

② 不作为。不作为，就是指行为人负有实施某种行为的特定法律义务，能够履行而不履行的危害行为。行为人负有实施某种行为的特定法律义务即作为义务，是不作为成立的前提条件；没有特定法律义务，也就没有不作为的行为形式。不作为义务的来源包括以下几种：第一，法律明文规定的义务。其中的法律，不是仅指刑法，而是指包含刑法在内的所有法律。但法律明文规定的义务，既要求其他法律、法规有规定，又要求刑法的认可，若无刑法的认可，则不成立犯罪的不作为。第二，职务或业务上要求的义务。职务或业务上要求的义务，以担任相应的职务或从事相应的业务为前提，并且在认定时要求必须是行为人应执行职务或从事业务之时，义务的对象也必须仅限于职务或业务范围之内的事项。第三，法律行为引起的义务。法律行为是指在法律上能够产生一定权利义务的行为。若一定的法律行为产生某种特定的积极义务，行为人不履行该义务，致使刑法所保护的社会关系受到侵害或威胁，就可以成立不作为形式的危害行为。在司法实践中，法律行为引起的义务，大多数情况下是指合同行为引起的义务。第四，先行行为引起的义务。这种义务是指由于行为人的行为而使刑法所保护的社会关系处于危险状态时，行为人负有以采取有效措施排除危险或防止结果发生的特定义务。若行为人不履行这种义务，就是以不作为的形式实施的危害行为。

典型案例

溺水身亡案

丁某是政府任命的该镇某小学的安保主任，负责该校的安全保卫工作。2014 年 8 月 11 日，该小学六年级部分学生请求丁某带他们到学校旁边的河里玩耍。丁某找到任课老师方某、贾某，让方、贾二人帮忙到河边去照看一下。丁某到教室里给学生讲完安全知识后，与方某带 15 名男生在河的上游玩，贾某带 20 名女生在下游玩。半小时后，丁某听见女生那边的求救声，二人赶紧跑往女生那边，看见有两个女生在深水里挣扎，贾某正在施救，丁某与方某急忙跳下水，将两个女生救上岸，听学生们说还有一名女生庄某在水里，丁某又潜到水里将溺水的学生庄某救了起来。丁某对庄某采取人工呼吸等急救措施，未见成效，随后紧急送往镇中心卫生院抢救，庄某经抢救无效于当日死亡。

另查明：2014 年 4 月 22 日县教育体育局向全县发文，其中第 1 条、第 4 条明确要求全县各学校要结合季节特点，加强防溺水等安全知识教育，要求学生不到无安全设施、无救护人员的水域游泳；学校组织学生进行校外活动时，要书面报请县教育体育局批准，并制定好应急预案。

本案涉及的问题在于丁某、贾某对庄某的死亡是否要承担刑事责任？

首先，从作为义务的来源来分析，丁某作为该校安保主任，其职责性即为作为义务的来源，同时，丁某还是带领学生玩水的直接带领人，所以带领的先行行为也是作为义务的来源。贾某在学校安保主任的安排下照看女生在河下游玩耍，其自身并没有创设危险，因此不可能成为作为义务的来源。贾某与庄某存在师生关系而被社会期待应履行安全保护义务，但同时有三名女生陷入深水，存在义务冲突，贾某救助其他两名女生而无力救助庄某，应当认为贾某不具有履行义务的期待可能性。因此，贾某对庄某的溺亡不应承担不利后果，不构成犯罪。其次，从犯罪构成的主观方面来分析，丁某在发现女生那边的求救声后及时赶去救人，表明其对庄某死亡的主观心理态度没有故意；但是，县教育体育局的发文、找人照看和宣讲安全注意事项等表明，丁某已经预见到自己的行为可能会发生危及学生生命安全的结果，但轻信能够避免，其主观心理态度系过于自信的过失。最后，从犯罪构成的主体来分析，丁某除了学校老师的身份外，还具有被镇政府任命为镇小学安保主任的身份，属于事业单位工作人员。

综上所述，任课老师贾某在客观方面不具有作为的义务来源，且不具备履行义务的期待可能性，因此不构成犯罪；丁某负有作为的义务而没有履行，并且因其具有国家机关工作人员的身份而构成玩忽职守罪。

(2) 危害结果。

危害结果是指危害行为对犯罪的直接客体所造成的法定的实际损害或者现实的危险状态。

危害结果具有如下几个特征：第一，危害结果可以是实际损害，也可以是现实危险状态。危害结果既包括实际损害，如使被害人的财产受到损失，侵犯被害人的身体健康权利；也包括现实的危险状态，如交通工具或交通设施被破坏后出现的“足以使火车、汽车、电车、船只、航空器发生倾覆、毁坏危险”，这种危险状态是一种客观存在的状态，具有现实可能性，而非人们主观的任意推定。第二，产生危害结果的原因只能是危害行为。引起危害结果的只能是危害行为，包括作为或不作为，非危害行为所造成的危害事实，如自然力、动物引起的损害，以及正当行为、人的非意志支配行为所引起的结果，都不属于危害结果的范畴。第三，危害结果具有客观性，它是一种客观存在的事实。危害结果属于犯罪客观方面的一个要件，它一经产生就成为不以人的主观意志为转移的客观事实。危害结果既不等同于行为人希望达到的结果，也不包含可能造成的损害。第四，危害结果具有法定性。危害结果是刑法意义上的，因行为人实施的危害行为引起的危害社会结果。由于刑法条文对危害结果予以不同罪状表述，因此危害结果呈现多样性。

(3) 危害行为与危害结果之间的因果关系。

根据罪责自负原则，一个人只能对自己的危害行为及其造成的危害结果承担刑事责任。因此，当危害结果发生时，要使某人对该结果负责任，就必须查明该结果与他所实施的危害行为之间具有因果关系。危害行为与危害结果之间的因果关系具有下列特性：

① 因果关系的客观性。因果关系作为客观现象间引起与被引起的关系，它是客观存在的，并不以人们主观是否认识到为前提。在刑法理论上通常所说的刑法因果关系，并不涉及行为人的主观内容，因而不能以行为人主观上未认识到因果关系而否认其存在。

② 因果关系的相对性。犯罪构成所考察的因果关系，仅仅是考察危害行为与危害结果之间的因果关系，不涉及除两者因果关系之外的其他关系。作为因果关系中的结果，通常是法律所要求的已经造成的有形的、可被具体测量确定的危害结果；刑法因果关系中的原因，是指危害社会的行为，不具有危害社会的性质的正当行为、合法行为即使与危害结果之间有着某种联系，也不认为具有刑法意义上的因果关系。

③ 因果关系的时间序列性。所谓因果关系的时间序列性，就是说从发生时间上看，原因必定在先，结果只能在后，二者的时间顺序不能颠倒。因此，在刑事案件中，只能从危害结果发生以前的危害行为中去找原因。

④ 因果关系的条件性和具体性。任何刑事案件的因果关系都是具体的、有条件的，一种行为能引起什么样的结果，没有一个固定不变的模式。因此，查明因果关系时，一定要从危害行为实施时的时间、地点、条件等具体情况出发来考虑。

⑤ 因果关系的复杂性。因果关系的复杂性，具体表现为“一果多因”或“一因多果”。所谓“一果多因”是指某一危害结果是由多个原因造成的。在这种情况下，需要分析哪些原因属于主观原因，哪些原因属于客观原因。所谓“一因多果”是指一个危害行为可以同时引起多种结果的情况。在这种情况下，要区分主要结果与次要结果、直接结果与间接结果。

⑥ 因果关系的必然性与偶然性。因果关系的必然性是指因果关系一般表现为两种现象之间有着内在的、必然的、合乎规律的引起与被引起的联系。这是因果关系基本的和主要的表现形式。通常也只有这样的因果关系，才能令人对其行为引起的结果负责任。因果关系的偶然性表现为，某种行为本身不包含产生某种危害结果的必然性，但是在其发

展过程中，偶然又有其他原因加入其中，由后来介入的这一原因合乎规律地引起了这种危害结果，这种情况下，先行行为与最终结果之间就具有偶然的因果关系。偶然因果关系通常对量刑具有一定的意义，但有时对定罪与否也有一定的影响。

典型案例

多车碾压致死案

某日21时左右，史某驾驶满载货物的重型卡车，沿某市一条国道主干道由南向北行驶，在经过一个路口时（该路口每晚20时后信号灯即变为黄灯持续闪烁的警示灯），撞倒了由西向东步行的行人田某，田某倒地不动。史某下车查看，但并没有采取相应的救护措施，随即驾车离开。由于田某伤势过重，几分钟后，田某被经过该路段的四辆机动车先后碾压并死亡。后经交警事故部门认定，田某的死亡不能确切认定是由史某撞击直接导致的，还是后来的四辆机动车连续碾压导致的。但史某当时通过路口时未减速，且发生事故后逃离了现场，是导致田某死亡的主要责任人，负事故的主要责任，其他四辆机动车的驾驶员负事故次要责任。

本案的关键问在于，史某的肇事行为与田某的死亡之间是否具有因果关系，史某是否需要对田某的死亡承担责任？本案中，史某将行人田某撞倒后，田某倒地不动（不能确定田某此时是否已经死亡），史某下车查看但并未采取救护措施，他完全应该意识到，如果不对田某实施救助，在主干道这样车流量很大的路段，田某随时会面临生命危险。但是史某仍驾车离开，将田某置于一个非常危险的环境之中。后来经过该路段的四辆机动车先后碾压了被害人田某，可以作为本案的介入因素，但在车流量大的主干道上，这种介入因素是必然的，并不是偶然的、异常的因素。本案中的介入因素不能阻断因果关系，史某的行为与田某死亡之间具有刑法上的因果关系。

那么史某对被害人田某的死亡具体应该承担怎样的责任呢？在交通事故案件中，要判断事故主体的责任，主要是判断该主体对危害结果的发生所起的作用。本案中，史某在驾车经过有黄灯持续闪烁的路口时，根据《中华人民共和国道路交通安全法》的规定，其应该减速慢行，仔细观察路况。交警部门的调查显示，当时史某并未减速，以致其撞上行人田某，且下车查看后，史某未采取任何救护行为，而是驾车逃逸，将受害人至于危险的状态，后来，其他四辆机动车经过案发人行横道，未能仔细观察，陆续碾压地上的受害人田某，导致了其死亡结果的发生。史某违反交通法规，在撞倒行人后，怠于救助，使倒地不能移动的受害人没有任何能力再避让其余车辆带来的危险，被其他车辆碾压。可以说，碾压行为的发生很大程度上是由于史某的先行肇事行为所导致，在过错程度上，史某的过错远大于其他人，因此，史某的行为是造成受害人死亡的主要原因，史某应对田某的死亡负主要责任。

综上所述，史某违反道路交通安全法的有关规定，且肇事后逃逸，应当以交通肇事罪（逃逸致人死亡）追究其刑事责任。

(4) 犯罪的时间、地点和方法。

任何犯罪都是在一定时间、地点并采取一定的方法实施的,在某些犯罪中,特定的时间、地点、方法对定罪量刑有一定影响。

① 时间、地点和方法对定罪的意义。在法律条文把特定的时间、地点和方法明文规定为某些犯罪构成必备的要件时,这些因素就对某些行为是否构成该种犯罪具有决定性作用。例如,《刑法》第三百四十条和第三百四十一条的非法捕捞水产品罪和非法狩猎罪,就把“禁渔期”“禁猎期”“禁渔区”“禁猎区”“禁用的工具、方法”等规定为构成这些犯罪必备的条件。再如,按照《刑法》第二百五十七条的规定,只有用暴力方法干涉他人婚姻自由,才构成暴力干涉婚姻自由罪。在这里,是否使用暴力方法干涉他人婚姻自由,就成为区分罪与非罪的标志。

② 时间、地点和方法对量刑的意义。犯罪的时间、地点、方法往往影响到犯罪行为本身社会危害程度的大小,因而考察它们对正确量刑也有重要意义。例如,《刑法》第二百三十七条规定,以暴力、胁迫或者其他方法强制猥亵他人或者侮辱妇女的,处五年以下有期徒刑或者拘役。聚众或者在公共场所当众犯前述犯罪的,处五年以上有期徒刑。

4. 犯罪主体

犯罪主体,是指实施危害社会的行为并依法应负刑事责任的自然人和单位。其中,自然人主体是我国刑法中最基本的、具有普遍意义的犯罪主体;单位主体在我国刑法中不具有普遍意义,只是刑法对某些犯罪的特别规定。

(1) 自然人犯罪主体。

我国刑法中的自然人犯罪主体,是指具备刑事责任能力,实施危害社会的行为并且依法应负刑事责任的自然人。作为自然人必须具备刑事责任能力才能够成为犯罪主体,刑事责任能力是自然人犯罪主体的核心和关键要件。与自然人刑事责任能力有关的因素包括:

① 刑事责任年龄。刑事责任年龄,是指法律所规定的行为人对自己实施的刑法所禁止的危害社会行为负刑事责任而必须达到的年龄。根据《刑法》第十七条的规定,已满十六周岁的人犯罪,应当负刑事责任。已满十四周岁不满十六周岁的人,犯故意杀人、故意伤害致人重伤或者死亡、强奸、抢劫、贩卖毒品、放火、爆炸、投毒罪的,应当负刑事责任。已满十四周岁不满十八周岁的人犯罪,应当从轻或者减轻处罚。因不满十六周岁不予刑事处罚的,责令他的家长或者监护人加以管教;在必要的时候,也可以由政府收容教养。

② 精神障碍。自然人即使达到负刑事责任的年龄,如果存在精神障碍就可能影响其责任能力,而使责任能力减弱甚至不具备。《刑法》规定,精神病人在不能辨认或者不能控制自己行为的时候造成危害结果,经法定程序鉴定确认的,不负刑事责任,但是应当责令他的家属或者监护人严加看管和医疗;在必要的时候,由政府强制医疗。间歇性的精神病人在精神正常的时候犯罪,应当负刑事责任。尚未完全丧失辨认或者控制自己行为能力的精神病人犯罪的,应当负刑事责任,但是可以从轻或者减轻处罚。

③ 生理功能丧失。一般说来,达到一定年龄而精神健全的人即标志着刑事责任能力的完备,但是,人也可能由于重要的生理功能(如听觉、视觉、语言能力等)的丧失而影响其

刑法意义上辨认或控制行为的能力。中外刑事立法和司法实践注意到了人的生理功能丧失对刑事责任能力的影响，进而在刑事责任上有所体现。《刑法》第十九条规定，又聋又哑的人或者盲人犯罪，可以从轻、减轻或者免除处罚。

④ 生理醉酒。生理醉酒，又称普通醉酒，是一种多见的急性酒精中毒，多发生于一次性大量饮酒后，它是指因饮酒过量而致精神过度兴奋甚至神志不清的情况。现代精神医学和司法精神病学证明，生理醉酒人的辨认和控制行为能力只是有所减弱，但并未完全丧失，不属于无刑事责任能力人。生理醉酒人在醉酒前对自己醉酒后可能实施危害行为应当予以预见，甚至已经有所预见，在醉酒状态下实施危害行为时具备故意或过失的犯罪主观要件。此外，醉酒本身完全是人为造成的，是可以戒除的。因此，《刑法》规定，对生理醉酒人犯罪应当追究其刑事责任。

有些自然人犯罪，不但要求具备刑事责任能力，而且还要求具备特殊身份，并且以该特殊身份的具备与否来作为犯罪是否成立或者刑罚是否加减的要件。刑法理论上，将以特殊身份作为犯罪构成要件的自然人主体，称为特殊主体。其中所谓特殊身份，是指刑法所规定的影响行为人刑事责任的行为人人身方面特定的资格、地位或状态。如国家机关工作人员、司法工作人员、军人、辩护人、诉讼代理人、证人、依法被关押的罪犯、男女、亲属等。

（2）单位犯罪主体。

《刑法》第三十条规定，公司、企业、事业单位、机关、团体实施的危害社会的行为，法律规定为单位犯罪的，应当负刑事责任。根据这一规定，所谓单位犯罪，是指由公司、企业、事业单位、机关、团体实施的依法应当承担刑事责任的危害社会的行为。单位犯罪的两个基本特征是：第一，单位犯罪的主体包括公司、企业、事业单位、机关、团体。第二，只有法律明文规定单位可以成为犯罪主体的犯罪，才存在单位犯罪及单位承担刑事责任的问题。

对于单位犯罪的处罚原则，《刑法》第三十一条规定，单位犯罪的，对单位判处罚金，并对其直接负责的主管人员和其他直接责任人员判处刑罚。本法分则和其他法律另有规定的，依照规定。根据这一规定，单位犯罪的，对单位判处罚金，同时对单位直接负责的主管人员和其他直接责任人员判处刑罚。但是，当刑法典分则和其他法律规定了例外情况的，则依照规定。例如，《刑法》第一百六十一条规定的违规披露、不披露重要信息罪和第一百六十二条规定的妨害清算罪，都不处罚作为犯罪主体的公司、企业，而只处罚其直接责任人员。

5. 犯罪主观方面

犯罪主观方面，是指犯罪主体对自己的行为及其危害社会的结果所抱的心理态度。它包括犯罪的故意、犯罪的过失、犯罪目的和动机这几种因素。其中，犯罪的故意或者过失，是一切犯罪构成都必须具备的主观要件之要素；犯罪的目的只是某些犯罪构成所必备的主观要件之要素；犯罪动机不是犯罪构成必备的主观要件之要素，它一般不影响定罪，而只影响量刑。

（1）犯罪故意。

根据《刑法》第十四条的规定，所谓犯罪故意，是指行为人明知自己的行为会发生危害社会的结果，并且希望或者放任这种结果发生的主观心理态度。犯罪故意分为直接故意和间接故意。犯罪的直接故意，是指行为人明知自己的行为必然或者可能发生危害社会的结果，并且希望这种结果发生的心理态度。犯罪的间接故意，是指行为人明知自己的行为可能发生危害社会的结果，并且放任这种结果发生的心理态度。间接故意犯罪的成立要求发生特定的危害结果，如果结果没有发生，该犯罪就不能成立。

(2) 犯罪过失。

所谓犯罪过失，就是指行为人应当预见自己的行为可能发生危害社会的结果，因为疏忽大意而没有预见，或者已经预见而轻信能够避免的一种心理态度。根据行为人对危害结果在认识程度上的不同，犯罪过失可以分为疏忽大意的过失和过于自信的过失。疏忽大意的过失，是指行为人应当预见到自己的行为可能发生危害社会的结果因为疏忽大意而没有预见，以致发生这种结果的心理态度。过于自信的过失，是指行为人预见到自己的行为可能发生危害社会的结果，但轻信能够避免，以致发生这种结果的心理态度。过失犯罪的成立要求发生特定的危害结果，如果结果没有发生，该犯罪就不能成立。

(3) 犯罪目的和犯罪动机。

所谓犯罪目的，是指犯罪人希望通过实施犯罪行为达到某种危害社会结果的心理态度，也就是危害结果在犯罪人主观上的表现。犯罪目的只存在于直接故意的犯罪之中。犯罪动机是指刺激犯罪人实施犯罪行为以达到犯罪目的的内心冲动或者起因。

犯罪目的突出影响直接故意犯罪的定罪问题。这主要表现为两种情况：第一，在法律标明犯罪目的的犯罪中，特定的犯罪目的是犯罪构成的必备要件。第二，对法律未标明犯罪目的的直接故意犯罪来说，犯罪目的也是其犯罪直接故意中必然存在的一个重要内容，因而在剖析具体犯罪构成的主观要件时，明确其犯罪目的的内涵并予以确切查明，无疑对定罪具有重大作用。例如，故意毁坏财物罪是以毁损破坏公私财物为目的，抢劫、盗窃、诈骗、抢夺、敲诈勒索犯罪是以非法占有公私财物为目的。行为人虽有客观上相应的行为，但如果不具有这些特定的目的，就不构成犯罪或者不构成此种犯罪。

犯罪动机对直接故意犯罪的定罪量刑也具有一定的影响。首先，犯罪动机侧重影响量刑。在法律对犯罪的不同情节规定了不同刑罚的情况下，它作为犯罪的一个重要情节可能影响到不同量刑幅度的选择或者同一量刑幅度内轻重刑罚的选择。第二，犯罪动机对直接故意犯罪的定罪也具有一定的意义。这主要表现在，《刑法》第十三条规定“情节显著轻微危害不大的，不认为是犯罪”；刑法具体规定的某些罪名，如侮辱罪和诽谤罪、故意毁坏财物罪、偷越国(边)境罪、虐待罪、虐待被监管人罪等，明确规定以情节是否严重、是否恶劣作为划分罪与非罪的界限。作为重要犯罪情节之一的犯罪动机，自然在一定程度上可以成为决定犯罪是否能够成立的一个因素。

(4) 不可抗力。

根据《刑法》的规定，所谓不可抗力事件，是指行为在客观上虽然造成了损害结果，但不是出于行为人的故意或者过失，而是由于不能抗拒的原因所引起的。其中，“不能抗拒”包括两层含义，一是行为人已经认识到自己的行为可能发生危害社会的结果；二是行为人排斥、反对危害结果的发生，但是受主客观条件的限制，行为人不可能排除或防止危害结果的发生。不可抗力的具体来源多种多样，如动物受惊、他人的捆绑、杀害威胁等强力。在不可抗力为他人的强制时，应当注意这种强制是否达到足以使行为人完全丧失意志自由的程度，如果这种强制不足以使行为人完全丧失意志自由的，不能认定为不可抗力。根据《刑法》的规定，行为在客观上虽然造成了损害结果，但是不是出于故意或者过失，而是由于不能抗拒的原因所引起的，不是犯罪。

典型案例

跌倒刺伤案

王某、杨某系某市场摊主。某日下午5时许，王某在自由市场卖猪肉，见邻摊有一卖菜的妇女与两名顾客争吵，便右手拿着剔骨刀走过去看热闹。往回走时，杨某与王某闹着玩，将王某抱住。王对杨说："别闹，我手里有刀，别扎着你。"王某边说边把右手的剔骨刀尖由原来的向下转为向后，以防刺伤杨某。但杨仍用双手搂住王的双肩向后推；王站立不稳向后倒去，恰好被害人赵某站在王某身旁，王某手中的剔骨刀刺入赵某的腹部，造成赵某腰部开放性外伤，脾刺伤。

本案中，王某在杨某和他开玩笑时，已预见到了自己手中拿的刀子可能会伤及他人，便多次警告杨某不要如此开玩笑，客观上也采取了一定的措施，防止刀将人刺伤。但是由于杨某的推动，王某因站立不稳向后倒去时将身后的赵某刺伤，该刺伤行为属于不能抗拒的原因所致，是刑法上的不可抗力事件，不应负刑事责任。杨某明知王某手拿剔骨刀可能会伤及他人，且在王某一再提醒下，仍然搂住王某向后推，在主观上符合已经预见到自己的行为可能会发生危害社会的结果，因轻信能够避免而实际却发生了危害社会结果的过于自信的过失的特征，应当以过失致人重伤罪追究其刑事责任。

(5) 意外事件。

所谓意外事件，是指行为在客观上虽然造成了损害结果，但不是出于行为人的故意或者过失，而是由于不能预见的原因所引起的。所谓"不能预见"，是指当时行为人对其行为发生损害结果不但没有预见，而且根据其实际能力和当时的具体条件，行为人在行为时也根本无法预见。至于行为人没有预见的原因，应根据行为人的实际能力和当时的情况，结合法律、职业等的要求来认真考察。根据《刑法》的规定，行为在客观上虽然造成了损害结果，但不是出于故意或者过失，而是由于不能预见的原因所引起的，不是犯罪。

典型案例

意外碾压致死案

某日下午，某县城镇供销社业务员吴某下乡购买农副产品后，要找地方住宿。保管员田某将吴安排在该乡汽车库院内小东屋。田对吴交代了一些注意事项，并说："晚上11点左右,汽车才回来。"吴在小东屋躺了一会儿,因天气太热,便搬到院内睡觉,并用塑料布(长11米左右,宽1.6米)蒙头盖脚睡在地上。晚上11点左右,天下小雨,院内漆黑,司机沈某驾驶柴油卡车返回,乘车的副司机下车将车库门打开,沈某关灭大灯,只开小灯驶进院内。在调头准备倒车时,左前轮将睡在地上的吴某当场轧死。

本案需要分析的是沈某对吴某的死亡是否应负刑事责任。综合当时情况来看,吴某当天在院内睡觉,没有任何人对沈某予以提醒,吴某在睡觉时,又用塑料布将自己从头至脚蒙起来,在天下小雨、晚上11点左右的漆黑天气的情况下,沈某没有发现睡在地上的吴某。没有发现不是出于沈某的故意或者过失,而是由于不能预见的原因所引起的,既然沈某对吴某睡在院中不可能预见,在倒车时将其轧死也属于刑法上的意外事件,不应负刑事责任。

(6) 认识错误。

刑法上的认识错误是指行为人对自己的行为在法律上的意义或者客观事实上存在的不正确认识。行为人的认识错误包括对法律的认识错误和对事实的认识错误。对法律的认识错误,是指行为人对自己的行为在法律上是否构成犯罪、构成何种犯罪或者应当受到什么样的刑事处罚的不正确的理解。这类认识错误,通常表现为三种情况:错误地将本来无罪的行为认为是有罪,这种情况下,依据法律行为人不构成犯罪;本来有罪的行为错误地认为是无罪,这种情况下,原则上不能因为行为人对自己行为的法律性质的误解而不追究其应负的刑事责任;对自己的行为在定罪和量刑上有错误的认识,在这种情况下,应当按照行为人实际构成的犯罪及其危害程度定罪量刑。

行为人对事实认识的错误是指行为人对与自己的行为有关的事实情况所产生的错误认识。行为人在事实上认识的错误主要包括对行为客体的认识错误;对行为对象的认识错误;对行为性质的认识错误;对因果关系的认识错误。这类错误是否影响行为人的刑事责任,要区分情况,如果属于对犯罪构成要件的事实情况的错误认识,就要影响行为人的刑事责任;如果属于对犯罪构成要件以外的事实情况的错误认识,则不影响行为人的刑事责任。在对犯罪构成要件的事实情况认识错误的情况下,要区分不同的具体情形认定行为人行为的性质。

三、正当行为

正当行为,是指客观上造成一定损害结果。形式上符合某些犯罪的客观要件,但实质上既不具备社会危害性,也不具备刑事违法性的行为,例如,自救行为、正当业务行为(如医疗行为和竞技行为)、履行职务的行为、法令行为等。我国刑法仅明文规定正当防卫和紧急避险两种。

1. 正当防卫

(1) 正当防卫的概念。

正当防卫是指为了使国家、公共利益、本人或者他人的人身、财产和其他权利免受正在进行的不法侵害,而对不法侵害者实施的制止其不法侵害且未明显超过必要限度的行为。

（2）正当防卫的条件。

① 防卫起因。正当防卫的起因条件，是指必须有不法侵害的实际发生和客观存在。如果行为人反击了主观臆测的“正在进行的不法侵害”的人，那么其行为就是假想防卫。

② 防卫时间。正当防卫的时间条件，是指可以实施正当防卫的时间，一般认为，不法侵害正处于已经开始并且尚未结束的进行阶段，是允许实施正当防卫的时间。在刑法理论上，不符合正当防卫时间条件的防卫行为，被称为防卫不适时，包括事先防卫和事后防卫。防卫不适时与正当防卫存在本质的区别，应分别不同的情况依法论处。

③ 防卫意图。正当防卫必须具备正当防卫意图，所谓正当防卫意图，是指防卫人对正在进行的不法侵害有明确认识，并希望以防卫手段制止不法侵害，保护合法权益的心理状态。某些行为，从形式上看似乎符合正当防卫的客观要件，但由于其主观上不具备正当防卫意图，因而不能认定为正当防卫。这类行为主要包括防卫挑拨、相互的非法侵害行为、为保护非法利益而实施的防卫等。

④ 防卫对象。正当防卫的对象条件，是指正当防卫的对象只能是不法侵害人。因此，即使对第三者权益的反击有可能制止不法侵害行为，也不能对不法侵害者以外的第三者实施防卫。

⑤ 防卫限度。正当防卫的限度条件，是指正当防卫不能明显超过必要限度且对不法侵害人造成重大损害。具体来讲，防卫行为只要为制止不法侵害所必需，防卫行为的性质、手段、强度及造成的损害未明显超过不法侵害的性质、手段、强度及已经造成或可能造成的损害，或者防卫行为造成的损害明显超过不法侵害，但并未实际造成重大损害的，均属于正当防卫的范围。是否明显超过必要限度并造成重大损害，是区别防卫的合法与非法、正当与过当的标志。

鉴于严重危及人身安全的暴力犯罪的严重社会危害性及其对被害人的潜在性严重危害后果，《刑法》第二十条第三款规定，对正在进行行凶、杀人、抢劫、强奸、绑架以及其他严重危及人身安全的暴力犯罪，采取防卫行为，造成不法侵害人伤亡的，不属于防卫过当，不负刑事责任。

（3）防卫过当的刑事责任。

防卫过当是指防卫明显超过必要限度造成重大损害应当负刑事责任的行为。具体来讲，防卫过当是符合防卫意图、防卫起因、防卫对象、防卫时间条件，但不符合防卫限度条件的行为。

《刑法》第二十条第二款规定，正当防卫明显超过必要限度造成重大损害的，应当负刑事责任，但是应当减轻或者免除处罚。这一规定表明，防卫过当是犯罪行为，应当依据该犯罪行为所符合的具体罪名承担相应的刑事责任，但是防卫过当毕竟以正当性为前提，因而应当减轻或者免除处罚。

典型案例

KTV刺伤案

某日晚11时许，胥某前往某KTV内欲将其正在包厢内唱歌的女友景某带走，在与景某拉扯过程中，胥某与景某一同唱歌的朋友耿某发生争执。之后，耿某便纠集章某、罗某、白某三人对胥某实施殴打。在厮打过程中，胥某遂掏出一把随身携带的水果刀将耿某腋下刺伤，耿某受伤后，其他人均停止了对胥某的殴打。经法医鉴定，耿某的伤情为轻伤。

本案中，耿某寻衅滋事，纠集多人围攻胥某，胥某为保护自己的人身权利，情急之下掏出水果刀进行自卫并将耿某刺成轻伤。胥某虽然手持刀具，但却势单力薄，与之相比的耿某一方却是人多势众，倘若胥某未掏出刀具，单凭徒手制止耿某等人的围攻、殴打，是难以奏效的，事实上也证明了胥某以刀进行防卫是制止耿某等人不法侵害所必需的，因为在耿某被胥某用刀刺伤后，其他人停止了对胥某的殴打。胥某持刀的防卫行为与耿某等人不法侵害行为在手段、强度等方面并不存在过于悬殊的差异，因此，胥某防卫行为未明显超过必要限度。此外，正当防卫中造成重大损害只能是造成不法侵害人重伤、死亡，而本案中，胥某对耿某所造成轻伤则不属于重大损害。综上所述，胥某防卫致人轻伤没有明显超过必要限度，且轻伤不属于重大损害，不构成防卫过当，依法不应承担刑事责任。

典型案例

正当防卫致死案

叶某，女，20岁。某日上午9点，叶某准备上山采药，路上遇到了谭某，谭某见叶某孤身一人，周围又没有别人，顿生歹意，意图强奸叶某。身强力壮的谭某迅速冲向叶某，一把将叶某摁倒，叶某奋力反抗，急中生智，抓起身边的石头朝谭某头部猛地敲了一下，但这一下也只是让谭某脑袋懵了一下，叶某趁谭某未反应过来时，迅速逃跑。未料谭某因此恼火，穷追叶某意图再次强奸，快要追上叶某时，谭某一不小心掉进了周边村民使用的粪坑中，谭某费尽力气将要爬上来，叶某害怕谭某爬上来再次伤害自己，所以在谭某快要爬上来的那一刻又将其推入粪坑中，未料谭某不会游泳，因此淹死在粪坑中。

本案中，叶某的行为符合正当防卫的要件，叶某当时确实存在现实的不法侵害即谭某欲将其强奸，而且这种不法侵害一直正在进行并未结束，谭某在第一次遭受叶某的反击后并未停止自己的不法侵害，而是继续意图强奸叶某。谭某不小心掉入粪坑后，很快就将爬上来，待其爬上来很可能再次侵害叶某，所以谭某对叶某的不法侵害一直都在进行，并未结束。叶某用石头砸谭某及将谭某推入粪坑都具有保护自己的防卫意识，叶某的这种行为是针对谭某不法侵害而实施的防卫行为。此外，叶某的行为不属于防卫过当。防卫过当要求行为人明显超过必要限度造成重大损害。这个“必要限度”应以制止不法侵害、保护法益所必需为标准。在本案中，不法侵害一直都未结束，不法侵害人虽然掉进粪坑，但马上就要爬上来，不法侵害人并未被制服、未丧失侵害能力、也无迹象看出其已经自动终止了不法侵害。本案中，叶某被侵害时周围无人，若谭某再次爬出来，叶某将处于更加危险的境地。因此，叶某此举并未明显超过必要限度，而是正当防卫。

典型案例

特殊防卫案

何某的丈夫常年在外打工，其邻居冉某趁机多次纠缠何某意欲与其发生性关系。某日 21 时许，何某提水到灶房后面的小木棚内洗澡，刚把裙子脱下，冉某趁机蹿进木棚，欲与其发生性关系。何某不从，双方遂发生推拉抓扯，二人从小木棚拉扯到灶房门口处时，冉某不慎摔倒在地。在没有灯光的情形下，何某摸索着抱起狗食槽向冉某砸去，一连数下均砸在冉某的头部，致冉某死亡。经法医鉴定，死者冉某系钝物打击头部致颅脑损伤死亡。次日早晨，何某在其妯娌的陪同下到公安局投案自首。

在本案中，案发当天，何某在小木棚洗澡时，冉某趁机溜进小木棚，欲与其发生性关系。面对正在进行的强奸犯罪，何某为维护自身的合法权益，对冉某实施了反击行为，并在没有灯光的情形下抱起狗食槽砸向冉某，其行为应当属于正当防卫。何某和冉某实施扭打的过程中，冉某虽然不慎摔倒在地，但其侵害行为并未结束。可以预见，冉某爬起来后仍会继续对何某实施侵害行为。因此，何某对冉某实施的防卫行为并不存在事后防卫的问题。何某针对冉某正在进行的强奸这一严重危及人身安全的暴力犯罪采取的防卫行为，虽然造成了被害人的死亡，但仍属于刑法第 20 条第 3 款所规定的特殊防卫，不构成犯罪。

2. 紧急避险

(1) 紧急避险的概念。

紧急避险是指为了使国家、公共利益、本人或者他人的人身、财产和其他权利免受正在发生的危险，不得已而采取的损害另一较小合法权益的行为。

(2) 紧急避险的条件。

① 避险起因。紧急避险的起因条件是指必须有客观现实存在的危险发生。危险的主要来源包括：自然的力量、动物的侵袭、非法侵害行为以及人的生理、病理过程等。危险不能是假想的、推测的，如果实际上并不存在危险，行为人却由于对事实的认识错误，误认为危险存在，因而实行了所谓的紧急避险，刑法理论上称之为假想避险。假想避险不是紧急避险，因假想避险而对他人的合法权益造成损害的，应根据处理事实认识错误的原则，决定是否应负刑事责任。

② 避险时间。紧急避险的时间条件，是危险正在发生，对合法权益形成了紧迫的、直接的危险。所谓危险正在发生，是指已经发生的危险将立即损害合法权益，或正在造成合法权益损害而尚未结束。行为人在危险尚未出现或者已经结束的情况下实施所谓避险，

被称为避险不适时。避险不适时不是紧急避险，行为人因此对合法权益造成损害，达到犯罪程度的，应当负相应的刑事责任。

③ 避险意图。紧急避险必须有正当避险意图，正当避险意图是指避险人对正在发生的危险有明确的认识，并希望以避险手段保护较大合法权益的心理状态。

④ 避险对象。紧急避险的本质特征，就是以损害某一较小合法权益保全另一较大合法权益。因而，紧急避险的对象不是危险的来源，而是第三人的合法权益。必须要强调的是，作为紧急避险的第三者的合法权益，必须比所保全的合法权益次要，而且损害次要的合法权益确实可以换来较大权益的安全。损害第三者的合法权益，主要指财产权、住宅不可侵犯权等等，不包括第三人的生命权和健康权。

⑤ 避险限度。紧急避险的限度条件，是指紧急避险不能超过必要的限度，造成不应有的损害。具体来讲，急避险造成的损害必须小于所避免的损害。

⑥ 避险限制。紧急避险的限制条件，是指紧急避险只能在不得已的情况下才能实施。所谓“不得已”，是指行为人没有任何其他方法排除危险的情形。如果当时尚有其他方法可以避险，例如有条件逃避、报警求援、寻求他人帮助或者直接对抗危险、进行正当防卫等，行为人却不采取，而给无辜的第三者造成了不必要的损害，则其行为不能成立紧急避险，构成犯罪的应承担相应的刑事责任。在考察行为人是否迫不得已时，要分析危险发生时的客观情况并结合行为人的自身生理和心理状况予以合理认定。

⑦ 避险禁止。紧急避险的禁止条件，是指紧急避险中关于避免本人危险的规定，不适用于职务上、业务上负有特定责任的人。所谓在职务上、业务上负有特定责任，是指某些人依法担任的职务或所从事的业务本身，要求他们在特定的危险环境或状态下坚守职责、履行义务。因此，职务上、业务上负有特定责任的人，不能为避免本人所面临的危险而不履行排险职责或义务。

(3) 避险过当的刑事责任。

避险过当，是指避险行为超过必要限度造成不应有的损害的行为。紧急避险的意义在于损害较小的合法权益以保护较大的合法权益。如果避险人实际损害了较大的或者价值相等的利益，造成了不必要的损害，避险便失去了意义。所以，《刑法》第二十一条第二款明确规定，紧急避险超过必要限度造成不应有的损害的，应当负刑事责任，但是应当减轻或者免除处罚。这一规定表明，避险过当是犯罪行为，应当依据该犯罪行为具体触犯的具体罪名承担相应的刑事责任，但是考虑到避险过当具备过当性与避险性的双重属性，因而应当减轻或者免除处罚。

典型案例

非法行医紧急避险案

黎某年轻时是村里的“赤脚医生”，略掌握医学知识。上岁数后，难以从事农村体力劳动了，便又操起了“赤脚医生”的老本行。对其非法行医行为，卫生行政部门分别两次给予行政处罚。在第二次对其处罚时有关人员明确警告他，如果再一次发现非法行医，将移送公安机关追究非法行医罪的刑事责任，于是，黎某下决心不干了。

此后，某日晚上 6 点多钟，同村农民曾某突然跑到家里来找黎某，说是他 12 岁的儿子不知道吃什么东西卡住了气管，人眼看就要不行了，求黎某去想办法救一救。黎某说自己也没有什么办法，没有医生资格也不能随便想什么办法。但最终想到救人要紧还是去了。来到现场后，黎某见孩子呼吸、心跳已经停止，他知道县医院的救护车赶到至少也要 50 分钟，孩子肯定性命不保了。在孩子父母等亲人的哀求下，黎某果断地为孩子实施了简易的气管切开手术。很快，手术见效了，孩子有了心跳和呼吸。果然 50 分钟之后，救护车也赶到了。孩子的性命保住了，但却半身瘫痪。医院的诊断结果认为是最初实施的气管切开手术不当导致的结果。后黎某被人举报，公安机关以黎某的行为涉嫌非法行医罪立案侦查后向检察机关移送起诉。

本案中，尽管黎某曾经违法被处罚，但这并不意味着他不能成为紧急避险的主体。就当时情况来看，曾某之子被异物卡住了气管，呼吸、心跳已经停止，救护车赶到至少也要 50 分钟，此种情形属于紧急情况，黎某正是在这种具体情况下，才实施气管切开手术取出异物。而且，从现场来看，这是保住其生命的唯一选择，黎某做出这样的选择实属“不得已”。从避险限度角度看，黎某的行为虽然造成了被害人的半身瘫痪的结果，但他对此在主观上并没有过错，并且挽救了其生命，在客观效果上利弊权衡，生命权大于健康权，因此，黎某的行为并没有超过必要限度。综上所述，黎某本身符合避险主体要件，并在紧急情况下实施的为挽救他人生命的紧急避险行为，虽然造成了被害人生命健康权的损害——半身瘫痪的结果，但在那种特定情况下挽救了生命且没有超过必要限度，完全符合紧急避险的法律规定，是法律允许并提倡的合法行为。

典型案例

避险杀人案

简某，女。某日，简某骑自行车下乡工作，途中遇刁某企图抢车，她环顾四周无人，天近黄昏，要反抗就会遭到横祸，于是将自行车交予刁某，刁某准备推车走。这时，简某抽出自行车后架上的打气筒，朝弯腰低头查看自行车的刁某的后脑猛击一下，将刁某击倒在地后迅速骑车离开。当简某来到一个屯子时，见天色太晚，决定借宿一户人家，第二天再赶路。这家有母女二人，简某向主人说明遭遇后，母女深表同情。老太太恐客人害怕，让女儿陪宿。刁某天黑后逐渐苏醒过来，情绪沮丧地回到家中，他一进门便发现自己抢过的自行车在院内，急忙问明来历，其母亲便将投宿人的遭遇说了一遍。刁某听后十分气愤，欲杀简某。他向母亲打探简某睡觉的位置和方向。老太太说，简某睡在外侧，女儿睡在内侧，头朝北。刁某拿下窗上铡草用的铡刀，悄悄拨开房门，走进房间，在黑暗中摸准睡在炕外侧的人头，照脖颈部猛砍一刀，从柜子里拿出半新的被絮，将尸体包起，抬到田间扔进深枯井煙灭罪迹。实际上，简某在刁某的妹妹陪同睡下后，由于傍晚发生的被抢事件，心情难以平静，久久不能入睡；刁某母子谈话、摘铡刀、拨门的声音都听得一清二楚，她极度恐慌，急中生智，在不得已的情况下，悄悄移动刁某的妹妹，将她推到土炕外侧，自己则睡到她的位置上，刁某杀死的实际上是自己的妹妹。简某趁刁某及其母亲抬尸体外出之机，骑车逃离到公安局报案。

本案的关键问题在于，简某的行为有没有超过紧急避险的必要限度。紧急避险是两个合法权益的衡量，如何衡量两个合法权益的大小是问题的关键。一般而言，衡量两个合法权益的大小的基本标准是：人身权利大于财产权利；生命权大于健康权；财产权利可以财产的价值衡量。就生命权而言，人的生命是等价的，不仅质上没有高低贵贱之分，而且量上也不能比较，因此不允许以牺牲他人生命为手段来保全自己的生命，从这个意义上讲，简某的行为显然属于避险过当。但是，根据本案的实际情况来考察，简某在迫不得已的情况下，做出的与刁某的妹妹“换位”的行为，是行为人在失去了意志自由的情况下所做出的无奈之举，从当时简某所处的环境状况加以考察，不能期待她做出相反或者其他的合法行为，根据期待可能性理论，“法不强人所难”，如果从行为时的具体情况看不能期待行为人做出合法行为，行为人即使做出了违法犯罪行为，也无罪。因此，应认定简某无须承担刑事责任，至于刁某妹妹死亡的结果应该由刁某承担刑事责任。

四、故意犯罪的停止形态

故意犯罪的停止形态，是指故意犯罪在其产生、发展和完成的过程及阶段中，因主客观原因而停止下来的各种犯罪状态。包括犯罪既遂、犯罪预备、犯罪未遂和犯罪中止。犯罪的停止形态只发生在直接故意的犯罪之中。

1. 犯罪既遂

所谓犯罪既遂，是指行为人所故意实施的行为已经具备了某种犯罪构成要件的全部要素。犯罪既遂包括以下几种类型：

① 结果犯。这是指以法定犯罪结果的发生与否作为犯罪既遂与未遂区别标志的犯罪。例如，故意杀人罪的犯罪结果就是他人的死亡，发生了死亡结果的为既遂，因行为人意志以外原因未发生死亡结果的为未遂。

② 行为犯。这是指以法定犯罪行为的完成作为既遂标志的犯罪。这类犯罪的既遂并不要求造成物质性的和有形的犯罪结果，而是以行为完成为标志，但是这些行为不是一着手即告完成的，按照法律的要求，这种行为要有一个实行过程，要达到一定程度，才能视为行为的完成。例如，脱逃罪以行为人达到逃脱了监禁羁押的状态和程度，作为犯罪行为完成和犯罪既遂成立的标志，未能达到这一程度的是犯罪行为未完成，应成立犯罪未遂。

③ 危险犯。这是指以行为人实施的危害行为造成法律规定的发生某种危害结果的危险状态作为既遂标志的犯罪。例如刑法典规定的放火罪、决水罪、爆炸罪、投放危险物质罪、以危险方法危害公共安全罪、破坏交通工具罪、破坏交通设施罪、破坏电力设备罪、破坏易燃易爆设备罪等。这类犯罪的既遂不要求造成物质性的有形的犯罪结果，而是以法定的客观危险状态的具备为标志。

④ 举动犯。这是指按照法律规定，行为人一着手犯罪实行行为即告犯罪完成和完全符合构成要件，从而构成既遂的犯罪。主要包括两类：一类是诸如参加恐怖活动组织罪、参加黑社会性质组织罪等原本为预备性质的犯罪，一类是诸如煽动民族仇恨、民族歧视罪，传授犯罪方法罪等教唆煽动性质的犯罪。这些犯罪，一旦进一步着手实行危害就很大，而且即使实施完毕也不一定发生或不一定立即产生可以具体确定的有形的实际危害结果，因此，法律将其规定为举动犯。

我国刑法对符合犯罪既遂特征的既遂犯，在考虑刑法总则一般量刑原则的指导与约束的基础上，直接按照刑法分则具体犯罪条文规定的法定刑幅度处罚。

2. 犯罪预备

犯罪预备形态是故意犯罪过程中未完成犯罪的一种停止状态，是指行为人为实施犯罪而开始创造条件的行为，由于行为人意志以外的原因而未能着手犯罪实行行为的犯罪停止形态。为实施犯罪而创造条件的行为就是犯罪预备行为，主要包括：为实施犯罪准备犯罪工具的行为、为实施犯罪事先调查的行为、练习实施犯罪技术的行为、追踪或接近犯罪对象的行为、前往犯罪场所守候的行为、诱骗被害人赶赴犯罪预谋地点的行为、勾结共同犯罪人进行犯罪预谋的行为、拟定犯罪计划的行为等。根据《刑法》的规定，对于预备犯，可以比照既遂犯从轻、减轻处罚或者免除处罚。

典型案例

尾随入室抢劫案

某日晚22时许，臧某因赌博欠债，产生了抢劫的念头。臧某在阳光小区附近转悠，伺机寻找下手目标。这时，妇女连某从朋友家中出来，步行回家。臧某见连某独自一人，遂尾随其后。因路上时有行人，未动手抢劫。到了连某家门口，臧某见连某家中漆黑一片，以为连某家无其他人，便想强行入室抢劫。连某掏出钥匙打开房门，臧某随即强行闯入房中，并随手锁上房门。连某受惊大叫，连某的丈夫闻声从房内起来，拉开电灯，见臧某站在门口，喝问其是干什么的，“你干什么?”臧某支支吾吾语无伦次，连某的丈夫见其答不上来，随即上前将其制服，后在邻居协助下，将臧某扭送派出所。臧某被捕后，供认他到连家的目的是想“抢钱”。

依据《刑法》第二百六十三条的规定，抢劫罪是“以暴力、胁迫或其他方法抢劫公私财物的”行为。其中的“暴力”“胁迫”和强制劫取，都属于法定的实行行为，只要实施了其中一种行为，就应当视为抢劫行为的着手。本案中，臧某不仅有抢劫的故意，而且有抢劫的行为，即尾随连某、强行入室、锁上房门，应当构成抢劫罪。但上述行为，尚不属于抢劫罪的实行行为，仍属于犯罪的预备行为。这是因为，臧某尾随连某、强行入室、锁上房门等行为不符合抢劫罪抢劫行为的着手特征，这些行为，本质是为进一步着手实施抢劫创造条件，并且由于连某丈夫及时制止，其抢劫行为未能着手实行，被迫停顿在预备阶段。因此，臧某构成了抢劫罪的预备犯。

3. 犯罪未遂

犯罪未遂，是指行为人已经着手实行具体犯罪构成的实行行为，由于其意志以外的原因而未能完成犯罪的一种犯罪停止形态。犯罪未遂形态具有以下三个特征：第一，行为人已经着手实行犯罪；第二，犯罪没有完成而停止下来即犯罪未得逞；第三，犯罪之所以没有得逞是由于犯罪分子意志以外的原因所致。根据《刑法》的规定，对于未遂犯，可以比照既遂犯从轻或者减轻处罚。

典型案例

短信诈骗案

秦某系诈骗团伙成员，一日其以借看手机为名将吕某父亲的电话偷偷记录下来，然后给吕某父亲发了一条短信，内容为："爸，我开车不小心将一人撞死了，如果我给他们 20 万元，他们就会答应私了，不然他们就会将我交到公安局，速向这个卡号打 20 万元，工商银行 621 * * * * * * 126。"后秦某与妻子发生矛盾，其妻扬言要将此事告发，秦某害怕，果断将银行卡丢弃。与此同时，吕某父亲对短信内容信以为真，于第二天向秦某银行卡内打了 20 万元，后来吕某父亲发现这是一骗局，向公安机关报案，公安机关通知银行冻结资金，后将该款归还吕某父亲。

在短信类诈骗犯罪中的既遂，不仅要求被害人基于错误认识交付财物而失去对财物的控制，而且该财物还应为犯罪嫌疑人所控制，即对于犯罪既遂的标准采"失控＋控制说"。本案中，秦某因与妻子发生矛盾害怕被告发而丢弃银行卡，其已经无法通过银行卡来实现对被害人财物的控制，但该丢弃行为显然是出于意志以外的原因而被动实施，所以应认定为犯罪未遂。

4. 犯罪中止

犯罪中止，是指在犯罪过程中，行为人自动放弃犯罪或者自动有效地防止犯罪结果发生，因而未完成犯罪的一种犯罪停止形态。犯罪中止有两种类型，即自动停止犯罪的犯罪中止，以及自动有效地防止犯罪结果发生的犯罪中止。自动停止犯罪的犯罪中止，必须同时具备三个特征：第一，时空性，是指必须是在犯罪过程中放弃犯罪；第二，自动性，是指行为人出于自己的意志而放弃了自认为当时本可继续实施和完成的犯罪；第三，彻底性，这是指行为人彻底打消了原来的犯罪意图并彻底放弃了自认为本可能继续进行的犯罪行为，而且也不打算以后再继续实施此项犯罪。自动有效地防止犯罪结果发生的犯罪中止，除了具备的时空性、自动性、彻底性三个特征外，还要求再具备"有效性"的特征，即行为人还必须有效地防止他已实施的犯罪之法定犯罪结果的发生，使犯罪未达既遂状态而停止下来。根据《刑法》的规定，对于中止犯，没有造成损害的，应当免除处罚；造成损害的，应当减轻处罚。

典型案例

故意杀人、交通肇事案

赵某男与黄某女在打工时相识，后二人租房同居。某日晚上，赵某男发现黄某女手机内有与其他男性的暧昧短信及照片，认为黄某女背叛了自己。第二天下午，二人又因手机短信的事发生争吵。赵某男称黄某女背叛了他，以杀人的故意给黄某女吃了毒药，看到黄某女中毒倒地后痛苦挣扎，顿生同情，于是开车送黄某女去医院救治。途中，由于赵某男驾驶过失，汽车撞到电线杆上，导致黄某女当场死亡。

本案中，虽然赵某男以杀人的故意对黄某女实施了杀害行为，最终也发生了黄某女死亡的结果，但是实际的死亡结果是由于赵某男后来驾车送其去医院的行为直接引起的，而不是赵某男先前的杀害行为直接引起的，因此赵某男开车送黄某女去医院的行为仍可评价为其杀人行为的中止。至于黄某女的死亡结果是赵某男的另一个过失行为导致的，应另作评价。综上，赵某男的行为可以成立故意杀人罪（中止）和交通肇事罪，数罪并罚。

五、共同犯罪

1. 共同犯罪的概念和成立条件

共同犯罪是指二人以上共同故意犯罪。二人以上共同过失犯罪，不以共同犯罪论处，应当负刑事责任的，按照他们所犯的罪分别处罚。成立共同犯罪必须具备三个方面的条件：(1) 行为人为二人以上。共同犯罪的主体，必须是两个以上达到刑事责任年龄、具有刑事责任能力的人或单位。(2) 共同的犯罪行为。所谓共同的犯罪行为，指各行为人的行为都指向同一犯罪，互相联系，互相配合，形成一个统一的犯罪活动整体。(3) 共同的犯罪故意。所谓共同的犯罪故意，是指各共同犯罪人认识他们的共同犯罪行为和行为会发生的危害结果，并希望或者放任这种结果发生的心理态度。

典型案例

雇凶杀人案

某日下午3时许，在某市花园路一家宾馆内，正在楼道里打扫卫生的服务员突然听到房间里传出微弱呼喊“救命”的声音，她赶紧叫来宾馆经理打开房门，顿时被房内的情景惊呆了，一名男子趴在床头，一把带血的尖刀掉落在地，洁白的床单和被子已被鲜血染红。该市北区分局接到报警后，迅速派民警赶到现场，将该男子送往医院抢救，但终究抢救无效死亡。

经查，原来是余某为报复生意场上的竞争对手，雇佣杀手贾某谋杀了该男子。余某曾经找到贾某，说明来意并当即预付1万元酬金，约定事成之后再付4万元，其后余某通过录像带向贾某指认了被害男子，初步策划了行动方案。2个月后，余某电话通知贾某不要再实施谋杀，但此后贾某仍将行为实施完毕，并告知余某事已办完，要求支付酬金。余某虽不愿意，还是将4万元电汇给贾某。

本案中，余某雇佣贾某杀害他人，引起了贾某的犯罪故意，对犯罪结果发生具有原因力的作用，他的雇佣甚至策划行为与杀手的行为已成为一个行为共同体，因而两人构成共同犯罪。在共同犯罪关系中，余某要成立犯罪中上，不仅要求他本人彻底放弃犯罪，而且必须通过自己的行为（如劝说他人放弃犯罪、阻止犯罪结果发生等）客观上停止可以进行下去的犯罪行为，完全切断本人与共同犯罪整体的主客观联系，有效消除本人先前行为对共同犯罪的原因力作用。如果未能阻止其他共同犯罪人的或未能避免犯罪结果发生的，就不能成立犯罪中止。根据上述分析，余某只是打了个电话要求贾某停止杀人行为，这个电话并没有起到阻止贾某杀害被害人的作用，也就是最后没有阻止犯罪结果的发生，因此余某的行为不构成犯罪中止而构成故意杀人既遂。

2. 共同犯罪人的分类及其刑事责任

我国刑法根据各个共同犯罪人在共同犯罪中的地位和所起的作用，将共同犯罪人分为主犯、从犯、胁从犯和教唆犯。

(1) 主犯。

根据《刑法》第二十六条的规定，主犯是指组织、领导犯罪集团进行犯罪活动的或者在共同犯罪中起主要作用的犯罪分子。主犯包括两种：第一种是组织、领导犯罪集团进行犯罪活动的犯罪分子，就是犯罪集团的首要分子。这种主犯只有在犯罪集团这种特殊的共同犯罪中才存在，没有犯罪集团，也就没有这种主犯。所谓犯罪集团，是指三人以上为共同实施犯罪而组成的较为固定的犯罪组织。第二种是在共同犯罪中起主要作用的犯罪分子，又称首要分子以外的主犯。这种主犯既可能是在犯罪集团中起主要作用的犯罪分子，也可能是在一般共同犯罪中起主要作用的犯罪分子，还可能是聚众犯罪中起主要作用的犯罪分子。

由于主犯有两种，刑法对主犯的刑事责任，按照两种不同的主犯，分别加以规定：第一，首要分子的刑事责任。我国刑法规定，对组织、领导犯罪集团的首要分子，按照集团所犯的全部罪行处罚。当然，其他成员超出集团的预谋所实施的其他犯罪，由其他成员自己负责，首要分子不承担刑事责任。第二，首要分子以外的主犯的刑事责任。我国刑法规定，对于在犯罪集团、一般共同犯罪和聚众犯罪中起主要作用的主犯，应当按照其所组织、指挥的或者参与的全部犯罪处罚。

典型案例

红酒盗窃案

何某是某物流有限公司雇工，工作中得知其公司仓库存放有高档红酒。6月7日下午，何某与赵某、孙某吃饭时主动提议合伙盗窃该批红酒，赵某和孙某表示同意。当晚22

时许，赵某驾车将何某、孙某载至物流公司，三人按之前何某的安排进行分工，因孙某是物流公司的“生面孔”，故何某安排孙某进入物流公司的仓库将红酒搬出并装运上车，何某与赵某在车内把风，三人共盗窃红酒16箱。之后，何某和赵某将3箱红酒卖给刘某，所得款项由三人均分；另将5箱红酒卖给冯某，所得款项归何某一人所有。何某卖出剩余的8箱红酒，所卖款项归自己一人所有。11月3日，何某、赵某和孙某被公安人员逮捕，赵某和孙某退赔了物流公司全部损失，并缴纳了部分罚金。

本案争议的焦点在于孙某作为盗窃的实行犯是否应当认定为从犯的问题。从本案的具体案情来看，孙某在整个盗窃活动中始终处于辅助、次要作用，这主要体现在以下几方面：首先，孙某并非犯意提起者。何某利用工作便利提供盗窃线索，提出犯意，指使他人实施犯罪。其次，具体的盗窃行为虽由孙某实施，但其是在听从何某的安排和指挥下才完成的。何某和赵某是物流公司的“熟面孔”，所以何某才会指派“生面孔”孙某去仓库搬运红酒。另外，何某物流公司雇员的身份使其熟知仓库摄像头的位置，故其让孙某搬运红酒时从仓库倒着走出来，并提供了存放地点，这些都足以说明何某对整个盗窃行为的控制、支配。最后，从销赃结果来看，孙某并未参与销赃，且只分得了少量赃款。前半部分的销赃由何某和赵某共同完成，而后半部分的销赃则由何某一人完成。综上所述，何某在整个盗窃犯罪过程中始终处于支配地位，系盗窃犯罪的核心角色，而孙某在地位、作用方面明显受何某控制和支配，处于辅助地位。因此，认定何某为主犯，赵某、孙某为从犯符合三人在犯罪中的客观作用。

(2) 从犯。

根据《刑法》第二十七条的规定，从犯是指在共同犯罪中起次要或者辅助作用的犯罪分子。据此，从犯也分为两种：第一种是在共同犯罪中起次要作用的犯罪分子。所谓在共同犯罪中起次要作用，指虽然参与实行了某一犯罪构成客观要件的行为，但在共同犯罪活动中所起的作用比主犯小。例如，在犯罪集团的首要分子领导下从事犯罪活动，罪恶不够重大或情节不够严重，或者在一般共同犯罪中虽然直接参加实行犯罪，所起作用不大，行为没有造成严重危害后果等。第二种在共同犯罪中起辅助作用的犯罪分子。所谓辅助作用，指为共同犯罪人实行犯罪创造方便条件，帮助实行犯罪，而不直接参加实行犯罪构成客观要件的行为。例如，提供犯罪工具，排除实施犯罪的障碍以及事前答应事后窝藏赃物、隐匿罪犯，指点实施犯罪的时机、对象，协助拟定犯罪计划等。

根据《刑法》规定，对于从犯，应当从轻、减轻处罚或者免除处罚。在什么情况下从轻、减轻或者免除处罚，这需要考虑他所参加实施的犯罪性质、情节轻重、参与实施犯罪的程度以及他在犯罪中所起作用的次要程度等情况来确定。

典型案例

开车协助盗窃案

某日上午，韩某、杨某和陈司机经事先预谋，由韩某、杨某租用陈司机的小轿车去被害人家行窃。当晚23时许，陈司机驾车将韩某和杨某送至被害人家并由陈司机负责在路上接应，以便韩某和杨某能够顺利逃离现场；杨某负责在门外望风，而韩某负责撬门进入屋内行窃，窃得手机、电脑、现金等财物。次日，三人均被公安机关抓获，全部赃物被公安机关追回并发还被害人。

本案中，韩某、杨某构成盗窃罪无疑，关键问题在于陈司机的行为如何定性。从主观上看，陈司机明确认识到韩某和杨某租用其小轿车是用来实施盗窃行为的前提下，还负责接送韩某和杨某，为二人能够顺利完成盗窃犯罪创造条件，可见其不仅放任而且希望韩某和杨某盗窃得逞。因此，陈司机主观上具有帮助韩某和杨某实施盗窃的犯罪故意，也即具有共同盗窃的犯罪故意。从客观上看，陈司机事前驾车将韩某和杨某送至被害人家，事后又负责在路上接应二人，为二人实施盗窃并顺利得逞提供便利条件。因此，陈司机的行为属于在共同犯罪中起到事先、事后帮助的行为，即在客观上有共同盗窃的行为。综上所述，陈司机主观上有共同犯罪的故意，客观上实施了共同盗窃的行为，其虽未直接参与盗窃也未参与分赃，但仍应按盗窃罪的共犯定罪处罚。

(3) 胁从犯。

根据《刑法》第二十八条的规定，胁从犯是指被胁迫参加犯罪的犯罪分子。所谓被胁迫参加犯罪活动，是指受到暴力威胁或精神威胁、被迫参加犯罪活动。具体来讲，行为人知道自己参加的是犯罪行为，虽然他主观上不愿参与犯罪，但为了避免遭受现实的危害或不利而不得不参加犯罪。不过，这时被胁迫者还是有自由意志的，他参加犯罪仍然是他自行选择的结果。所以他对参加的犯罪活动应负刑事责任。如果他是在身体受到强制的情况下完全失掉了自由意志，他的身体动静就不是自己的行为，那就谈不上他参加犯罪，因而不构成胁从犯。在现实生活中，有的共同犯罪人最初是被胁迫参加犯罪的，后来变为自愿或积极从事犯罪活动，甚至成为共同犯罪中的骨干分子。对这种人不能再以胁从犯论处，而应按照他在共同犯罪中所起的实际作用是主要作用或者次要或辅助作用，分别以主犯或者从犯论处。

因为胁从犯主观上不愿意或不大愿意参加犯罪活动，客观上在共同犯罪中所起的作用较小，罪行也轻，所以《刑法》第二十八条规定，对于被胁迫参加犯罪的，应当按照他的犯罪情节减轻处罚或者免除处罚。

典型案例

自杀威胁抢劫案

某日，谢某提议抢劫一辆轿车，葛某和安某均表示不同意，谢某便以自杀相威胁，葛某和安某不再反对。三人到汽车站租了一辆捷达轿车，谢某由于醉酒在车上睡了一路。葛某看到了谢某随身携带的尖刀遂将其藏匿。谢某睡醒后责怪葛某没有将其叫醒而错失了抢车的好时机。三人在半路下车后又租乘何某驾驶的白色吉利车，谢某又提议抢劫该车，葛某反对，谢某又以自杀威胁二人同其合作，安某同意。待何某停车之际，谢某勒住何某的脖子，何某奋力逃脱出车，此时，谢某三人将何某拉回车内，最终何某伺机挣脱逃跑。谢某驾车带葛某和安某逃跑，途中轿车撞向路边栏杆，轿车报废。

本案核心问题在于被以自杀相威胁而参与犯罪者是从犯还是胁从犯？本案中，谢某以自杀威胁葛某和安某与他一同进行抢劫，即便如此，谢某的威胁并不足以对葛、安二人的生命、身体健康造成侵害，也未对行为人造成揭发隐私、毁损财物等精神上的强制，葛、安二人完全可以无视谢某的自杀威胁。况且，仅凭谢某一人难以对葛、安二人形成胁迫，葛、安二人在可以拒绝参与抢劫的情况下而自愿参与犯罪，并在作案过程中起到了一定的次要作用，所以是从犯而不是胁从犯。

(4) 教唆犯。

教唆犯是指故意唆使他人实行犯罪的人。所谓教唆，就是唆使具有刑事责任能力没有犯罪故意的他人产生犯罪故意。教唆行为的具体方式是多种多样的，可能是口头的，也可能是书面的，甚至是诸如使眼色、做手势等示意性动作，诸如收买、嘱托、劝说、请求、利诱、命令、威胁、强迫等都是教唆犯所使用的教唆方法。教唆犯无论采用何种具体形式或方法，都不影响教唆犯的成立。构成教唆犯，只要求实施唆使他人产生犯罪故意的教唆行为就够了，不要求传授犯罪的方法。

关于教唆犯的刑事责任，《刑法》第二十九条分为如下三种情况加以规定：第一种是被教唆人犯了被教唆的罪的情况。所谓被教唆人犯了被教唆的罪，是指被教唆人已进行犯罪预备，或者已着手实行犯罪而未遂，或者已完成犯罪而既遂。对于这种情况，我国刑法规定，应当按照他在共同犯罪中所起的作用处罚。教唆犯在共同犯罪中如果起主要作用，就作为主犯处罚；反之，如果起次要作用，就作为从犯处罚。第二种是教唆不满 18 周岁的人犯罪的情况。这种情况，我国刑法规定，教唆不满十八周岁的人犯罪的，应当从重处罚。第三种是被教唆的人没有犯被教唆的罪的情况。其具体表现，既可能是被教唆人拒绝了教唆或是当时虽然接受但随后又打消了犯罪意图，也可能是被教唆人虽然接受了教唆但实际却犯的不是被教唆的罪。这种情况，刑法规定，如果被教唆的人没有犯被教唆的罪，对于教唆犯，可以从轻或者减轻处罚。

六、一罪与数罪

正确区分罪数，有利于正确追究行为人的刑事责任，犯一罪和犯数罪在承担的刑事责任上是不相同的。我国刑法根据犯罪构成来区分一罪与数罪，即行为人的行为符合一个犯罪构成的，是一罪；符合数个犯罪构成的，是数罪。

1. 一罪的类型

(1) 继续犯。继续犯，也称持续犯，是指作用于同一对象的一个犯罪行为从着手实行到行为终了犯罪行为与不法状态在一定时间内同时处于继续状态的犯罪。非法拘禁罪通常被认为是典型的继续犯，此外，窝藏罪以及非法持有、私藏枪支、弹药罪等也都是典型的继续犯。对于继续犯应依刑法规定以一罪论处，不实行数罪并罚，继续时间的长短在裁量刑罚时可以作为量刑情节加以考虑。

(2) 想象竞合犯。想象竞合犯，是指一个行为触犯数个罪名的犯罪形态。如开一枪，打死了甲，打伤了乙。对想象竞合犯，应当按照“从一重处断原则”处理，即依照行为触犯的数个罪名中法定刑较重的犯罪定罪处刑，而不实行数罪并罚。但刑法另有特别规定的，则应当依照特别规定论处。

（3）结果加重犯。结果加重犯，是指实施基本犯罪构成要件的行为，发生基本犯罪构成要件以外的重结果，因而刑法规定加重刑罚的犯罪形态。例如，《刑法》第二百六十条规定，虐待罪处二年以下有期徒刑、拘役或者管制；致被害人重伤、死亡的，处二年以上七年以下有期徒刑。虐待致人重伤或死亡，就是结果加重犯。据此也可以看出，由于刑法对结果加重犯规定了比基本犯罪较重的法定刑，所以对结果加重犯只能依照刑法的规定，在较重的法定刑幅度内量刑，而不实行数罪并罚。

（4）集合犯。集合犯，是指行为人以实施不定次数的同种犯罪行为为目的，虽然实施了数个同种犯罪行为，刑法规定还是作为一罪论处的犯罪形态。例如，《刑法》第三百零三条规定，“以赌博为业的”构成赌博罪。偶尔赌博不是以赌博为业的，不构成犯罪，但以赌博为业，即使数十次赌博，也只构成一罪。再比如，《刑法》第三百六十三条第一款规定的制作、复制、出版、贩卖、传播淫秽物品牟利罪，以牟利为目的。虽然即使制作、复制、出版、贩卖、传播一次淫秽物品，也可能构成犯罪，但即使多次制作、复制、出版、贩卖、传播淫秽物品，仍只构成一罪。集合犯是法定的一罪，刑法分则条文设有明文规定，对集合犯，不论行为人实施多少次行为，都只能根据刑法的规定以一罪论处，不实行数罪并罚。

（5）连续犯。连续犯，是指基于同一或者概括的犯罪故意，连续实施性质相同的独立成罪的数个行为，触犯同一罪名的犯罪形态。例如，某人预谋在国道上抢劫旅客，之后一个月内接连作案四次，最后一次被抓获，这就属于连续犯的情形。连续犯按照一罪处断，不实行数罪并罚。对连续犯的处理，应当按照不同情况，依据刑法的有关规定分别从重处罚或者依据加重构成的量刑档次进行处罚。

（6）牵连犯。牵连犯，是指以实施某一犯罪为目的，其方法行为或结果行为又触犯其他罪名的犯罪形态。例如以伪造国家机关公文的方法骗取公私财物，分别触犯了伪造国家机关公文罪和诈骗罪，就是牵连犯。对牵连犯的处理不实行数罪并罚，而应“从一重从重处罚”，即按照数罪中最重的一个罪所规定的刑罚处理，在该最重的罪所规定的法定刑范围内从重确定执行的刑罚。但是，我国刑法典分则条款对如何处理牵连犯作了特别规定的，只能按照刑法典分则有关条款的规定处理。如果刑法典规定了实行数罪并罚，例如，《刑法》第一百九十八条规定，投保人、受益人故意造成被保险人死亡、伤残或者疾病，骗取保险金，同时构成其他犯罪的，依照数罪并罚的规定处罚。就应根据规定实行数罪并罚。

（7）吸收犯。吸收犯，是指数个犯罪行为，其中一个犯罪行为吸收其他的犯罪行为，仅成立吸收的犯罪行为一个罪名的犯罪形态。例如，非法制造枪支、弹药，事后藏于家中。前一行为构成非法制造枪支、弹药罪，后一行为构成私藏枪支、弹药罪。前一犯罪行为吸收后一犯罪行为，仅仅成立非法制造枪支、弹药罪，私藏枪支、弹药罪被吸收不再论罪，这就是吸收犯。对吸收犯，依照吸收行为所构成的犯罪处断，不实行数罪并罚。

2. 数罪的类型

数罪的类型包括同种数罪和异种数罪、并罚数罪和非并罚数罪。同种的数罪是指行为人出于数个相同的犯意，实施数个行为，符合数个性质相同的基本犯罪构成，触犯数个罪名相同的数罪。例如，某甲由于情场失意，为了报复，将与自己断绝恋爱关系的女朋友杀死；后来为了不还拖欠他人的债款而将债权人杀害。异种的数罪是指行为人出于数个不同的犯意，实施数个行为，符合数个性质不同的基本犯罪构成，触犯数个不同罪名的数罪。例如，某甲出于抢劫的故意，抢走张三身上的财物，不久又以杀人的故意，用毒药将李四杀死。并罚的数罪是指行为人基于数个罪过，实施数个行为，构成数个独立的犯罪，依照法律应当实行并罚的数罪。异种数罪在一般情况下，都是并罚数罪。同种数罪在法律有特别规定的情况下，也可能成为并罚数罪。非并罚的数罪是指行为人虽然实施数个行为，符合数个犯罪构成，触犯数个罪名，但由于特定事由或法律规定不实行并罚，只按一罪处罚的数罪。一般情况下的同种数罪都是非并罚数罪。

第三节 刑 罚

一、刑罚概述

1. 刑罚的概念

刑罚是刑法规定的由国家审判机关依法对犯罪人适用的限制或剥夺其某种权益的最严厉的强制性制裁方法。我国刑法明文规定了刑罚的种类，将刑罚分为主刑和附加刑。主刑有管制、拘役、有期徒刑、无期徒刑、死刑五种；附加刑有罚金、剥夺政治权利、没收财产和对犯罪的外国人驱逐出境四种。限制或剥夺犯罪人的某种权益，使其遭受一定的损失和痛苦，是刑罚的本质属性。

2. 刑罚的功能

所谓刑罚的功能，是指国家制定、适用与执行刑罚对人们可能产生的有利作用。刑罚具有以下六个方面的功能：

(1) 剥夺功能。所谓刑罚的剥夺功能，也称为限制再犯功能，是指通过适用刑罚来限制或剥夺犯罪分子的某种权益，使其丧失再次犯罪的能力和条件的积极作用。

(2) 威慑功能。刑罚的威慑功能，包括个别威慑与一般威慑。刑罚的个别威慑是指刑罚对犯罪人所产生的威吓、遏制作用。刑罚的一般威慑功能，则是指刑罚对潜在犯罪人所具有的震慑作用。

(3) 矫正功能。刑罚的矫正功能，是指刑罚所具有的改变犯罪人的价值观念和行为方式，使其不再危害社会的作用。

(4) 教育功能。刑罚的教育功能包括特别教育和普遍教育两种，刑罚的特别教育功能是指通过刑罚的制定、适用和执行，对犯罪人产生强烈的感召力和心理影响，使他们能够良心发现，痛改前非，成为守法的公民。刑罚的普遍教育功能是指通过刑罚的制定、适用和执行，促使广大公民了解犯罪行为的后果，从而自觉遵守法律。

(5) 安抚功能。刑罚的安抚功能，是指通过对犯罪人适用和执行刑罚，对被害人所产生的安慰、抚慰和补偿作用。

(6) 鼓励功能。刑罚的鼓励功能，是指通过对犯罪人适用和执行刑罚，对广大公民所产生的鼓舞和激励作用，从而使其勇于采取各种方式同犯罪行为做斗争。

3. 刑罚的目的

刑罚的目的是指国家制定、适用和执行刑罚所要达到的目标或效果。刑罚的目的就是预防犯罪，包括特殊预防和一般预防两个方面。

(1) 特殊预防。所谓特殊预防，是指通过对犯罪分子适用刑罚，惩罚改造犯罪分子，预防他们重新犯罪。特殊预防主要表现在以下几个方面：第一，对极少数罪行极其严重的犯罪人，通过适用死刑立即执行的方式，永远剥夺其重新犯罪的能力。但是，用这种方式来实现特殊预防目的却存在较大的负面作用，应当尽量限制使用。第二，对绝大多数犯罪人通过采取适用不同期限自由刑的方式，使犯罪人在一定时期内与社会隔离，同时在其服刑期间对其进行教育改造，使他们成为遵纪守法的公民，不致再危害社会。这是特殊预防的最基本和最主要的方式。第三，对经济犯罪、财产犯罪和其他贪财图利犯罪的犯罪人适用财产刑，剥夺其重新犯罪的资本和物质条件，使其丧失再次犯罪的物质基础。第四，通过对某些犯罪独立或附加适用资格刑，剥夺其一定的权利或资格，从而防止他们利用这些权利或资格重新进行犯罪

(2) 一般预防。一般预防，是指通过对犯罪分子适用刑罚，威慑、警戒潜在的犯罪人，防止他们走上犯罪道路。一般预防主要表现在以下几个方面：第一，通过制定、适用和执行刑罚，威慑社会上的危险分子和不稳定分子，抑制他们的犯罪意念，使他们不敢以身试法。第二，通过制定、适用和执行刑罚，表明国家对犯罪的不能容忍的态度和决心。安抚被害人及其家属，以防止报复性犯罪活动的发生。第三，通过制定、适用和执行刑罚，提高广大公民的法治观念，鼓励他们积极地同犯罪做斗争。

二、刑罚的体系

刑罚体系，是指国家为充分发挥刑罚的功能、实现刑罚的目的，基于刑法明文规定而形成的，由一定刑罚种类按其轻重程度而组成的序列。我国的刑罚体系包括主刑和附加刑两种类型。

1. 主刑

主刑，是对犯罪适用的主要刑罚方法。主刑的特点是：只能独立适用，不能附加适用。对一个罪只能适用一种主刑，不能适用两种以上的主刑。主刑是一类刑罚方法，具体包括管制、拘役、有期徒刑、无期徒刑和死刑五种。

(1) 管制。

管制，是指对犯罪人不予关押，但限制一定的自由，并依法实行社区矫正的刑罚方法。

管制是我国刑罚的五种主刑中唯一不剥夺犯罪分子自由的开放性刑种。管制具有以下内容和特点：

① 对犯罪分子不予关押。被判处管制的犯罪分子，仍然可以留在原工作单位或居住地工作或劳动，保持正常的工作与生活。而且，《刑法》规定，对于被判处管制的犯罪分子，在劳动中应当同工同酬。由此可见，管制作为一种轻刑，其适用对象只能是罪行较轻的犯罪人。② 限制犯罪人的一定自由。《刑法》第三十九条规定，被判处管制的犯罪分子，在执行期间，应当遵守下列规定：第一，遵守法律、行政法规，服从监督；第二，未经执行机关批准，不得行使言论、出版、集会、结社、游行、示威自由的权利；第三，按照执行机关规定报告自己的活动情况；第四，遵守执行机关关于会客的规定；第五，离开所居住的市、县或者迁居，应当报经执行机关批准。③ 对犯罪分子自由的限制具有一定的期限。《刑法》规定，管制的期限三个月以上两年以下，数罪并罚时不得超过三年。被判处管制的犯罪分子管制期满，执行机关应立即向本人和其所在单位或者居住地的群众宣布解除管制。管制的刑期从判决执行之日起计算；判决执行前先行羁押的，羁押一日折抵刑期两日。④ 依法实行社区矫正。《刑法》规定，对判处管制的犯罪分子，依法实行社区矫正。社区矫正是指将符合法定条件的罪犯置于社区内，由专门的国家机关在相关社会团体、民间组织和社会志愿者的协助下，在判决、裁定或决定确定的限期内，矫正其犯罪心理和行为恶习，促进其顺利回归社会的非监禁刑罚执行活动。

（2）拘役。

拘役是短期剥夺犯罪分子的自由，就近执行并实行劳动改造的刑罚方法。拘役具有以下内容和特点：

① 剥夺犯罪分子的自由。即将犯罪分子关押于特定的改造场所进行改造，使其丧失人身自由。② 剥夺自由的期限较短。《刑法》规定，拘役的期限，为一个月以上六个月以下。数罪并罚时，拘役刑期最长不能超过一年。拘役的刑期从判决执行之日起计算，判决执行以前先行羁押的，羁押一日折抵刑期一日。③ 由公安机关就近执行。拘役的执行机关是公安机关，拘役的执行地点是犯罪分子所在地的县、市或市辖区的公安机关设置的拘役所，没有建立拘役所的，则在离犯罪分子所在地较近的监狱执行，如果犯罪分子所在地附近没有监狱，可将犯罪分子放在看守所执行。④ 享受一定的待遇。《刑法》规定，在执行期间，被判处拘役的犯罪分子每月可以回家一天至两天；参加劳动的，可以酌量发给报酬。

（3）有期徒刑。

有期徒刑是剥夺犯罪分子一定期限的人身自由，强迫其劳动并接受教育和改造的刑罚方法。有期徒刑具有以下内容和特点：

① 剥夺犯罪分子的自由。即将犯罪分子关押在一定的改造场所，使其丧失人身自由。② 具有一定期限。《刑法》规定，有期徒刑的最低期限为六个月，与拘役相衔接；最高期限为十五年。数罪并罚时，有期徒刑总刑期不满三十五年的，最高不能超过二十年，总和刑期在三十五年以上的，最高不能超过二十五年。刑期从判决执行之日即罪犯被送交监狱或者其他执行机关执行刑罚之日——而非判决生效之日——起开始计算，判决以前

先行羁押的,羁押一日折抵刑期一日。刑满释放日期,应为判决书确定的刑期的终止之日。③ 在监狱或者其他执行场所执行。有期徒刑是一种较重的刑罚方法,因此,它不能像拘役那样在拘役所、看守所执行,而应在监狱或者其他专门执行场所执行。所谓其他执行场所,即监狱以外的专门用来执行有期徒刑和无期徒刑的机关,主要是少年犯管教所。④ 强迫参加劳动,接受教育和改造。被判处有期徒刑的犯罪分子,无论在何种场所执行,凡有劳动能力的,都应当参加劳动,接受教育和改造。罪犯对劳动的场所、种类、形式和时间,必须无条件地服从执行机关的安排;犯罪分子的劳动是在严格的武装警戒下进行,劳动表现将作为罪犯认罪悔罪与否的指标,是法定的奖惩考核的内容。

(4) 无期徒刑。

无期徒刑是剥夺犯罪分子的终身自由,强制其参加劳动并接受教育和改造的刑罚方法。无期徒刑具有以下内容和特点:

① 剥夺犯罪分子的自由。即将犯罪分子关押在一定的场所,使其没有人身自由。② 剥夺自由是没有期限的,即剥夺犯罪分子的终身自由。需要指出的是,无期徒刑虽然就其语词意义上讲,是剥夺终身自由,实行无期限的关押,但实际上并不是将所有被判处无期徒刑的犯罪分子都关押到死,而是只要犯罪分子有悔过自新的表现,就可以回归社会。根据刑法的规定,被判处无期徒刑的犯罪分子,在服刑期间的表现符合法定条件的,可以适用减刑或假释。此外,在国家发布特赦令的情况下,符合特赦条件的无期徒刑罪犯,可以被特赦释放。③ 强迫参加劳动,接受教育和改造。被判处无期徒刑的犯罪分子,除无劳动能力的外,都必须参加无偿劳动,接受教育和改造。④ 羁押时间不能折抵刑期。由于无期徒刑无期限可言,因此,判决执行之前先行羁押的时间不存在折抵刑期的问题。⑤ 必须附加剥夺政治权利。根据《刑法》的规定,被判处无期徒刑的犯罪分子,必须附加剥夺政治权利终身。

(5) 死刑。

死刑是剥夺犯罪分子生命的刑罚方法,包括死刑立即执行和死刑缓期两年执行两种情况。由于受社会政治、经济、文化的制约,我国仍然保留了死刑。然而,由于死刑是最严厉的刑罚方法,而且具有不可恢复性,因此,我国刑法对死刑的适用和执行规定了严格的限制条件:

① 从适用死刑的条件上进行限制。根据刑法典的规定,死刑只适用于罪行极其严重的犯罪分子。所谓罪行极其严重,是犯罪的性质极其严重、犯罪的情节极其严重、犯罪分子的人身危险性极其严重的统一。实践中符合上述三位一体条件的情况极少,因此,适用死刑的严格条件是我国限制死刑适用的第一道关口。

② 从适用死刑的对象上进行限制。《刑法》第四十九条规定,犯罪的时候不满十八周岁的人和审判的时候怀孕的妇女,不适用死刑。审判的时候已满七十五周岁的人,不适用死刑,但以特别残忍手段致人死亡的除外。

③ 从死刑的适用程序上进行限制。一方面表现在,死刑案件只能由中级以上人民法院进行一审,基层人民法院无权审理死刑案件,当然也就无权适用死刑;另一方面表现在,死刑除依法由最高人民法院判决的以外,都应当报请最高人民法院核准。

④ 从死刑执行制度上进行限制。《刑法》规定，对于应当判处死刑的犯罪分子，如果不是必须立即执行的，可以判处死刑同时宣告缓期二年执行。死缓不是独立的刑种，而是暂缓执行死刑的一种制度，被适用死刑的犯罪分子因其在缓期两年执行期间的表现不同而有以下三种不同的结果：第一，在死刑缓期执行期间，如果没有故意犯罪，两年期满后，减为无期徒刑。第二，在死刑缓期执行期间，如果没有故意犯罪而确有重大立功表现的，两年期满以后，减为二十五年有期徒刑。第三，在死刑缓期执行期间，如果故意犯罪且情节恶劣的，应报请最高人民法院核准后执行死刑；对于故意犯罪但没有达到情节恶劣程度而未执行死刑的，应该重新计算死刑缓期执行的期间，并报最高人民法院备案。被判处死刑缓期执行的犯罪人，在具备法定情形下会予以限制减刑。《刑法》第五十条第二款规定，对被判处死刑缓期执行的累犯以及因故意杀人、强奸、抢劫、绑架、放火、爆炸、投放危险物质或者有组织的暴力性犯罪被判处死刑缓期执行的犯罪分子，人民法院根据犯罪情节等情况可以同时决定对其限制减刑。这里的"同时"，是指判处死刑缓期执行的同时，不是在死刑缓期执行二年期满以后减刑的同时。"限制减刑"，是指对于死刑缓期执行的犯罪分子，虽然可以适用减刑，但缓期执行期满后依法减为无期徒刑的，实际执行的刑期不能少于二十五年，缓期执行期满后依法减为二十五年有期徒刑的，实际执行的刑期不能少于二十年。

2. 附加刑

附加刑，是指补充主刑适用的刑罚方法。附加刑的特点是既可以附加主刑适用，也可以独立适用。在附加适用时，可以同时适用两个以上的附加刑。附加刑是相对于主刑的另一类刑罚方法，具体包括罚金、剥夺政治权利、没收财产和驱逐出境三种。

(1) 罚金。罚金是人民法院判处犯罪分子向国家缴纳一定数额金钱的刑罚方法。根据《刑法》的规定，判处罚金应当根据犯罪情节决定罚金数额。罚金在判决指定的期限内一次或者分期缴纳。期满不缴纳的，强制缴纳。对于不能全部缴纳罚金的，人民法院在任何时候发现被执行人有可以执行的财产，应当随时追缴。由于遭遇不能抗拒的灾祸等原因缴纳确实有困难的，经人民法院裁定，可以延期缴纳、酌情减少或者免除。

(2) 剥夺政治权利。剥夺政治权利是剥夺犯罪分子参加国家管理和政治活动权利的刑罚方法。剥夺政治权利的内容，根据《刑法》第五十四条的规定，是剥夺犯罪分子以下权利：第一，选举权和被选举权；第二，言论、出版、集会、结社、游行、示威自由的权利；第三，担任国家机关职务的权利；第四，担任国有公司、企业、事业单位和人民团体领导职务的权利。

(3) 没收财产。没收财产是将犯罪分子个人所有财产的一部分或者全部强制无偿地收归国有的刑罚方法。根据《刑法》规定，没收财产是没收犯罪分子个人所有财产的一部分或者全部。没收全部财产的，应当对犯罪分子个人及其扶养的家属保留必需的生活费用。在判处没收财产的时候，不得没收属于犯罪分子家属所有或者应有的财产。没收财产以前犯罪分子所负的正当债务，需要以没收的财产偿还的，经债权人请求，应当偿还。

(4) 驱逐出境。驱逐出境是强迫犯罪的外国人离开中国国(边)境的刑罚方法。驱逐出境只适用于外国人。

3. 非刑罚处理方法

非刑罚处理方法，是指人民法院对犯罪分子适用的刑罚以外的处理方法。非刑罚处理方法的特点是对犯罪分子适用，但不具有刑罚性质。适用非刑罚处罚方法应该具备三个条件：第一，行为人的行为构成犯罪；第二，免予刑事处罚；第三，需要给予适当的处罚。非刑罚处罚方法包括以下几类：

（1）训诫，即人民法院对犯罪分子当庭予以批评或者谴责，责令其改正并不再重犯的一种教育方法。

（2）责令具结悔过，即人民法院责令犯罪分子深刻反思自己的犯罪行为，并且用书面方式悔改，不再犯罪。

（3）责令赔礼道歉，即人民法院责令犯罪分子公开向被害人承认错误，表示歉意的一种教育方法。

（4）责令赔偿损失，即人民法院对犯罪情节轻微不需要判处刑罚的犯罪分子，在免予其刑事处罚的同时，根据其犯罪行为对被害人造成的经济损失情况，责令其向被害人支付一定数额的金钱，以赔偿被害人的经济损失的处理方法。

（5）由主管部门予以行政处罚或者行政处分，即人民法院对于情节轻微不需要判处刑罚的犯罪分子，根据案件的具体情况，向相关主管部门提出予以行政处罚或者行政处分的司法建议，由主管部门给予犯罪分子适当的行政处罚或行政处分。

三、刑罚的裁量

刑罚裁量，简称量刑，是指人民法院在定罪的基础上，依法确定对犯罪人是否判处刑罚、判处何种刑罚以及判处多重刑罚，并决定所判刑罚是否立即执行的司法审判活动。刑罚的裁量应当遵循以犯罪事实为依据和以刑法为准绳的基本原则。刑罚的裁量情节包括法定情节和酌定情节。法定情节是指刑法明文规定在裁量刑罚时应当考虑的情节，酌定情节是指刑法中虽然没有明文规定，但是在司法实践中可以根据具体情况斟酌考虑的情节。对刑罚裁量的情节必须正确运用，根据犯罪情节的不同分别采用从重、从轻、减轻、免除处罚的量刑方法。除了量刑情节外，刑法还规定了一系列刑罚裁量制度，主要包括累犯、自首、立功、数罪并罚和缓刑。

1. 累犯

所谓累犯，是指因犯罪而受过一定的刑罚处罚，刑罚执行完毕或者赦免以后，在法定期限内又犯一定之罪的犯罪人。我国刑法规定的累犯，可分为一般累犯、特别累犯两类。

一般累犯，是指年满十八周岁因故意犯罪被判处有期徒刑以上刑罚并在刑罚执行完毕或者赦免以后，在五年内再犯应当判处有期徒刑以上刑罚的故意犯罪的人。据此，一般累犯的构成条件为：① 前罪与后罪必须是故意犯罪；② 犯前罪时必须年满十八周岁；③ 前罪被判处有期徒刑以上刑罚，后罪应当被判处有期徒刑以上刑罚；④ 后罪发生在前罪的刑罚执行完毕或者赦免以后五年之内。

特别累犯是指犯危害国家安全罪、恐怖活动犯罪、黑社会性质的组织犯罪的犯罪分子受过刑罚处罚，刑罚执行完毕或者赦免后，在任何时候再犯上述任一类罪之人。特别累犯的构成条件为：① 前罪和后罪必须都是危害国家安全罪、恐怖活动犯罪、黑社会性质的组织犯罪其中之一的犯罪；② 前罪被判处的刑罚和后罪应判处的刑罚的种类及其轻重不受限制；③ 前罪的刑罚执行完毕或者赦免以后，任何时候再犯上述任一类罪，即构成特别累犯，不受前后两罪相距时间长短的限制。

根据《刑法》第六十五条的规定，对累犯应当从重处罚，即采取必须从重处罚的原则。

2. 自首与立功

（1）自首。

自首是指犯罪分子犯罪以后自动投案，如实供述自己的罪行，或者被采取强制措施的犯罪嫌疑人、被告人和正在服刑的罪犯，如实供述司法机关还未掌握的本人其他罪行的行为。根据我国刑法典的规定，自首分为一般自首和特别自首两种。

一般自首，是指犯罪分子犯罪以后自动投案，如实供述自己罪行的行为。一般自首的成立必须符合以下条件：① 自动投案，即犯罪分子在犯罪之后，在未受到讯问、未被施以强制措施之前，出于本人的意志而向有关机关或个人承认自己实施了犯罪，并自愿置于有关机关或个人的控制之下，等待进一步交代犯罪事实的行为；② 如实供述自己的罪行，即犯罪嫌疑人自动投案后，如实交代自己的主要犯罪事实、身份、前科等情况。

特别自首，是指被采取强制措施的犯罪嫌疑人、被告人和正在服刑的罪犯，如实供述司法机关还未掌握的本人其他罪行的行为。特别自首的成立必须符合以下条件：① 主体必须是被采取强制措施的犯罪嫌疑人、被告人和正在服刑的罪犯；② 必须如实供述司法机关还未掌握的本人其他罪行。

《刑法》第六十七条第一款规定，对于自首的犯罪分子，可以从轻或者减轻处罚。

典型案例

交通肇事自首案

罗某驾驶大货车自弋阳往南昌方向行驶，至320国道629公里路段时，因避让右车道内水坑向左打方向，货车在左道行驶准备转回右道过程中，货车前左侧撞上迎面由吴某驾驶的两轮摩托车，造成两车受损、吴某当场死亡的交通事故。事故发生后，罗某与货主徐某立即打电话报案，并留在现场等候交警处理。经县交警大队认定，罗某在本次事故中负主要责任。

《刑法》第67条规定："犯罪以后自动投案，如实供述自己的罪行的，是自首。"交通肇事案在认定自首时应遵从《刑法》第67条的规定。此外，2010年《最高人民法院关于处理自首和立功若干具体问题的意见》规定："交通肇事后保护现场、抢救伤者，并向公安机关报告的，应认定为自动投案，构成自首的，因上述行为同时系犯罪嫌疑人的法定义务，对其是否从宽、从宽幅度要适当从严掌握。"本案中，罗某在事故发生后立即打电话报警，并如实供述了自己的犯罪事实的行为完全符合有关规定，故罗某的行为应当认定为自首。

(2) 坦白。

坦白是指犯罪分子被动归案之后，自己如实交代犯罪事实的行为。坦白的成立需要符合以下条件：① 坦白的主体是被动归案的犯罪嫌疑人；② 坦白如实交代的是被指控的罪行，通常是司法机关已经掌握的罪行。

《刑法》第六十七条第三款规定，对于如实供述自己罪行的犯罪嫌疑人，可以从轻处罚；因如实供述自己罪行避免特别严重后果发生的，可以减轻处罚。

(3) 立功。

所谓立功，是指犯罪分子揭发他人犯罪行为，查证属实，或者提供重要线索，从而得以侦破其他案件，以及其他有利于国家和社会的突出表现。依据《刑法》第六十八条的规定，立功可以分为一般立功和重大立功两种。

一般立功的主要表现形式有：① 揭发他人犯罪行为，包括共同犯罪案件中的犯罪分子揭发同案犯所参与的共同犯罪以外的其他犯罪行为，查证属实的；② 提供重要线索，从而得以侦破其他案件的；③ 协助司法机关抓捕其他罪犯的；④ 在押期间制止他人犯罪活动的；⑤ 具有其他有利于国家和社会的突出表现。

重大立功的主要表现形式有：① 检举、揭发他人重大犯罪行为，查证属实的；② 提供重要线索，从而得以侦破其他重大案件的；③ 在押期间阻止他人重大犯罪活动的；④ 协助司法机关抓捕其他重要犯罪嫌疑人的；⑤ 其他有利于国家和社会的突出表现或重大贡献等。这里所说的"重大犯罪""重大案件""重大犯罪嫌疑人"，一般是指犯罪嫌疑人、被告人可能被判处无期徒刑以上刑罚，或者案件在本省、自治区、直辖市或者全国范围内有较大影响等情况。

根据《刑法》第六十八条的规定，对于有立功表现的犯罪分子，应区分不同情况予以处罚：① 有一般立功表现的，可以从轻或者减轻处罚；② 有重大立功表现的，可以减轻或者免除处罚；③ 犯罪后自首又有重大立功表现的，应当减轻或者免除处罚。

典型案例

规劝同案人自首案

闫某、薄某等人在舞厅跳舞时，薄某在舞厅内因被郭某踩了一脚，两人发生口角并互相殴打，事后，闫某、薄某等人感到吃了亏没有面子，便伺机报复郭某。第二天晚上，闫某、田某、郄某三人在"新世纪"舞厅跳舞时发现郭某也在舞厅内，经商量后，闫某、田某、郄某召集白某等十七人，并分发了刀、铁棍、木棍等凶器。之后，闫某等人分别持刀、铁棍、木棍在舞厅两边的各个巷子口守候郭某。晚上10点左右，郭某从舞厅出来，守候在周围的闫某等人一拥而上，从四面围追殴打郭某。在整个追打过程中，田某持刀砍了郭某的背部、胸部，闫某持刀砍了郭某的手、脚、臀部，薄某持铁棍往郭某的身上砸了三四下，白某持刀砍了郭某的肩部，郄某持木棍殴打了郭某的头部。在郭某趴在地上不动了时，闫某等人逃离了现场，而郭某被殴打后死亡。经法医鉴定，郭某系被锐器刺破心脏引起大出血死亡。另查明，闫某归案后被公安机关取保候审，其成功规劝薄某、田某等人投案自首。

本案的焦点问题在于，成功规劝同案人归案是否为立功表现？本案中，闫某在取保候审期间，在司法机关没有安排的情况下，主动规劝其他同案犯投案自首具有积极的社会价值，符合立功的司法本意。尽管劝说他人去投案不属于协助抓捕的行为，但是比协助抓捕社会效果更好，同样降低了司法机关的诉讼成本，有利于刑事司法活动，故而应当认定闫某有立功表现。

3. 数罪并罚

我国刑法中的数罪并罚，是指人民法院对判决宣告前一人所犯数罪，或者判决宣告后，刑罚执行完毕前发现漏罪或又犯新罪的；在分别定罪量刑后，按照法定的并罚原则及刑期计算方法，决定对其应执行的刑罚的制度。数罪并罚制度的核心是数罪并罚的原则，我国刑法中数罪并罚原则的适用规则包括以下内容：

① 判决宣告数个死刑或最重刑为死刑（含死刑缓期执行）的，应决定执行一个死刑，低于死刑的其他主刑不再执行。

② 判决宣告数个无期徒刑或最重刑为无期徒刑的，应决定执行一个无期徒刑，低于无期徒刑的其他主刑不再执行，也不能将两个以上的无期徒刑合并升格为死刑。

③ 判决宣告的数个主刑为有期自由刑即有期徒刑、拘役刑、管制刑的，采取限制加重原则。具体来讲：第一，判决宣告的数个主刑均为有期徒刑的，应当在总和刑期以下，数刑中最高刑期以上，酌情决定执行的刑期，但决定执行的刑期，总和刑期不满三十五年的，最高不能超过二十年，总和刑期在三十五年以上的，最高不能超过二十五年。第二，判决宣告的数个主刑均为拘役刑的，应当在总和刑期以下，数刑中最高刑期以上，酌情决定执行的刑期，但决定执行的刑期最高不能超过一年。第三，判决宣告的数个主刑均为管制刑的，应当在总和刑期以下，数刑中最高刑期以上，酌情决定执行的刑期，但决定执行的刑期最高不能超过三年。第四，判决宣告的数个主刑中有有期徒刑和拘役的，执行有期徒刑。第五，判决宣告的数个主刑中有有期徒刑和管制，或者拘役和管制的，有期徒刑、拘役执行完毕后，管制仍须执行。

④ 数罪中有判处附加刑的，附加刑仍须执行，其中附加刑种类相同的，合并执行，种类不同的，分别执行。

4. 缓刑

我国刑法所规定的缓刑包括两类，一是一般缓刑，二是战时缓刑。所谓一般缓刑，是指人民法院对于被判处拘役、三年以下有期徒刑的犯罪分子，在符合法律规定条件的前提下，暂缓其刑罚的执行，并规定一定的考验期，考验期内实行社区矫正，如果被宣告缓刑者在考验期内没有发生法律规定应当撤销缓刑的事由，原判刑罚就不再执行的制度。所谓战时缓刑，是指在战时，对被判处三年以下有期徒刑没有现实危险的犯罪军人，暂缓其刑罚执行，允许其戴罪立功，确有立功表现时，可以撤销原判刑罚，不以犯罪论处的制度。下面重点介绍一般缓刑的有关内容。

（1）一般缓刑的适用条件。

根据《刑法》第七十二条的规定，一般缓刑的共通适用条件包括：① 犯罪分子必须是被判处拘役或者三年以下有期徒刑的刑罚；② 同时符合犯罪情节较轻、有悔罪表现、没有再犯罪的危险、宣告缓刑对所居住社区没有重大不良影响四个条件；③ 犯罪分子必须不是累犯和犯罪集团的首要分子。对于符合上述条件的犯罪分子，人民法院应给予认真审查，若放置在社会上进行改造条件尚不具备，不应当决定适用缓刑。但是，对于符合上述条件的犯罪分子中，判决宣告之前不满十八周岁的人、怀孕的妇女和已满七十五周岁的人，必须适用缓刑。

（2）一般缓刑的考验期。

缓刑考验期，是指对被宣告缓刑的犯罪分子进行考察的一定期间。《刑法》第七十三条规定，拘役的缓刑考验期限为原判刑期以上一年以下，但是不能少于二个月。有期徒刑的缓刑考验期限为原判刑期以上五年以下，但是不能少于一年。缓刑考验期限，从判决确定之日起计算。

（3）一般缓刑的执行与考察。

① 缓刑的执行机构。由于我国刑法典规定，对宣告缓刑的犯罪分子，在缓刑考验期限内，依法实行社区矫正，因而，缓刑的执行机构是被宣告缓刑者居住生活社区的矫正机构和组织，即县级司法行政机关社区矫正机构负责对缓刑的社区矫正人员进行监督管理和教育帮助，司法所承担社区矫正日常工作。

② 被宣告缓刑者应当遵守的规定。《刑法》第七十五条规定，被宣告缓刑的犯罪分子，应当遵守下列规定：第一，遵守法律、行政法规，服从监督；第二，按照考察机关的规定报告自己的活动情况；第三，遵守考察机关关于会客的规定；第四，离开所居住的市、县或者迁居，应当报经考察机关批准。此外，《刑法》第七十二条规定，宣告缓刑，可以根据犯罪情况，同时禁止犯罪分子在缓刑考验期限内从事特定活动，进入特定区域、场所，接触特定的人。因此，被宣告缓刑者还应当遵守人民法院的禁止令。

③ 缓刑执行中的监督考察。根据我国刑法典的规定，缓刑执行中的监督考察，就是考察被宣告缓刑的犯罪分子，在缓刑考验期限内，是否具有《刑法》第七十七条规定的情形，即再犯新罪或者发现漏罪，或者违反法律、行政法规或者国务院公安部门有关缓刑的监督管理规定，或者违反人民法院判决中的禁止令并且情节严重。

（4）一般缓刑的法律后果。

缓刑的法律后果有以下四种：第一，被宣告缓刑的犯罪分子，在缓刑考验期限内犯新罪的，应当撤销缓刑，把前罪和后罪所判处的刑罚依照刑法典数罪并罚的规定，决定执行的刑罚。第二，被宣告缓刑的犯罪分子，在缓刑考验期限内发现判决宣告以前还有其他罪没有判决的，应当撤销缓刑，对发现的漏罪作出判决，把前罪和后罪所判处的刑罚，依照刑法典数罪并罚的规定，决定执行的刑罚。第三，被宣告缓刑的犯罪分子，在缓刑考验期限内，违反法律、行政法规或者国务院公安部门有关缓刑的监督管理规定，或者违反人民法院判决中的禁止令并且情节严重的，应当撤销缓刑，予以收监，执行原判刑罚。第四，被宣告缓刑的犯罪分子，在缓刑考验期限内，如果不具有上述三种情形，缓刑考验期满，原判的刑罚就不再执行，但如果被判处附加刑，附加刑仍须执行。

四、刑罚的执行

1. 减刑

减刑，是指对被判处管制、拘役、有期徒刑或者无期徒刑的犯罪分子，因其在刑罚执行期间认真遵守监规，接受教育改造，确有悔改或者立功表现，而适当减轻其原判刑罚的制度。

（1）减刑的条件。

对于犯罪分子适用减刑，必须同时符合以下条件：① 减刑的对象只能是被判处管制、拘役、有期徒刑、无期徒刑的犯罪分子。② 在刑罚执行期间，如果认真遵守监规，接受教育改造，确有悔改表现的，或者有立功表现的，可以减刑；有重大立功表现的，应当减刑。所谓“重大立功表现”是指下列情形之一：第一，阻止他人重大犯罪活动的；第二，检举监狱内外重大犯罪活动，经查证属实的；第三，有发明创造或者重大技术革新的；第四，在日常生产、生活中舍己救人的；第五，在抗御自然灾害或者排除重大事故中，有突出表现的；第六，对国家和社会有其他重大贡献的。③ 犯罪分子经过减刑以后实际执行的刑期不得低于最低刑期。具体来讲，减刑以后实际执行的刑期不能少于下列期限：第一，判处管制、拘役、有期徒刑的，不能少于原判刑期的二分之一；第二，判处无期徒刑的，不能少于十三年；第三，人民法院根据犯罪情节等情况决定对被判处死刑缓期执行的累犯以及因故意杀人、强奸、抢劫、绑架、放火、爆炸、投放危险物质或者有组织的暴力性犯罪被判处死刑缓期执行的犯罪分子限制减刑的情况下，缓期执行期满后依法减为无期徒刑的，不能少于二十五年，缓期执行期满后依法减为二十五年有期徒刑的，不能少于二十年。

（2）减刑的程序。

关于减刑程序，《刑法》第七十九条规定，对于犯罪分子的减刑，由执行机关向中级以上人民法院提出减刑建议书。人民法院应当组成合议庭进行审理，对确有悔改或者立功事实的，裁定予以减刑。非经法定程序不得减刑。

（3）减刑后刑期的计算。

减刑后刑期的计算方法，因原判刑罚的种类不同而有所区别：① 对于原判处管制、拘役、有期徒刑的，减刑后的刑期自原判决执行之日起算。原判刑期已经执行的部分，应计入减刑以后的刑期之内。② 对于原判无期徒刑减为有期徒刑的，刑期自裁定减刑之日起算。已经执行的刑期，不计入减为有期徒刑以后的刑期之内。③ 对于无期徒刑减为有期徒刑之后，再次减刑的，其刑期的计算，则应按照有期徒刑罪犯减刑的方法计算，即应当从前次裁定减为有期徒刑之日算起。④ 对于曾被依法适用减刑，后因原判决有错误，经审判监督程序再审后改判的，原来的减刑仍然有效，所减刑期应从改判的刑期中扣除。

典型案例

不予减刑案

张某系安徽省滁州市人大常委会原副主任(副厅级),其曾先后任滁州市南谯区常务副区长、区长、区委书记、区人大常委会主任及明光市委书记、市人大常委会主任等职。后因犯受贿罪被判处无期徒刑,剥夺政治权利终身,并处没收个人全部财产,受贿所得现金428.3万元、购物卡7.08万元予以追缴。判决生效后交付执行。四年后11月,执行机关安徽省巢湖监狱向安徽省高级人民法院提出减刑建议,该院立案后将减刑建议书等材料通过互联网向社会公示,同年12月在巢湖监狱公开开庭审理本案,并邀请市人大代表旁听庭审。

安徽高院经审理查明,罪犯张某虽然在狱内遵守监规,积极劳动,服刑期间受到表扬3次、记功3次,表现较好,但庭审中,张某对原审认定的受贿事实仅承认不足10万元的礼金和购物卡,其他部分拒不认罪。另查明,案发后张某实际退出赃款163万余元。

"确有悔改表现"是减刑的实质要件,根据司法解释,确有悔改表现是指同时具备以下四个方面情形:认罪悔罪;认真遵守法律法规和监规,接受教育改造;积极参加思想、文化、职业技术教育;积极参加劳动,努力完成劳动任务。在认定"确有悔改表现"情形时强调四个条件同时具备是十分重要的,罪犯是否确有悔改表现,首先要考察其是否认罪悔罪,在其认罪悔罪的前提下,再考察其是否符合其余三个方面的情形。如果一个罪犯在服刑期间表面做到了遵守法律法规和监规,接受了教育也参加了劳动,但是在思想上还是没有意识到犯罪的危害性,没有认真悔改罪行,检讨犯罪的根源,对自己的罪行进行反思,没有心悦诚服地接受改造,甚至抗拒改造,那么对这样的罪犯给予减刑就违背了减刑制度设计初衷。本案中,张某虽然在狱内遵守监规,积极劳动,但其在庭审中对人民法院所认定的大部分犯罪事实不予认可,不具备认罪悔罪的情形,不足以认定其确有悔改表现。最终,经安徽高院审理,认为张某不符合法律规定的减刑条件,依法裁定不予减刑。

2. 假释

假释是对被判处有期徒刑、无期徒刑的犯罪分子,在执行一定刑期之后,因其认真遵守监规,接受教育改造,确有悔改表现,没有再犯罪的危险,而附条件地将其提前释放,在假释考验期内若不出现法定的情形,就认为原判刑罚已经执行完毕的制度。

(1) 假释的条件。

根据我国刑法典的规定,对犯罪分子适用假释,必须同时符合下列条件:① 假释的对象只能是被判处有期徒刑、无期徒刑且不属于累犯和因故意杀人、强奸、抢劫、绑架、放火、爆炸、投放危险物质或者有组织的暴力性犯罪被判处十年以上有期徒刑、无期徒刑的犯罪分子。② 符合执行的刑期上的限制,即有期徒刑执行原判刑期二分之一以上、无期徒刑实际执行十三年以上,才可以假释。但刑法典同时还规定,如果有特殊情况,经最高人民法院核准,可以不受上述执行刑期的限制。所谓特殊情况,是指有关国家政治、国防、外交等方面特殊需要的情况。③ 犯罪分子必须认真遵守监规,接受教育改造,确有悔改表现,没有再犯罪的危险,并且假释后对其所居住的社区没有重大不良影响。

(2) 假释的程序。

根据我国刑法典的规定,对于犯罪分子的假释,由执行机关向中级以上人民法院提出假释建议书。人民法院应当组成合议庭进行审理,对于符合假释条件的,裁定予以减刑。非经前述法定程序不得假释。

(3) 假释的考验。

① 假释的考验期限。根据《刑法》第八十三条的规定,有期徒刑的假释考验期限,为没有执行完毕的刑期;无期徒刑的假释考验期限为十年。假释考验期限,从假释之日起计算。② 被假释的犯罪分子应当遵守的规定。《刑法》第八十四条规定,被宣告假释的犯罪分子,应当遵守下列规定:第一,遵守法律、行政法规,服从监督;第二,按照监督机关的规定报告自己的活动情况;第三,遵守监督机关关于会客的规定;第四,离开所居住的市、县或者迁居,应当报经监督机关批准。此外,《刑法》第八十五条规定,对假释的犯罪分子,在假释考验期限内,依法实行社区矫正。因此,依法接受社区矫正也是被假释的犯罪分子应当遵守的规定。

(4) 假释的法律后果。

假释的法律后果有以下四种:① 被假释的犯罪分子在假释考验期限内犯新罪的,应当撤销假释,依照《刑法》第七十一条的规定实行数罪并罚。② 被假释的犯罪分子在假释考验期限内,发现其在判决宣告以前还有其他罪没有判决且尚未超过追诉时效的,应当撤销假释,依照《刑法》第七十条的规定实行数罪并罚。③ 被假释的犯罪分子,在假释考验期限内,有违反法律、行政法规或者国务院有关部门关于假释的监督管理规定的行为,尚未构成新的犯罪的,应当依照法定程序撤销假释,收监执行未执行完毕的刑罚。假释期间的时间不能折抵刑期。④ 被假释的犯罪分子,在假释考验期限内没有上述情形的,假释考验期满,就认为原判刑罚已经执行完毕。

典型案例

不予假释案

黎某系中山火炬工业联合总公司原工程经理,因犯受贿罪于2010年被判处有期徒刑8年,并处没收财产人民币5万元。判决生效后交付执行。2012年,广东省肇庆市中级人民法院于对其减去有期徒刑一年零四个月。执行机关广东省四会监狱以罪犯黎某在考核期间,确有悔改表现为由,报请对其予以假释。肇庆中院于2014年4月立案后,将假释建议书等材料通过互联网予以公示,并于同年5月公开开庭审理了本案。肇庆市、四会市六名人大代表受邀旁听庭审。肇庆中院经审理查明,罪犯黎某虽在考核期间共获表扬6次、被评为“改造积极分子”1次,但原判并处没收财产5万元,只缴纳1万余元,受贿所得赃款82万余元未退出。该犯未能提供个人家庭经济困难的证据材料证实其无能力履行财产刑。从黎某狱内的收支明细看，其服刑期间往来钱款较多，月零花消费超过400元，高于一般狱内消费水平，有一定的退赔履行能力。

从刑法对假释的规定看，罪犯是否确有悔改表现、是否没有再犯罪危险，是判断能否假释的重要条件。本案中，罪犯黎某虽在服刑期间改造表现较好，但其系职务犯罪罪犯，未通过主动退赃、积极履行财产刑，消除其犯罪行为所产生的社会影响，尚不能认定为确有悔改表现，没有再犯罪危险，不符合假释条件，最终肇庆中级人民法院裁定对黎某不予假释。

五、刑罚的消灭

刑罚消灭，是指由于法定的或事实的原因，致使代表国家的司法机关不能对犯罪人行使具体的刑罚权。根据我国法律的规定，刑罚消灭的主要法定事由有：第一，超过追诉时效；第二，经特赦免除刑罚的；第三，告诉才处理的犯罪，没有告诉或者撤回告诉的；第四，犯罪嫌疑人、被告人死亡；第五，其他法定事由，例如被判处罚金的犯罪人由于遭遇不能抗拒的灾祸缴纳确有困难的，可以酌情减少或者免除。下面重点介绍追诉时效和赦免这两种法定刑罚消灭事由。

1. 追诉时效

追诉时效，是指刑法规定的、对犯罪人追究刑事责任的有效期限。在追诉时效内，司法机关有权追究犯罪人的刑事责任；超过追诉时效，司法机关就不能再追究其刑事责任。

(1) 追诉时效的期限。《刑法》第八十七条规定，犯罪经过下列期限不再追诉：第一，法定最高刑为不满五年有期徒刑的，经过五年；第二，法定最高刑为五年以上不满十年有期徒刑的，经过十年；第三，法定最高刑为十年以上有期徒刑的，经过十五年；第四，法定最高刑为无期徒刑、死刑的，经过二十年。如果二十年以后认为必须追诉的，须报请最高人民检察院核准。

(2) 追诉时效的起算。根据《刑法》的规定，追诉期限从犯罪之日起计算，若犯罪行为有连续或者继续状态的，从犯罪行为终了之日起计算。所谓"犯罪之日"是指犯罪成立之日，即行为符合犯罪构成之日。具体来讲对不以危害结果为要件的犯罪来讲，实施行为之日就是犯罪成立之日；对以危害结果为要件的犯罪而言，危害结果发生之日才是犯罪成立之日。所谓"犯罪行为终了之日"，就连续犯而言，是指最后的一个独立的犯罪行为完成之日；就继续犯而言，是指犯罪的持续状态结束之日。

(3) 追诉时效的中断。追诉时效的中断，是指在追诉时效进行期间，因发生法律规定的事由，而使以前所经过的时效期间归于无效，法律规定的事由终了之时，时效重新开始计算。《刑法》第八十九条第二款规定，在追诉期限以内又犯罪的，前罪追诉的期限从犯罪之日起计算。这表明，在追诉期限内又犯罪的，前罪的追诉期限便中断，其追诉期限从后罪成立之日起重新计算。

(4) 追诉时效的延长。追诉时效的延长是指在追诉时效进行期间，因为发生法律规定的事由，而使追诉时效暂时停止执行。《刑法》规定了两种追诉时效延长的情况：第一，在人民检察院、公安机关、国家安全机关立案侦查或者在人民法院受理案件以后，逃避侦查或者审判的，不受追诉期限的限制。第二，被害人在追诉期限内提出控告，人民法院、人民检察院、公安机关应当立案而不予立案的，不受追诉期限的限制。

2. 赦免

赦免，是指国家宣告对犯罪人免除其罪、免除其刑的法律制度。赦免包括大赦和特赦两种。

大赦，是国家对某一时期内犯有一定罪行的犯罪人免予追诉和免除刑罚执行的制度。大赦的特点是：对象不特定；被赦免的犯罪人既不受刑事追究和处罚，也不存在着犯罪记录。

特赦，是指国家对特定的犯罪人免除执行全部或者部分刑罚的制度。特赦的特点是：对象是特定的犯罪人；效果是只免除刑罚的执行而不消灭犯罪记录。

我国 1954 年宪法有大赦和特赦的规定，现行宪法只规定了特赦制度。因而，我国刑法中的赦免，都是指特赦。现行的特赦，由全国人大常委会决定，由国家主席发布特赦令。

参考文献

[1] 魏振瀛.民法[M].北京:北京大学出版社,2017.
[2] 王利明.民法[M].北京:中国人民大学出版社,2018.
[3] 江平.民法学[M].北京:中国政法大学出版社,2016.
[4] 王利明.中华人民共和国民法总则详解[M].北京:中国法制出版社,2017.
[5] 刘春田.知识产权法[M].北京:高等教育出版社,2015.
[6] 吴汉东.知识产权法[M].北京:法律出版社,2014.
[7] 杨大文.婚姻家庭法[M].北京:中国人民大学出版社,2018.
[8] 陈苇.婚姻家庭继承法学[M].北京:高等教育出版社,2018.
[9] 林嘉.劳动法和社会保障法[M].北京:中国人民大学出版社,2016.
[10] 张霞.劳动法和社会保障法[M].重庆:重庆大学出版社,2011.
[11] 高铭暄,马克昌.刑法学[M].北京:北京大学出版社,2017.
[12] 张明楷.刑法学[M].北京:法律出版社,2016.
[13] 曲新久.刑法学[M].北京:中国政法大学出版社,2018.